墨香财经学术文库

数智治理视域下我国金融科技平台的监管博弈及风险测度

Regulatory Game and Risk Measurement of China's Fin-tech Platforms under the View of Digital Intelligence Governance

白昌易 关文 著

东北财经大学出版社
Dongbei University of Finance & Economics Press
大连

图书在版编目（CIP）数据

数智治理视域下我国金融科技平台的监管博弈及风险测度 / 白昌易，关文著. —大连：东北财经大学出版社，2025.4. —（墨香财经学术文库）. —ISBN 978-7-5654-5599-5

Ⅰ. F830.2

中国国家版本馆CIP数据核字第2025L209X2号

东北财经大学出版社出版发行

大连市黑石礁尖山街217号　邮政编码　116025

网　　址：http://www.dufep.cn

读者信箱：dufep@dufe.edu.cn

大连图腾彩色印刷有限公司印刷

幅面尺寸：170mm×240mm　字数：211千字　印张：14.75　插页：1

2025年4月第1版　2025年4月第1次印刷

责任编辑：孙　平　责任校对：刘贤恩

封面设计：原　皓　版式设计：原　皓

定价：82.00元

教学支持　售后服务　联系电话：（0411）84710309

如有印装质量问题，请联系营销部：（0411）84710711

本书为教育部人文社会科学研究项目“数智治理视域下我国金融科技平台的监管博弈及风险测度”(24YJC630001)资助研究成果。

前言

数字化正给金融监管带来新挑战和新变革。2023年，党中央首次召开中央金融工作会议，强调要全面加强金融监管，标志着金融监管地位的进一步提升。同时，金融科技平台作为金融数字化创新的重要载体和表现形态，正带来新的监管矛盾：一是金融科技平台“混业性”经营与现有监管体系“分业性”监管之间的矛盾，这要求迅速建立和完善适应新监管情境的风险监管体系和框架；二是金融科技平台“去中心化”创新和监管模式“趋中心化”之间的矛盾，这引发新一轮的监管动态博弈；三是金融科技平台“风险复杂化”和金融监管“目标分散化”之间的矛盾，这提出了新的风险控制内涵和需求。当前，数字治理进入依托人工智能等智能技术的“数智治理”新视域，在此视域下，金融科技平台正依托数字技术和算法管理对金融生态进行系统重构，这促使金融监管的目标和层次更加全面和丰富，金融监管博弈更加微妙和复杂，监管风险更加隐蔽和多维。当然，数智治理也带来了升级监管理念和工具的方法论。

本书立足金融工作政治定位重大升级的历史节点，结合数智治理带来的技术机遇，探究金融科技平台这一金融创新形态下的风险监管问题，动态挖掘其内生风险的产生机理和消解机制，构建全阶段多层次的风险监测体系和预警机制，进而为加强和完善现代金融监管、强化金融稳定保障体系提供原动力。

本书的具体研究内容如下：

第一，对已有的文献进行全面梳理和综述，对应本书第2章，主要从金融科技发展及监管研究、金融科技平台监管及规制研究、数智治理及算法治理相关研究、已有研究述评等四个维度展开该章研究。金融科技发展及监管研究主要从新时代金融监管工作定位、金融科技发展多元效应、金融监管与金融科技发展多元耦合关系、现有金融科技监管困境四个方面梳理。金融科技平台监管及规制研究主要从数字化与金融监管关系、金融科技平台监管模式变革、金融科技平台垄断规制研究、金融科技平台算法规制研究四个方面梳理。数智治理及算法治理相关研究主要从数智治理理论范式、具体实践、数智治理赋能算法治理、数智治理的算法向善导向四个方面梳理。已有研究述评主要总结金融科技平台监管和数智治理的多元关系，为确立本书主要研究内容提供依据。

第二，在概念界定和理论梳理基础上，探讨了金融科技平台监管的新视域——数智治理，对应本书第3章。首先辨析了数字经济、数字技术、平台经济以及金融科技、金融科技平台、数字金融复合体的基本概念及关系。其次，深入分析了政府监管、金融监管与金融科技平台监管的联系与区别，并讨论了算法歧视、算法黑箱、算法合谋等算法技治主义困境。在理论基础部分，阐述了金融监管、平台经济规制、演化博弈等相关理论。最后，聚焦于数智化监管，指出传统监管面临的数字化困境、智能性欠缺和社会性缺位，并提出了数智化治理作为应对这些挑战的新范式，强调重视社会性价值目标、算法向善治理原则、多元主体协同监管以及智能化治理工具和机制的重要性。

第三，基于数智治理理论范式，构建数智化监管模式和以风控体系为核心的金融科技平台监管架构，对应本书第4章。一是明确金融科技平台监管的具体运行模式，主要从数字技术应用监管、金融业务展业监管、运行主体责任监管等维度，讨论现有监管模式如何适应合规发展需求、金融业务拓展如何应对信息技术应用风险、监管技术能力如何匹配数智化业务流程、传统金融风控如何嵌入数字化监管技术等多维监管互动关系。二是构建金融科技平台数智化监管的风险控制体系。从权责监管、业务监管、数据监管、技术监管、内控监管等维度建立金融科技平台数智化监管的权责配置体系、数据开发体系、风险防控体系、风险预警体系、风险内控体系。从内生技术视角看，包括金融脆弱性、信息不对称、金融顺周期性、技术完善性等方面；从外生制度视角看，则考虑外部保护性、风险抵抗性、标的分散性、投资信任、投资理性、垄断性风险、创新性风险等方面。

第四，基于数智化监管架构，发现数智化监管情境下多元主体博弈的监管均衡及监管进路，对应本书第5章。一是基于演化博弈理论构建多元主体的博弈支付矩阵。要深入探究数智治理视域下金融科技平台的监管博弈演化机理，需要在考虑政府、金融科技平台和消费者三方的权益和目标的基础上，构建三方的博弈支付矩阵，以明确监管博弈中的不同参与方与各方的利益诉求。二是确定不同监管情境下多元主体的演化稳定策略。在数智监管情境下，政府、金融科技平台、消费者等多元主体之间的博弈均衡是实现有效监管的关键。基于三方演化博弈模型，对数智赋能金融科技平台监管的演化机理进行分析，侧重讨论数智化监管体系下的动态逻辑，研究政府、金融科技平台和消费者之间的策略均衡与动态变化，探究其内在逻辑与动态变化。三是利用仿真分析模拟不同监管情境下的博弈过程，探索参与方的策略选择和演化结果。通过改变参数取值、策略选择的规则或初始条件等模拟多轮博弈的动态过程，进行不同情境下的对比分析，探究不同因素对博弈结果的影响，从而揭示博弈的演化机理，发掘控制内生监管风险的技术驱动机制和制度驱动机制，为制定有效的监管政策和机制提供有益的参考。

第五，基于多元监管博弈均衡，建设数智化金融科技平台风险测度体系，评价金融科技平台监管风险，对应本书第6章。一是面向金融科技平台进行风险识别。依托金融科技平台风险来源及成因，结合风险传导路径，识别金融科技平台的风险类型，为制定科学可行的指标体系提供经验支撑。从具体内容看，涉及信用风险、主体风险、产品风险、业务风险、营运风险、操作风险、技术风险、数字信息风险、监管工具风险等方面。二是构建金融科技平台风险测度的指标体系，并进行风险评价。从鉴别力、相关性、有效性和可靠性方面评价指标体系的优良性。从经济损失、风险传导程度、金融破坏度进行量化评价。然后依据构建的评价指标体系，选择模糊综合评价模型等合理的评价方法，测度金融科技平台风险指数并评价。具体可以细分为风险直接冲击、风险耦合、风险放大、风险转移及隐蔽等多个阶段。

第六，基于国际化视野，对国外金融科技平台监管的经验进行借鉴比较，对应本书第7章。本章全面总结了美国、英国、澳大利亚、巴西等国家在金融科技监管领域的丰富经验，深入梳理各国金融科技监管的发展历程、具体政策、监管模式以及数智化监管的实践应用。通过对各国监管经验的分析，揭示各国在平衡创新与风险、保护消费者权益、应对金融科技挑战等方面的策略与成效。同时，比较各国监管模式的优缺点，为我国金融科技监管提供宝贵借鉴。在此基础上，提出完善我国金融科技数智化监管的启示，包括建立适应金融科技发展的监管框架、推动监管科技的应用与发展、加强数据共享与分析、强化消费者权益保护以及促进金融科技创新与合规并重等。

第七，基于已有研究，提出优化我国金融科技监管的具体建议，对应本书第8章。具体内容包括健全全方位常态化金融科技监管体系、构建数字化智能化金融科技监管机制以及创新金融科技平台风险监测及防范工具包。建议明确监管机构权责边界、优化监管流程与审批机制、建立数据标准化框架和数据共享平台、加强数据分析能力、优化风险控制体系等。同时，提出建立金融科技大数据监管平台、风险智能分析和化解网络，并构建数智治理监管模式。此外，还建议构建金融科技平台风险前瞻指数、完善分类分层风险监管预案，并强化政府和消费者协同监管机制，以提升金融科技监管效能，保障金融市场的稳定与创新发展。

本书的研究创新主要集中在以下三方面：

一是将数智化监管理论引入金融科技平台监管领域，并给出数智化监管金融科技平台的体系建构。本书在归纳已有研究基础上，深入剖析金融科技平台风险特性与监管需求，总结了数智化监管对现有监管的修正意义，从理论范式、运行模式、风控架构三方面完成了金融科技平台的数智化监管体系建构。该体系架构强调利用大数据、人工智能、区块链等先进技术手段，实现监管的智能化、精准化和高效化。通过构建包含监管目标、原则、主客体、工具和机制在内的完整数智化监管体系，数字技术运用、金融展业监管、运行主体责任界定互动的监管运行模式，以及多维度数智化风控体系和策略，本书为金融科技平台的数智化监管提供了全新的理论框架和实践路径。这一创新不仅突破了传统金融监管的局限，也为应对金融科技快速发展带来的挑战提供了有效的解决方案。

二是基于演化博弈方法，论证了数智化监管这一监管模式的内生均衡解和优化路径。本书通过构建政府、金融科技平台和平台用户三方参与的演化博弈模型，深入探讨了数智治理情境下多元主体的策略互动和监管均衡。通过模拟不同监管情境下的博弈过程，本书揭示了数智治理在促进算法向善、减少算法合谋、提高监管效率等方面的独特优势。这一创新不仅为建立适应金融科技发展的新型监管模式提供了机理解释，也为实际监管策略的制定提供了路径依据和参考。

三是基于统计学科视角，构建金融科技平台风险识别与评价体系，为数智化金融科技平台监管丰富工具选项。本书针对金融科技平台风险的复杂性和多样性，构建了一套全面、动态的风险识别与评价体系。该体系不仅涵盖了运营风险、流动性风险、投资风险、技术风险和信用风险等多个方面，还采用了定量分析和定性分析相结合的方法，对风险进行了多维度、全方位的评估。通过这一创新性的风险评价体系，本书为监管机构提供了更加精准、及时的风险预警和防范工具，有助于提升金融科技平台的稳健性和安全性。

作　者

2025年1月

目录

1 绪论

1.1 研究背景与研究意义

1.1.1 研究背景

数字化浪潮正开启金融监管新纪元。随着信息技术的迅猛发展，数字化转型已成为全球经济发展的核心驱动力之一，深刻影响着各行各业的运作模式与竞争格局。在这一进程中，金融行业无疑是受数字化影响最为深远的领域之一。金融科技（FinTech）的崛起，不仅极大地丰富了金融服务的形态与渠道，提升了金融服务的效率与普惠性，同时也给传统金融监管体系带来了前所未有的挑战与变革需求。2023年，党中央首次召开的中央金融工作会议，不仅凸显了金融安全与国家经济安全的紧密联系，更明确提出了全面加强金融监管的战略导向，标志着我国金融监管工作迈入了一个全新的发展阶段。这一系列举措不仅体现了国家对金融稳定的高度重视，也预示着在数字化时代背景下，探索适应新技术、新业态的监管模式已成为当务之急。

（1）强化金融科技及其平台监管的政策背景

2023年召开的中央金融工作会议对金融监管工作提出了全面而深入的新判断、新目标和新部署，旨在通过加强金融监管、完善金融体制、推动金融高质量发展等措施，加快建设金融强国，为经济社会发展提供有力支撑。

首先，中央对金融监管工作形成以下新判断：一是金融领域矛盾和问题交织，会议清醒地看到，金融领域各种矛盾和问题相互交织、相互影响，有的还很突出。这包括经济金融风险隐患仍然较多，如中小金融机构风险、地方债务风险、房地产风险与汇率风险等；同时金融服务实体经济的质效不高，金融监管和治理能力薄弱也是当前面临的重要问题。二是金融在国家核心竞争力中的重要性地位上升，会议强调，金融是国民经济的血脉，是国家核心竞争力的重要组成部分，这进一步提升了金融在国家战略中的地位。

其次，会议首次提出“加快建设金融强国”的目标，并系统性地提出了建设金融强国的主要任务。这一目标对我国金融业中长期发展具有纲举目张的重大战略意义。在此基础上，会议将“加强金融监管”位列重点工作之首，旨在通过全面加强金融监管，有效防范化解金融风险，确保金融市场的稳定和健康发展。

最后，会议针对新时代金融监管工作做出新部署。

一是完善金融体制，优化金融服务，为经济社会发展提供高质量服务。这包括加强对重大战略、重点领域和薄弱环节的优质金融服务。

二是要以金融高质量发展为主题，以深化金融供给侧结构性改革为主线，坚定不移走中国特色金融发展之路。

三是强化金融监管和治理能力，切实提高金融监管有效性，依法将所有金融活动全部纳入监管，全面强化机构监管、行为监管、功能监管、穿透式监管、持续监管；组建中央金融委员会和国家金融监督管理总局，进一步完善金融监管体制，提升金融监管质效。

四是将防范化解金融风险作为金融工作的永恒主题，要求牢牢守住不发生系统性金融风险的底线。具体措施包括优化融资结构、更好发挥资本市场枢纽功能、加强外汇市场管理等。

五是推动金融高水平开放，要稳步扩大金融领域制度型开放，提升跨境投融资便利化，吸引更多外资金融机构和长期资本来华展业兴业。

六是做好科技金融、绿色金融、普惠金融、养老金融、数字金融五篇大文章。会议明确了金融要为经济社会发展提供高质量服务，特别是在科技金融、绿色金融、普惠金融、养老金融、数字金融等领域要加大支持力度。

在此基础上，党的二十届三中全会通过的《中共中央关于进一步全面深化改革 推进中国式现代化的决定》（以下简称《决定》）从金融工作的重要性、深化金融体制改革、服务实体经济和加强金融风险防控等多个方面，为新时代新征程下我国金融事业的发展指明了方向，提供了根本遵循。其主要强调了以下几点：

一是做好金融工作的重要性，《决定》中明确提到金融是国民经济的血脉，关系中国式现代化建设全局。这凸显了金融在现代经济体系中的核心地位，以及做好金融工作对于推进中国式现代化的重要性。

二是深化金融体制改革，针对金融领域，《决定》提出了具体的改革举措，旨在推动金融高水平开放，完善金融监管体系和金融稳定保障体系。这些措施包括但不限于优化金融市场结构、丰富金融市场层次和产品，加强金融法治建设，以及提升金融服务实体经济的能力等。通过这些改革，可以进一步增强金融市场的活力和韧性，提高金融服务的质量和效率。

三是服务实体经济，《决定》强调金融应更好地服务实体经济，这意味着金融机构需要不断创新和优化服务模式，以更加精准地满足实体经济的融资需求，降低企业融资成本，支持产业升级和科技创新。

四是加强金融风险防控，在深化改革的同时，《决定》也注重金融风险的防范和化解。通过完善风险监测和预警机制，加强金融监管协调，以及规范金融市场秩序等措施，可以有效防范和化解金融风险，确保金融市场的平稳运行。

综合来看，新时代金融工作思想强调，要在鼓励金融科技创新的同时，确保监管的有效性和及时性。这意味着金融监管机构需要在促进金融科技发展的同时，构建适应新技术、新业态的监管框架，以维护金融市场的稳定和消费者的权益。

（2）金融科技监管复杂化的现实背景

金融科技，即金融与科技的深度融合，通过利用互联网、大数据、人工智能、区块链等新兴技术，创新和优化金融服务的过程和模式。这一趋势推动了金融业的数字化转型，提高了金融服务的效率、便捷性和普惠性。在此基础上，金融科技平台利用互联网、大数据、人工智能等技术，通过网络平台或移动应用等形式，提供或中介各类金融服务。这些平台作为金融数字化创新的前沿阵地，其快速发展与广泛应用，在促进金融服务便捷化、智能化的同时，也带来了新的风险和挑战，如平台公司的垄断问题、个人隐私的保护问题、算法的歧视问题，以及信用风险、市场风险和系统性金融风险等，暴露出了一系列监管难题，主要体现在以下几个方面：

一是“混业性”经营与“分业性”监管的矛盾。传统金融监管体系基于银行业务、证券业务、保险业务等严格划分，实施分业监管。然而，金融科技平台往往跨越多个金融领域，提供综合化金融服务，这种“混业性”经营特征使得原有的分业监管框架难以有效覆盖，容易导致监管盲区，增加了系统性风险。因此，构建一套既能适应金融科技跨界融合特点，又能确保监管全面性和有效性的新型监管体系，成为亟待解决的问题。

二是“去中心化”创新与“趋中心化”监管的矛盾。区块链、分布式账本等技术的应用，推动了金融交易和服务的去中心化趋势，增强了金融系统的灵活性和透明度。但这也对依赖于中心化机构的传统监管模式提出了挑战，如何在保护创新、鼓励市场活力的同时，实施有效监管，避免监管套利和风险累积，成为监管者必须面对的新课题。

三是“风险复杂化”与“目标分散化”的矛盾。金融科技平台通过大数据、人工智能等技术手段，虽然能够更精准地匹配供需，优化资源配置，但同时也使得金融风险变得更加复杂多变，如数据隐私泄露、算法歧视、操作风险等。而金融监管的目标往往涉及多个维度，包括市场稳定、消费者保护、反洗钱等，如何在风险复杂化的背景下，实现监管目标的整合与聚焦，成为金融监管的一大挑战。

综合来看，金融科技平台的跨行业、跨市场特征使得原有的分业监管框架难以有效覆盖，增加了监管的难度和复杂性，金融科技的快速发展也要求监管机构具备更强的技术能力和更快的响应速度。随着金融科技的广泛应用，数据泄露、数据滥用等风险日益凸显。这些风险不仅可能损害消费者权益，还可能对金融市场的稳定造成冲击。因此，加强金融科技平台的数据治理和监管显得尤为重要。

（3）数智治理：金融监管的新视域与机遇

面对金融科技带来的监管挑战，数字治理的概念应运而生，并逐渐演化为依托人工智能、大数据、区块链等智能技术的“数智治理”新范式。数智治理不仅强调技术的运用，更重视数据驱动的决策智慧和治理效能的提升，为金融科技平台的监管提供了新的思路与方法论。

一是监管手段的创新，通过运用人工智能和大数据分析，监管者能够实时监测市场动态，快速识别异常交易行为，提高风险预警和响应速度，实现监管的精准化和智能化。

二是监管框架的重构，数智治理鼓励构建基于原则的监管框架，而非单纯的规则导向，以适应金融科技快速迭代的特点。这要求监管机构与金融科技平台之间建立更为紧密的沟通合作机制，共同探索监管沙盒、创新监管等灵活监管模式。

三是风险管理的多维化，数智治理强调风险管理的全面性和前瞻性，不仅关注传统的信用风险、市场风险，还将数据安全、技术伦理等新兴风险纳入监管范畴，推动建立全链条、全方位的风险防控体系。

综上所述，引入金融科技平台监管的数智治理视域是顺应金融科技发展趋势、应对现实挑战和满足政策要求的必然选择。通过加强数据治理、推广监管科技等措施，可以有效提高金融监管的效率和准确性，保障金融市场的稳定和健康发展。

1.1.2 研究意义

在数智治理视域下，金融科技平台的迅猛发展不仅带来了金融创新与效率提升，也引发了监管挑战与风险累积。因此，深入研究“数智治理视域下我国金融科技平台监管博弈及风险测度”具有重要的理论与实践价值。

（1）理论价值

一是提供智能化监管理论框架。随着金融科技的混业创新趋势日益明显，传统的金融分业监管架构显得力不从心，存在监管盲区与重叠。本研究通过构建智能化监管理论框架，融合金融学、经济学、计算机科学、法学等多学科理论，旨在解决监管滞后与创新快速之间的矛盾。这一框架不仅回应了金融科技发展对监管创新的需求，还探索了如何利用人工智能、大数据等数字技术优化监管流程，增强监管的实时性与精准性，为金融监管体系的现代化转型提供理论支撑。

二是揭示金融科技平台监管风险的内生机制。金融科技平台往往呈现出“去中心化创新”特征，这与传统的“趋中心化监管”模式形成张力。本研究引入动态博弈视角，构建系统动力学演化博弈模型，深入分析金融科技平台与监管机构之间的策略互动，揭示监管过程中内生风险的生成逻辑与消解路径。这一研究有助于理解监管与被监管主体间的复杂动态关系，为寻找两者之间的均衡解提供理论依据，促进监管政策的有效调整与优化。

三是提出金融科技平台数智监管范式。面对监管风险的复杂化与监管目标的分散化，本研究创新性地提出基于数智技术的监管范式。通过统计学方法，构建一套科学、全面的金融科技平台监管风险测度体系，实现从风险识别、指标建模、风险评价到风险预警的全过程管理。这一范式不仅提高了监管的智能化水平，还促进了监管效率与准确性的双重提升，为金融科技领域的数智治理提供了理论指引与实践路径。

（2）实践价值

一是为金融监管部门提供具体监管策略与政策路径。本研究通过对金融科技平台监管的内生风险及其消解机制的分析，为金融监管部门提供了一套具体的监管策略选项和政策实施路径。这有助于监管部门在“人治”向“数智”转变的过程中，把握监管的主动权，通过更加科学、精准的监管手段，有效应对金融科技平台带来的新型风险，从而更好地促进金融服务实体经济，保障金融体系的稳定与发展。

二是为金融监管部门提供风险监测工具。本研究构建的金融科技平台监管风险测度体系，为监管部门提供了强大的风险管理工具。通过实时监测平台运营数据，识别潜在风险点，及时进行预警，监管部门可以将监管重心前移，实现从被动应对向主动预防的转变。这不仅有助于减少金融风险事件的发生，还能在保护消费者权益、维护市场秩序等方面发挥重要作用，提升整个金融体系的安全性和稳定性。

综上所述，本研究不仅拓展了金融科技平台监管领域的理论边界，推动了监管理论的现代化发展，而且在实践层面为金融监管部门提供了切实可行的监管策略与工具，对于提升我国金融科技行业的健康发展水平、保障金融安全与稳定、促进经济高质量发展具有深远的意义。随着数智治理时代的到来，本研究成果将为构建更加智慧、高效、安全的金融监管体系奠定坚实基础。

1.2 研究目标和内容

1.2.1 研究目标

在当前金融科技日新月异的背景下，强化金融科技平台的监管已成为全球范围内不可忽视的重要议题。随着大数据、云计算、区块链、人工智能等前沿技术的深度融合与应用，金融科技平台不仅极大地推动了金融服务的创新与普及，同时也对传统的金融监管体系提出了前所未有的挑战。因此，探索一套既能促进金融科技健康发展，又能有效防控风险的监管框架显得尤为重要。本书将从理论建构、内生解释以及风控机制三个维度出发，深入剖析金融科技平台监管的新路径，特别聚焦于数智治理在其中的作用与实现方式。

（1）理论建构：数智治理与金融科技监管的统一视角

传统金融监管理论与实践往往难以充分应对金融科技快速发展所带来的复杂性和不确定性。金融科技平台作为连接资金、信息、技术等多要素的桥梁，其运营模式、风险特征与传统金融机构存在显著差异，这导致监管空白和监管套利现象时有发生。因此，构建一套能够统一金融科技平台治理与监管的理论框架显得尤为迫切。

数智治理，作为融合了数字技术与智慧管理理念的治理模式，为解决上述问题提供了理论支撑。它不仅能够解释智能化数字技术如何为金融科技平台带来效率提升和服务创新，更重要的是，它能够将技术关注的焦点从单纯促进平台发展转向如何更有效地进行监管。数智治理强调利用大数据分析、机器学习等技术手段，实现对金融科技平台活动的实时监测、智能预警和精准干预，从而构建起一种既促进创新又保障安全的监管生态体系。

具体而言，数智治理理论框架应涵盖以下几个关键要素：一是数据驱动的决策机制，通过收集、分析平台运营数据，识别风险点，为监管提供科学依据；二是智能合约与区块链技术的应用，确保交易透明、可追溯，降低信息不对称风险；三是人工智能算法辅助监管，提高监管效率，实现对异常行为的快速响应；四是多主体协同治理机制，促进政府、平台、消费者等利益相关者的信息共享与合作，形成监管合力。

（2）内生解释：智能化数字技术下的监管博弈与风险消解

智能化数字技术的嵌入，不仅改变了金融科技平台的运作逻辑，也深刻影响了监管环境与风险格局。一方面，技术的快速发展为平台提供了更多创新空间，但同时也催生了新的风险因素，如数据安全、算法偏见、市场垄断等；另一方面，技术的复杂性增加了监管难度，使得监管滞后于市场变化，导致监管内生风险增加，如监管套利、监管盲区等。

在这一背景下，寻求新的监管博弈均衡成为关键。数智治理通过构建动态监管模型，利用实时数据分析，可以更有效地捕捉市场变化，及时调整监管策略，减少监管滞后。同时，通过智能合约和自动化监管工具，可以增强监管的透明度和一致性，降低监管执行中的自由裁量权，从而减少监管寻租空间，促进公平竞争。

此外，数智治理还强调风险的前瞻性管理，通过对大数据的深度挖掘，可以提前识别风险趋势，采取预防措施，避免系统性风险的发生。例如，利用机器学习算法预测市场异常波动，或通过分析用户行为数据识别潜在的欺诈模式，都能有效提升风险防控的主动性和精准度。

(3) 风控机制："数智化"风险测控体系的构建

面对金融科技平台监管的新挑战，传统的风控机制已难以满足需求。数智治理要求风控重心前移，实现从被动应对向主动预防的转变，同时，风控模式也需更加精细、敏捷，以适应快速变化的市场环境。

构建"数智化"风险测控体系，需从几个方面入手：

一是建立全方位的数据采集与分析系统。这是数智风控的基础，通过整合平台内外部数据，形成全面、准确的数据画像，为风险评估提供坚实的数据支撑。

二是开发智能风险预警模型。运用机器学习、深度学习等技术，构建风险预测模型，对潜在风险进行实时监测和预警，确保监管能够提前介入，有效控制风险扩散。

三是实施动态风险评估与分级管理。根据平台业务类型、风险状况等因素，动态调整风险评估等级，实施差异化监管策略，既保证了监管的有效性，又避免了过度监管对创新活动的抑制。

四是构建多层次的风险应对机制。其包括应急响应计划、风险隔离措施、损失补偿机制等，确保在风险发生时能够迅速响应，有效减轻损失。

五是强化监管科技（RegTech）应用。鼓励和支持金融科技平台采用先进的监管科技手段，如自动化报告系统、合规性检查工具等，提高监管效率和准确性，同时降低合规成本。

六是推动跨部门、跨领域合作。建立跨监管机构的信息共享和协作机制，形成监管合力，共同应对金融科技领域的复杂风险挑战。

综上所述，强化金融科技平台监管，不仅需要理论上的创新与突破，更需在实践层面构建一套基于数智治理的全方位、常态化监管机制。通过数智治理技术的深度应用，实现监管与创新的良性互动，既保障金融科技的健康快速发展，又有效防控系统性风险，为构建安全、高效、包容的金融科技生态体系奠定坚实基础。未来，随着技术的不断进步和监管实践的深入，数智治理在金融科技平台监管中的作用将愈发凸显，为金融行业的稳定与发展提供强大支撑。

1.2.2 研究内容

为实现上述研究目标，本书的具体内容作如下安排：

第一，对已有的文献进行全面梳理和综述，对应本书的第2章。本章主要从金融科技发展及监管研究、金融科技平台监管及规制研究、数智治理及算法治理相关研究、已有研究述评等四个维度展开研究。金融科技发展及监管研究主要从新时代金融监管工作定位、金融科技发展多元效应、金融监管与金融科技发展多元耦合关系、现有金融科技监管困境四个方面梳理。金融科技平台监管及规制研究主要从数字化与金融监管关系、金融科技平台监管模式变革、金融科技平台垄断规制研究、金融科技平台算法规制研究四个方面梳理。数智治理及算法治理相关研究主要从数智治理理论范式、具体实践、数智治理赋能算法治理、数智治理的算法向善导向四个方面梳理。已有研究述评主要总结金融科技平台监管和数智治理的多元关系，为确立本书主要研究内容提供依据。

第二，在概念界定和理论梳理基础上，探讨了金融科技平台监管的新视域——数智治理，对应本书的第3章。本章首先辨析了数字经济、数字技术、平台经济以及金融科技、金融科技平台、数字金融复合体的基本概念及关系。其次，深入分析了政府监管、金融监管与金融科技平台监管的联系与区别，并讨论了算法歧视、算法黑箱、算法合谋等算法技治主义困境。在理论基础部分，阐述了金融监管、平台经济规制、演化博弈等相关理论。最后，聚焦于数智化监管，指出传统监管面临的数字化困境、智能性欠缺和社会性缺位，并提出了数智化治理作为应对这些挑战的新范式，强调重视社会性价值目标、算法向善治理原则、多元主体协同监管以及智能化治理工具和机制的重要性。

第三，基于数智治理理论范式，构建以数智化监管模式和风控体系为核心的金融科技平台监管架构，对应本书的第4章。一是明确金融科技平台监管的具体运行模式，主要从数字技术应用监管、金融业务展业监管、运行主体责任监管等维度，讨论现有监管模式如何适应合规发展需求、金融业务拓展如何应对信息技术应用风险、监管技术能力如何匹配数智化业务流程、传统金融风控如何嵌入数字化监管技术等多维监管互动关系。二是构建金融科技平台数智化监管的风险控制体系，从权责监管、业务监管、数据监管、技术监管、内控监管等维度建立金融科技平台数智化监管的权责配置体系、数据开发体系、风险防控体系、风险预警体系、风险内控体系。从内生技术视角看，包括金融脆弱性、信息不对称、金融顺周期性、技术完善性等方面；从外生制度视角看，则考虑外部保护性、风险抵抗性、标的分散性、投资信任、投资理性、垄断性风险、创新性风险等方面。

第四，基于数智化监管架构，发现数智化监管情境下多元主体博弈的监管均衡及监管进路，对应本书的第5章。一是基于演化博弈理论构建多元主体的博弈支付矩阵。要深入探究数智治理视域下金融科技平台的监管博弈演化机理，需要在考虑政府、金融科技平台和消费者三方的权益和目标的基础上，构建三方的博弈支付矩阵，以明确监管博弈中的不同参与方与各方的利益诉求。二是确定不同监管情境下多元主体的演化稳定策略。在数智监管情境下，政府、金融科技平台、消费者等多元主体之间的博弈均衡是实现有效监管的关键。基于三方演化博弈模型，对数智赋能金融科技平台监管的演化机理进行分析，侧重讨论数智化监管体系下的动态逻辑，研究政府、金融科技平台和消费者之间的策略均衡与动态变化，探究其内在逻辑与动态变化。三是利用仿真分析模拟不同监管情境下的博弈过程，探索参与方的策略选择和演化结果。通过改变参数取值、策略选择的规则或初始条件等模拟多轮博弈的动态过程，进行不同情境下的对比分析，探究不同因素对博弈结果的影响，从而揭示博弈的演化机理，发掘控制内生监管风险的技术驱动机制和制度驱动机制，为制定有效的监管政策和机制提供有益的参考。

第五，基于多元监管博弈均衡，构建数智化金融科技平台风险测度体系，评价金融科技平台监管风险，对应本书的第6章。一是面向金融科技平台进行风险识别。依托金融科技平台风险来源及成因，结合风险传导路径，识别金融科技平台的风险类型，为制定科学可行的指标体系提供经验支撑。从具体内容看，涉及信用风险、主体风险、产品风险、业务风险、营运风险、操作风险、技术风险、数字信息风险、监管工具风险等方面。二是构建金融科技平台风险测度的指标体系，并进行风险评价。从鉴别力、相关性、有效性和可靠性方面评价指标体系的优良性。从经济损失、风险传导程度、金融破坏度进行量化评价。然后依据构建的评价指标体系，选择模糊综合评价模型等合理的评价方法，测度金融科技平台风险指数并进行评价。具体可以细分为风险直接冲击、风险耦合、风险放大、风险转移及隐蔽等多个阶段。

第六，基于国际化视野，对国外金融科技平台监管的经验进行借鉴比较，对应本书的第7章。本章全面总结美国、英国、澳大利亚、巴西等国家在金融科技监管领域的丰富经验，深入梳理各国金融科技监管的发展历程、具体政策、监管模式以及数智化监管的实践应用。通过对各国监管经验的分析，揭示各国在平衡创新与风险、保护消费者权益、应对金融科技挑战等方面的策略与成效。同时，比较各国监管模式的优缺点，为我国金融科技监管提供宝贵借鉴。在此基础上，提出完善我国金融科技数智化监管的建议，包括建立适应金融科技发展的监管框架、推动监管科技的应用与发展、加强数据共享与分析、强化消费者权益保护以及促进金融科技创新与合规并重等。

第七，基于已有研究，提出优化我国金融科技监管的具体建议，对应本书的第8章。具体内容包括健全全方位常态化金融科技监管体系、构建数字化智能化金融科技监管机制以及创新金融科技平台风险监测及防范工具包。建议明确监管机构权责边界、优化监管流程与审批机制、建立数据标准化框架和数据共享平台、加强数据分析能力、优化风险控制体系等。同时，提出建立金融科技大数据监管平台、风险智能分析和化解网络，并构建数智治理监管模式。此外，还建议构建金融科技平台风险前瞻指数、完善分类分层风险监管预案，并强化政府和消费者协同监管机制，以提升金融科技监管效能，保障金融市场的稳定与创新发展。

1.3 研究方法

本书研究方法包括：

（1）理论与实践相结合

通过构建数字化金融科技平台监管理论范式，提出分析我国金融科技平台监管的基本体系和架构，并在问题分析的基础上，依据此框架分析多元主体协同监管的内生博弈均衡路径，并构建风险测度体系进行风险评价，给出具体建议。

（2）规范分析

基于前沿理论范式，拆分研究视域，通过对已有资料进行分析，提炼数智治理的多重特征，并将其与数字技术相勾连，嵌入金融监管治理的细分制度情境。

（3）多学科交叉分析

融合公共管理学、管理科学与工程、统计学、金融学学科的知识及研究方法，发挥多学科融合优势，搭建本书的理论研究框架，发现优化金融科技平台监管的理论-实践-政策多维耦合关系。

（4）文献研究法

通过对已有研究文献、现实政策、制度改革、具体理论进行梳理和归纳，总结出金融科技平台监管研究的不足以及现实需求，为本书分析框架的构建奠定基础。

（5）博弈分析法

在考虑政府、金融科技平台和消费者三方的权益和目标的基础上，构建三方演化博弈模型，研究政府、金融科技平台和消费者之间的策略均衡与动态变化，探究其内在逻辑与动态变化。基于静态视角的金融科技平台监管问题研究，难以对动态变化中的政府监管行为和金融科技平台运营进行分类界定与对比分析，也无法聚焦二者的主要矛盾。鉴于此，本书构建了政府传统监管与数智监管两种情景，运用演化博弈的方法分析上述两种情景下金融科技平台算法合谋与算法向善、消费者是否积极参与的策略变化。

（6）统计建模分析法

基于统计学分析范式构建“风险识别-风险测度-风险评价”机制，主要包括：对金融科技平台监管的风险指标体系进行构建；利用内生赋权法进行指标确权；基于上市公司数据进行风险评价等。

（7）经验借鉴与比较

本书深入探讨了美国、英国、澳大利亚和巴西等四个国家在金融科技监管方面的经验，具体内容涵盖了监管历程、监管政策、监管模式、数智化监管等多个维度，并对各国金融科技监管经验进行了比较分析。

1.4 研究创新点

本书的创新主要集中在以下三方面：

一是将数智化监管理论引入金融科技平台监管领域，并给出数智化监管金融科技平台的体系建构。本书在归纳已有研究基础上，深入剖析金融科技平台风险特性与监管需求，总结了数智化监管对现有监管的修正意义，从理论范式、运行模式、风控架构三方面完成了金融科技平台的数智化监管体系建构。该体系架构强调利用大数据、人工智能、区块链等先进技术手段，实现监管的智能化、精准化和高效化。通过构建包含监管目标、原则、主客体、工具和机制在内的完整数智化监管体系，数字技术运用、金融展业监管、运行主体责任界定相互动的监管运行模式，以及多维度数智化风控体系和策略，本书为金融科技平台的数智化监管提供了全新的理论框架和实践路径。这一创新不仅突破了传统金融监管的局限，也为应对金融科技快速发展带来的挑战提供了有效的解决方案。

二是基于演化博弈方法，论证了数智化监管这一监管模式的内生均衡解和优化路径。本书通过构建政府、金融科技平台和平台用户三方参与的演化博弈模型，深入探讨了数智治理情境下多元主体的策略互动和监管均衡。通过模拟不同监管情境下的博弈过程，揭示了数智治理在促进算法向善、减少算法合谋、提高监管效率等方面的独特优势。这一创新不仅为建立适应金融科技发展的新型监管模式提供了机理解释，也为实际监管策略的制定提供了路径依据和参考。

三是基于统计学科视角，构建金融科技平台风险识别与评价体系，为数智化金融科技平台监管丰富工具选项。本书针对金融科技平台风险的复杂性和多样性，构建了一套全面、动态的风险识别与评价体系。该体系不仅涵盖了运营风险、流动性风险、投资风险、技术风险和信用风险等多个方面，还采用了量化指标和定性分析相结合的方法，对风险进行了多维度、全方位的评估。通过这一创新性的风险评价体系，为监管机构提供了更加精准、及时的风险预警和防范工具，有助于提升金融科技平台的稳健性和安全性。

2 文献综述

2.1 金融科技发展及监管研究

2.1.1 新时代金融科技监管的战略背景研究

随着中国式金融现代化进程的不断加快，金融科技监管在新时代金融工作中的地位越来越重要。

周立等（2024）从逻辑框架、时代内涵及价值意蕴三个视角，深入研究了中央金融工作会议提出的金融强国重要论述。研究采用系统性理论分析方法，结合金融科技的发展，探讨了金融强国建设的路径。研究发现，金融强国论述不仅强调了党对金融工作的集中统一领导，还突出了金融服务实体经济、防控系统性金融风险和深化金融改革开放的重要性。特别地，研究强调了金融科技在提升金融服务效率、促进普惠金融发展及增强金融安全中的作用，将金融科技作为金融强国建设的关键要素。

王定祥等（2024）借助系统分析、结构功能分析和比较分析等方法，深入剖析了中国式金融现代化的多维度特性，特别强调金融科技的核心地位。研究表明，中国式金融现代化是一个在金融科技深度融入与推动下，涵盖金融功能、机构、市场、产品、服务、调控和监管等领域的全方位现代化进程。金融科技不仅作为关键支撑力量，促进了金融效率与服务的全面升级，还深刻体现了中国特色社会主义制度下金融创新的独特路径。结论强调，需借助金融科技的力量，培养包括持续经营、高效资源配置、精准政策传导、先进资产定价、灵活资本流动、强劲发展创新及全面风险防控在内的多种核心能力，以高效服务实体经济与全体人民。

蔡宁伟（2024）采用历史梳理和逻辑分析的方法，结合中国特色社会主义背景，深入研究了中国特色金融监管的历程、特征、内涵、发展方向及其在中国式现代化中的作用。他系统地划分了中国特色金融监管的三个主要阶段——统一监管、分业监管、混业监管，并总结了其五大特征：人民性、发展性、普惠性、先进性和安全性。同时，他明确了机构监管、行为监管、功能监管、穿透式监管、持续监管和兜底监管的核心内涵与主要作用，构建了中国特色金融监管的“四梁八柱”。蔡宁伟的研究创新性地将中国特色金融监管置于中国式现代化的大背景下，探讨了金融监管在实现金融强国目标中的作用与挑战，通过对中国特色金融监管特征、内涵以及先进性的讨论，可以发现金融科技监管被视为推动金融创新、实现金融强国目标的重要一环，是中国特色金融监管体系中具有前瞻性和战略性的组成部分，有助于提升监管效率、增强金融韧性并促进金融业的可持续发展。

2.1.2 新时代金融科技发展的多元效应研究

在金融监管工作战略地位上升的同时，金融科技的多维产出效应也逐渐显现。在经济稳定方面，王红建等（2023）从金融加速器理论视角出发，利用2011—2021年A股上市企业数据，通过构建多元回归模型，结合工具变量法、双重差分法及双重机器学习法，深入研究了金融科技对实体经济运行的稳定器作用及内在机理。研究发现，金融科技显著抑制了上市企业投资波动，通过减少银企间信息不对称和降低抵押品在债务契约中的重要性，显著弱化了金融加速器效应，平滑了企业投资波动。异质性检验进一步揭示，金融科技在非国有企业、房价波动较大及金融监管更严格地区的企业投资稳定作用更显著。

在风险化解方面，朱诗怡和晏景瑞（2024）采用双向固定多期DID模型及有调节的中介效应模型，从商业银行成立金融科技子公司的视角出发，深入研究了金融科技对银行风险承担的影响机制，以及宏观审慎监管在此过程中的调节作用。研究发现：商业银行成立金融科技子公司能显著降低银行风险承担；金融科技通过优化贷款结构实现商业银行内部“赋能”效应，进而抑制银行风险承担；同时通过降低银行业自由竞争度，形成商业银行外部“挤出”效应，对降低银行风险承担产生负面影响。宏观审慎监管则能修正金融科技“赋能”效应，对金融科技通过“赋能”效应影响银行风险承担有正向调节作用，并能打破金融科技“挤出”效应，对金融科技通过“挤出”效应影响银行风险承担有反向调节作用。

在企业创新及数字化转型方面，李佳等（2024）利用2006—2021年城市面板数据和全国工商企业注册信息，从科技企业进入的增量维度，深入研究了金融科技对科技企业进入及城市创新的影响。研究发现，金融科技显著促进了科技企业进入，并且在合理金融监管、高水平人力资本及完善数字基础设施的调节下，这种促进作用更为显著。文章还进一步进行了异质性分析，揭示了金融科技在不同类型城市中的差异化影响。该研究的创新之处在于，不仅关注了金融科技对存量创新主体的影响，还深入探讨了其对科技企业进入这一增量变化的促进作用，为金融科技服务科技产业、打通城市创新之路提供了重要理论依据。何涌和凌纪（2024）利用双向固定效应模型、中介效应模型和调节效应模型，从金融科技视角深入研究了金融科技对企业数字化转型的影响及其作用机制。研究结果表明，金融科技显著促进了企业数字化转型，并具有时间上的外溢效应。在信息质量和企业风险承担水平方面，金融科技均展现出部分中介效应，即金融科技通过提高信息质量和提升企业风险承担水平来助力数字化转型。此外，营商环境在金融科技与企业数字化转型过程中起到了显著的正向调节作用。研究还发现，金融科技对数字化程度较高、金融监管较强以及东部地区企业的数字化转型促进作用更为显著。该研究的创新之处在于将金融科技纳入企业数字化转型的分析框架，并综合考虑了企业内外部多重因素的影响，为企业在“数字强国”背景下实现高质量发展提供了理论参考和实证指引。

在企业社会责任方面，刘喜和等（2024）采用实证分析方法，研究了金融科技对企业ESG（环境、社会和治理）表现的影响。他们选取沪深A股上市公司2011—2020年的数据，通过构建回归模型分析发现，金融科技能够显著提升企业的ESG表现。该研究还揭示了金融科技通过提高信贷资源配置效率、增强风险承担能力和抑制盈余管理行为等渠道促进企业ESG实践。

2.1.3 金融监管与金融科技发展的多元耦合关系研究

在金融科技迅猛发展的同时，金融监管也面临着新的形势变化，对金融科技发展形成多元耦合和回应。陈宇峰等（2024）从宏观审慎监管有效性的视角出发，采用系统性金融风险测度方法，结合动态DY溢出指数和马尔科夫区制转换模型，通过实证分析探讨了金融科技发展是否会提升系统性金融风险、宏观审慎政策在缓释风险方面的有效性，以及金融科技在不同经济周期下的影响差异。研究发现，金融科技发展会增加系统性金融风险，具有双门槛性质，且传染性在其中起到了中介作用。同时，宏观审慎政策可以有效缓释金融科技对系统性金融风险的影响，尤其在经济下行期更为明显。

吴非等（2024）采用实证研究方法，基于中国沪深两市2011—2021年A股上市企业数据集，从“金融科技-金融监管”匹配的视角，研究了该匹配度对企业脱实向虚问题的治理效应。研究发现，金融科技与金融监管的匹配度提升能够显著抑制企业金融化，尤其是短期金融化行为，从而有助于引导金融资源回归实体经济。在异质性特征上，匹配度提升对货币政策不确定性较高时期的企业、东部地区企业以及非国有企业的金融化治理效果更为显著。机制检验表明，匹配度提升通过缓解信息不对称、改善投资效率、优化资产配置等方式来抑制企业金融化。

该研究创新性地构建了“金融科技-金融监管”匹配度指标，并揭示了匹配度对企业脱实向虚行为的具体治理路径，为金融科技与金融监管的协同发展提供了实证支持。

范德胜等（2024）采用广义双重差分模型，并结合宏观金融监管视角与微观企业创新视角，研究了资管新规（一项旨在规范金融机构资产管理业务的金融监管政策）对高金融化实体企业创新投入的影响。他们发现，资管新规主要通过提高债务融资成本和管理层风险预期这两个渠道，显著抑制了高金融化企业的创新投入水平。进一步研究表明，该政策对非国有企业和管理层具有金融背景的金融化企业影响更为显著。这项研究为理解金融强监管对实体经济的微观影响提供了实证证据，并指出了在抑制企业脱实向虚的同时，也需关注并激励企业创新能力的提升。该研究将资管新规视为一次准自然实验，利用广义双重差分模型，有效地分离了政策冲击与其他潜在因素的影响，为评估金融监管政策的实际效果提供了新的视角。此外，研究还深入探讨了金融科技相关的内容，尽管资管新规本身并不直接涉及金融科技，但其对影子银行活动的规范间接影响了金融科技的应用环境，揭示了金融监管与金融科技发展之间的复杂关系。

洪金明等（2024）利用广义双重差分模型，从供应链视角深入研究了资管新规对商业信用供给的影响。研究发现，资管新规实施后，前期金融化水平越高的企业商业信用供给增加越多。这一结论在经过一系列稳健性检验后依然成立。机制分析表明，资管新规通过抑制企业金融化、降低经营风险和缓解融资约束，进而提高了企业的商业信用供给水平。异质性分析进一步揭示了在不同情境下（如企业市场地位、银行信用规模、货币政策宽松程度及影子银行发展水平）资管新规对商业信用供给影响的差异性。该研究较早探讨了其对商业信用供给的影响，特别是考虑了金融科技发展背景下影子银行等非正规金融活动的复杂性。此外，研究还细分了商业信用供给的结构，并探讨了资管新规对企业主业发展的经济后果，为理解金融监管如何影响实体经济提供了新的视角和证据。

陈明生和王乾坤（2024）采用双重差分法，结合文本分析法，以资管新规的实施为准自然实验，研究了金融强监管对企业数字化转型的影响。他们发现，金融强监管显著提升了金融化程度较高企业的数字化转型程度，表明加强金融监管能有效抑制企业“脱实向虚”，促进企业高质量发展。研究进一步揭示了金融强监管通过替代效应和融资效应促进企业数字化转型的机制，即限制影子银行业务，促使企业将资源重新分配到核心业务和数字化转型中，同时降低企业融资成本。异质性分析显示，非国有、逐利型、资本密集型企业受金融强监管的促进作用更为明显。此外，研究还强调了金融科技在降低金融资本获取门槛、营造创新转型生态中的重要作用。该研究的创新之处在于，不仅丰富了金融强监管政策的微观经济效应研究，还拓展了企业数字化转型的制度驱动因素，特别是结合了金融科技视角，为政府精准施策、推动企业数字化转型提供了理论依据。对比上文来看，金融监管和金融科技均有利于促进企业数字化转型，但二者在金融风险方面的作用方向却截然相反。

张兴旺（2024）从金融科技监管的视角出发，系统研究了全球金融科技监管动态及其对我国的经验借鉴。通过梳理金融科技内涵、发展现状及影响，并对比分析了美国、英国、法国、印度和新加坡等国家的金融科技监管框架、模式和做法，该研究提出了我国金融科技监管面临的挑战和对策。研究发现，传统金融监管模式已难以满足金融科技快速发展的需求，需要向金融科技监管转变。结论指出，我国应制定和完善金融科技法律法规体系，大力发展监管科技，培养金融科技人才，打造金融基础设施，并加强国际监管合作。

钟鹏（2024）通过系统梳理与比较分析的方法，研究了印度金融监管体系改革的历程、成效及存在的问题，特别是金融科技发展对金融监管的挑战。作者以次贷危机为分界点，详细回顾了印度金融监管体系从高度国有化到市场化、开放化的两次重大改革，并分析了改革后印度金融监管体系的结构与职能。研究指出，尽管印度在金融监管领域取得了一定成效，但仍存在缺乏顶层设计、监管协调不足以及跟不上金融科技发展步伐等问题。特别是在金融科技方面，印度传统分业监管模式与金融科技的分布式、去中介化特性不相适应，导致监管滞后与风险频发。作者通过对比中国金融监管现状，提出了强化顶层设计、加强金融监管协调及完善金融科技“监管沙盒”机制等建议，为中国金融强国建设提供了重要启示。

肖宇和李博文（2024）从全球金融监管体系演进的视角出发，系统研究了2008年金融危机后发达国家金融监管制度的变革特征及其启示。作者通过文献分析和案例研究，探讨了宏观审慎监管、系统重要性金融机构监督、混业经营趋势下的统合监管模式、金融科技发展与监管创新以及国际监管合作等核心问题。研究指出，发达国家普遍重视宏观审慎监管，强化对系统重要性金融机构的监督，并顺应混业经营趋势构建统合监管模式。研究强调了金融科技发展对金融监管提出了挑战，同时也提供了机遇，介绍了英国等国家的监管沙盒和监管科技应用，认为这些创新平衡了金融创新与金融风险。研究还分析了当前国际金融监管中存在的突出问题，如监管盲区、监管体系复杂性和监管标准不统一等，并提出了对我国金融监管体系改革的启示，包括提升中小金融机构风险化解能力、注重数字金融监管与数字化技术手段运用、加强国际监管合作以及积极参与全球金融治理体系变革等。

胡滨（2021）从金融科技发展的特征与监管策略的互动视角，研究了金融科技如何改变金融市场格局以及给监管当局带来的新挑战。他采用理论分析与政策建议相结合的方法，指出金融科技在降低金融服务成本、提高效率、推动场景化服务的同时，也引入了新的风险因素，如高风险客户群进入市场、技术操作风险、系统性风险传染机制改变等。胡滨强调，尽管金融科技改变了金融服务的形式与方法，但金融的核心功能、运行基础机制和监管最终目标并未改变。他提出了一系列创新性的监管策略，包括重塑金融科技监管理念、引入监管科技、完善监管沙盒机制设计、加强对大型科技金融平台的监管以及加强统筹协调，以应对金融科技的挑战，确保金融科技的健康可持续发展。

周全（2020）从金融科技发展与风险演进的视角出发，系统分析了金融科技的内涵、特点、驱动因素、对经济发展的促进作用以及潜在风险。他通过理论分析与案例研究相结合的方法，探讨了互联网、人工智能等技术在金融领域的应用如何推动金融创新，同时指出金融科技发展所带来的合规风险、信用风险、流动性风险、法律风险和系统性风险等问题。该研究特别强调了金融科技监管的重要性，指出由于金融科技的重流量轻风控特性、不断创新导致的信用风险积累、金融监管滞后诱发的监管套利以及与传统金融机构的强关联性，金融科技的风险隐患不容忽视。该研究提出了一系列金融科技监管建议，包括完善征信体系、建立风险预警系统、优化监管生态圈以及推动监管科技创新，旨在“守住不发生系统性风险的底线”。

2.1.4 新时代金融科技监管困境研究

当前，金融科技发展与金融监管进步尚未取得步调一致，金融科技监管面临新的难题和困境。韦洁（2024）采用了“理念-方式”的逻辑框架，从监管理念转变与监管方式优化两个维度，深入研究了金融科技风险监管的困境及其应对路径。作者通过文献综述、理论分析与案例研究相结合的方法，指出金融科技风险呈现出新特征，而现行金融监管理念和方式在应对这些新特征时面临显著困境。研究发现，现行金融监管理念需从抑制理念转向包容性理念、从形式监管理念转向实质重于形式理念、从风险防范理念转向风险配置理念。在监管方式优化方面，作者提出了共享共治型监管、先行实验型监管（如监管沙盒）以及科技驱动型监管等具体路径。其创新点在于，不仅从宏观层面提出了监管理念的转变方向，还从微观层面具体设计了监管方式的优化措施，形成了一套系统性、前瞻性的金融科技风险监管框架。

程雪军（2024）基于法律金融学的理论视角，研究了金融科技在发展过程中面临的监管困境，并通过系统治理方法探索了相应的解决方案。作者通过比较分析法，借鉴了域外大陆法系与海洋法系典型国家（如德国和美国）的金融科技系统治理经验，结合钱学森的系统工程理念，提出了从单维度的政府监管上升至多维度的系统治理的解决方案。研究结论指出，为有效治理金融科技，我国需要加强金融科技的法律治理系统建设，深化金融监管体制改革并探索金融科技监管新模式，同时强化金融科技的监管技术建设，提升数字化监管的技术水平。其创新点在于，不仅从法律金融学角度深入剖析了金融科技的监管困境，还提出了结合法律、金融与技术的多维度系统治理图景，为金融科技稳健发展提供了全面的理论框架和实践路径。此外，该研究通过比较不同法系国家的治理经验，为我国金融科技监管提供了国际视角和本土化的实施建议。

刘乃梁和潘盛龙（2024）从伦理治理的视角出发，研究了金融科技伦理治理的实践困境、功能定位及优化进路。作者采用理论分析与现实案例相结合的方法，深入探讨了金融科技发展所带来的新型市场风险、对传统金融监管体制的冲击以及由此引发的治理需求。研究发现，当前金融科技伦理治理面临多元化需求与普适性供给、实效性需求与软约束供给、发展性需求与碎片化供给等多重困境。针对这些问题，作者提出了构建现代化金融科技伦理治理框架的建议，强调在风险预防性目标下完善伦理治理体系化建设，推动程序运行机制的法治化转换，并强化伦理治理的协同合作。研究指出，金融科技伦理治理应明确其功能定位，包括宏观层面的风险社会治理预防性功能、中观层面辅助金融监管的补充性功能以及微观层面倡导科技向善的企业自治性功能。为实现这些功能，其建议通过体系廓清、机制保障以及协同调适等路径进行优化，推动金融科技伦理治理的现代化。

2.2 金融科技平台监管及规制研究

2.2.1 数字化与金融监管关系研究

（1）技术变革关系

在数字化背景下，金融监管面临“技术”和“治理”的双重变革，也便具有双重时代任务，一是对新技术的规制乃至使用，二是治理理念和视域的数字化拓展。在技术变革维度，赵炳昊（2024）从法律政策与监管视角出发，深入研究了金融领域中人工智能应用的监管与法律规制问题。他分析了人工智能技术在金融领域的广泛应用，如证券交易、风险评估、客户服务及合规管理等方面，并指出了这些应用所带来的挑战，包括数据隐私泄露、算法偏见、透明度不足及系统性风险放大等。通过借鉴域外监管经验，结合我国国情，该研究提出了优化监管框架的建议，包括坚持以人为中心的监管理念、强化对算法实施方式的监管、平衡效率与成本、重点关注系统性风险的监管、提倡金融机构自我监管及坚持基于风险的监管路径。该研究不仅揭示了金融科技快速发展下的监管挑战，还提出了创新性的监管策略，旨在确保金融市场的稳定与可持续发展，为金融科技的监管实践提供了理论支撑和实践指导。

曾文革（2024）从包容性法律规制的视角出发，研究了生成式人工智能（AIGC）背景下数字金融的法律规制问题。作者首先指出数字金融在快速发展中面临立法规制滞后、标准规制有限以及监管规制效能受限等问题，这些问题尤其体现在金融科技领域，如数据垄断、算法黑箱、场景滥用等。通过深入分析这些问题及其成因，作者提出了包容性法律规制的理论框架，强调技术赋权与数字正义的重要性。在具体实施路径上，作者建议促进规制主体权力有序配置的多元协同共治，加强激励性规制与约束性规制的动态协调应用，并推动规制资源在场景空间内合理有效流动。该研究不仅关注了数字金融的法律规制问题，还特别强调了金融科技在其中的核心作用，并提出了以监管科技为中介，促进金融监管与金融司法协作的具体措施。这些建议为构建适应AIGC技术发展的数字金融法律规制体系提供了新的思路和方向。

（2）治理变革关系

在治理变革维度，沈伟（2024）基于跨学科视角结合实证分析方法，研究了数字经济时代金融科技的监管难题及其技治主义解决方案。文章指出，随着金融科技的迅猛发展，如大数据、人工智能、区块链等技术在金融领域的广泛应用，传统金融监管模式面临严峻挑战，包括技术监管真空与重叠、技术监管俘获、软预算约束及数字金融平台监管难题等。作者提出，应以数字技术为基础，构建协调监管职能、完善金融征信体系、规范金融市场及优化监管沙盒等技治主义方案，以破解金融科技的监管难题。研究结论强调，技术创新应配套以新技术为基础的监管制度，确保金融创新与金融稳定、金融公平之间的平衡。

梁洪（2024）基于TVP-VAR-SV模型和数字金融发展视角，研究了数字金融如何影响传统金融跨市场风险溢出效应，并考察了在不同监管强度和功能差异下，数字金融对风险溢出效应的监管差异性和功能异质性。研究发现，数字金融的发展加剧了传统金融跨市场风险的总溢出效应，且这种影响存在市场差异性。当前数字金融监管难以有效调控数字金融对传统金融跨市场风险溢出效应的影响，同时数字金融的影响还具有功能异质性。研究结论表明，在防范系统性金融风险时，需统筹考虑数字金融对传统金融跨市场风险传染的作用机制和效果，并将数字金融的多种功能全部纳入监管。

刘宾（2024）从数字中国建设的视角出发，结合当前金融科技快速发展的背景，探讨了金融科技在信用体系、技术创新、风险控制、监督管理等方面的挑战与机遇。研究发现，金融科技作为技术驱动的金融创新，已成为中国金融转型与创新的重要方向，但在快速发展的同时，也面临着信用体系不健全、技术创新能力不足、新型风险滋生以及监管体系薄弱等问题。作者强调，数字中国与金融科技相互赋能，为实体经济发展提供了更优质的金融服务和更广阔的金融创新空间。他提出了加强信用体系建设、发展自主可控的信息技术应用创新产业、有效识别和控制金融科技风险以及建立富有中国特色的监管体系等对策，旨在实现从金融大国向金融强国的历史性转变。

朱俊达（2024）基于问题探究、理论回应与模式创新路径，研究了金融机构数据治理监管的挑战与解决方案。他针对金融业态创新与监管行为刚性、数据治理全面性与监管对象局限性、金融数据量庞大与监管数据匮乏等三大矛盾，提出了“治理型”监管模式。该模式将治理理论与中国实践相结合，强调刚柔并济、多元协同及数据赋能，旨在实现对金融机构数据治理的有效监管。通过增强制度完备性、打造“政府+社会”监管格局、搭建金融监管数据技术平台等措施，作者构建了一个良性持续的全流程监管生态。特别是在金融科技方面，他强调利用先进的技术手段提升监管效能，解决数据获取与处理的难题，确保金融监管能够适应数字经济时代的发展需求。

石光乾（2023）从金融科技赋能的视角出发，深入研究了地方金融数智化监管的机制、挑战与对策。作者通过梳理国内外金融科技监管政策与实践，运用比较分析和系统归纳的方法，探讨了金融科技如何加速地方金融业务的数智化转型，并分析了这一过程中面临的业务合规、信息技术应用、监管技术适配及涉众型金融风控等挑战。研究发现，金融科技作为技术创新的重要引擎，对地方金融监管提出了更高要求。作者提出应构建适应地方类金融业务创新发展的金融科技监管和治理体系，包括明确监管权责配置、加强数据收集共享、建立风险防控体系、强化风险预警及内控管理等多维度措施。该研究不仅关注金融科技对金融监管的技术支持作用，还强调了金融科技与监管政策的协同演进，为地方金融数智化监管提供了系统性的解决方案。

2.2.2 金融科技平台监管的模式变革

当前，金融科技与传统资本、数字金融资本深度融合，出现聚合化、电商化、平台化发展趋势，金融科技平台监管成为金融科技监管重点和中心。韩龙（2024）基于理论分析与实证研究相结合的方法，探讨了金融数字化、平台化趋势下的风险治理问题。文章重点分析了金融数字化、平台化给传统金融制度带来的挑战，尤其是金融科技平台化如何引发新的金融风险，包括数据与算法风险、外部性风险、系统性风险以及金融消费者权益受侵害的风险。通过深入剖析这些风险的性质与影响，作者指出，金融数字化与平台化不仅颠覆了传统金融制度的预设，还使传统金融规制目标受挫与规制措施失灵。研究强调应采用基于原则的规制思路，采取动态灵活规制方略，并开发针对性规制措施，以数字技术赋能金融规制和监管。其不仅关注金融数字化本身的风险治理，还特别强调了金融科技平台化对金融生态的深远影响，为金融规制提供了前瞻性的视角和务实的解决方案。

白昌易等（2024）通过构建演化博弈模型，研究了金融科技平台监管的周期性波动困境及其精准化监管路径。文章指出，传统粗放式金融监管模式是导致金融科技平台监管陷入“一抓就死、一放就乱”困境的根本原因。为解决这一问题，研究提出了实施精准化、实时动态调整的金融监管模式。研究发现，在粗放式监管下，金融科技平台与政府监管机构的行为呈现周期性波动，难以实现有效监管。而通过引入大数据、云计算等金融科技手段，精准化监管能够有效摆脱这一困局，使金融科技平台业务处于理想状态。文章系统性地运用演化博弈模型分析了中国金融科技平台监管的内生张力和冲突，并提出了依靠科技手段实现精准化监管的解决思路，为金融科技平台的良性发展和风险防控提供了新视角。

袁康（2024）基于复杂网络理论和系统性风险视角，研究了系统重要性金融科技公司这类特殊金融科技平台的法律规制问题。他指出，随着金融科技的加速应用，金融科技巨头在规模性、复杂性、可替代性和关联性等方面逐渐具备系统重要性特征，成为金融科技时代的“大而不能倒”。文章通过整合金融监管、数据治理、网络安全和市场竞争等规制场域，提出了针对系统重要性金融科技公司的特殊规制框架。研究指出，为防范金融科技巨头可能引发的系统性风险，必须建立以协调性为目标的监管体制、以可靠性为目标的审慎监管体系以及以可承受性为目标的风险处置机制。文章特别强调金融科技平台治理的重要性，提出应超越单一机构或简单股权关联，按照“实质重于形式”的标准进行穿透识别，并优化系统重要性金融科技公司的治理结构，以加强对其的约束与监管。

邵腾伟等（2024）从契约激励的视角出发，深入研究了如何提升监管科技协同创新产出水平的问题。他们通过构建协同创新效益模型，分析了创新研发方与成果应用方在协同创新过程中的努力水平及其影响因素，并优选激励契约以提高协同创新产出。研究结果表明，提升创新研发方在协同创新中的地位和收益分配比例，能显著激发创新主体的努力水平，从而提高总体产出。此外，将内部管控信号和市场反馈信号写入委托代理合同，能有效减少信息不对称、降低契约风险。该研究发现金融科技平台在监管科技协同创新中的重要性，指出金融机构与金融监管机构需通过契约形式合作开发监管科技，共同分担成本、分享收益，以解决监管滞后和数据垄断等问题。

程雪军（2023）基于系统治理的视角，深入研究了金融科技平台算法风险的问题。他通过案例分析法和比较研究方法，解构了算法技术在金融科技平台中的深度嵌入及其引发的算法权力、算法黑箱和算法歧视等风险，并提出了系统治理这些风险的逻辑机理和机制。研究指出，算法技术作为金融科技平台的核心驱动力，在促进金融创新的同时，也带来了显著的算法风险，这些风险需要通过系统的治理机制来有效应对。

系统治理的核心要素在于算法的协同性、透明性与可问责性，分别破解算法风险的主体要素、过程要素与责任要素。该研究突破了传统单一视角的规制方法，从系统治理的角度出发，构建了包含法律规范、技术治理、市场自律和社会监督在内的多维度治理机制。特别是借鉴欧美金融科技平台算法风险的系统治理经验，结合中国本土化发展情况，作者提出了构建中国版治理沙盒机制等具体路径，为驯服金融科技平台算法利维坦、保障金融科技健康发展提供了有益的参考。

王兰（2023）采用新治理理论模型与公私协同视角，研究了大科技金融监管的有限性及其新治理进路问题。她指出，尽管大科技金融监管尚未脱离传统监管框架，且金融混业监管未能有效解决权力配置与平台垄断遏制问题，同时监管科技也难以应对非线性系统性风险与数据伦理监管挑战。通过增进政府之外主体的治理参与性，推动监管权力下放与向外放权，并促进公私治理资源间的有序流动，作者提出了一系列优化大科技金融监管的策略。作者强调了金融科技治理变革的必要性，提出了公私协同治理的新模式，以克服传统监管模式的局限性，从而增益数字金融治理绩效。

赵尧（2022）从组织架构、平台定性与法律规制的视角，深入研究了金融科技平台的复杂性问题。他通过文献述评、理论分析和实证案例相结合的方法，首先剖析了金融科技平台的四层嵌套与单一控股的组织架构，揭示了这种架构对平台定性与规制的重要影响。随后，作者针对金融科技平台的定性难题，提出了以“防控风险”为核心的理论重构，指出平台因其在风险导入和风险控制方面的实质作用而趋向销售化。研究强调了金融科技平台独立承担适当性义务的重要性，认为这是金融科技监管的关键所在。其创新之处在于跳出了传统广告与销售属性的概念藩篱，从风险防控的金融法核心要义出发，重新界定了金融科技平台的法律属性，并提出了针对性的规制建议。

2.2.3 金融科技平台垄断规制研究

在平台垄断规制方面，孙晋和马姗姗（2024）基于公私协同治理的视角，研究了金融科技平台垄断问题。他们指出，金融科技平台垄断涉及数据互操作限制、扼杀式收购和算法合谋等多种实践样态，不仅提高了竞争壁垒，还因混业经营特性容易诱发系统性风险。传统反垄断法公共规制路径因压制性与滞后性难以应对这一问题，因此提出了公私协同治理模式。该模式强调灵活性、回应性，能够满足风险社会下金融科技平台垄断的治理结构需求。同时，金融科技平台内生的公私融合性以及金融市场的合规传统为公私协同治理提供了现实基础。研究得出结论，公私协同治理在深化公私治理主体互信、促进治理规范软硬协同、强化监管科技工具共治目标嵌入等方面具有显著优势，能够为金融科技平台垄断问题提供有效的解决方案。

刘皓琰（2023）采用了马克思主义政治经济学的分析框架，研究了当代资本主义社会中“数字-金融”复合体的形成、运行机制及其对社会经济关系的影响。她指出，随着数字技术与金融资本的深度融合，“数字-金融”复合体成为新生的资本形态，这种复合体通过大数据、区块链、人工智能等金融科技手段，实现了对资本运行规律的深刻改变。研究结论表明，“数字-金融”复合体不仅加剧了资本垄断，还通过算法控制等技术手段进一步剥削全球劳动者，加剧了社会不平等。

刘乃梁（2023）从反垄断规制的视角，深入研究了大型科技平台涉足金融领域所引发的市场垄断风险及其规制挑战。他采用案例分析、法律解读与理论探讨相结合的方法，揭示了大型科技平台在金融领域的“赢家通吃”与“大而不倒”风险，以及这些风险如何引发资本无序扩张的反垄断规制动议。作者指出，平台生态的金融赋能、风险投资的特质以及金融市场普惠红利的释放，均为大型科技平台的垄断式创新提供了孵化场域。他进一步分析了金融市场流量与数据竞争乱象、平台资本无序扩张的系统风险，以及金融普惠外衣下的垄断利润等问题，强调了在金融科技平台规制中需要明确功能定位、建立责任关联、完善权力配置的重要性。研究的创新之处在于，不仅关注了反垄断规制在防止资本无序扩张中的作用，还提出了通过数据共享与共治机制、更新市场竞争规则等具体策略来优化金融科技平台的反垄断规制，为促进金融科技创新与市场竞争秩序的协调发展提供了新思路。

王义中等（2022）从风险与收益不对称的视角出发，采用理论模型构建与数值模拟的方法，深入研究了金融科技平台公司市场垄断和信息垄断对经济体系的影响。他们构建了一个包含金融科技平台公司、商业银行、消费者和非平台生产企业的四部门理论模型，模拟了不同冲击下平台公司垄断定价对金融体系和经济体系产生的负向影响。研究发现，金融科技平台公司的垄断定价会导致银行生产性贷款被挤出、消费者过度消费和过度负债等问题，同时还会降低商业银行的利润和抗风险能力。为破解平台垄断，作者提出了增加数据使用成本和设置利率最高上限的政策建议，并通过数值模拟验证了这些政策的有效性。研究不仅揭示了金融科技平台公司垄断的经济后果，还从风险与收益不对称的新视角为平台垄断规制提供了理论依据和政策建议。通过引入数据使用成本和利率上限，研究为监管部门提供了具体的规制工具，有助于引导平台利率下降并逐步破除平台垄断，维护金融市场的公平竞争和稳定。

2.2.4 金融科技平台算法规制研究

在平台算法规制方面，李韵（2023）从马克思主义政治经济学的视角出发，采用批判性分析方法，研究了“算法革命”背景下数字帝国主义的本质、特征及其对全球生产关系的影响。她指出，“算法革命”不仅是生产力的革命，也是生产关系的革命，两者具有辩证统一性。通过研究，作者得出如下研究结论：数字帝国主义作为帝国主义的新阶段和新形态，通过数字生产垄断、国际平台垄断、算法规则控制等手段，加剧了对全球劳动者的剥削、全球交换的不平等以及发达国家与发展中国家之间的不平衡。在算法规制方面，她强调了数字帝国主义下算法权力的滥用及其对全球经济的负面影响，提出了对算法进行更加严格规制的必要性，以维护全球经济的公平与正义。该研究的创新之处在于将“算法革命”与数字帝国主义联系起来，从政治经济学的角度进行了深入批判，并对算法规制提出了独到的见解。

刘皓琰（2023）强调了对“数字-金融”复合体中算法权力的规制需求。她指出，算法作为“数字-金融”复合体的核心，其不透明性和难以监管性加剧了资本对劳动者的剥削，并对全球经济秩序构成了潜在威胁。因此，她提出应对算法进行更加严格的规制，以确保其公平性、透明度和可追责性，从而维护全球经济的健康稳定发展。

程雪军和尹振涛（2023）基于比较治理视角，研究了金融科技公司算法风险的体系化治理问题。他们通过对比分析欧美国家和地区在应对金融科技公司算法风险方面的治理策略，发现算法协同性、公开透明性和可问责性是破解算法风险的核心要素。他们指出，金融科技公司深度应用算法技术虽促进了创新发展，但也带来了算法垄断、算法黑箱和算法歧视等风险，传统监管框架难以有效应对这些新挑战。他们借鉴欧美经验，提出我国应构建一元多层算法协同治理体系，推进算法公开透明机制建设，并强化金融科技公司的法律责任，以完善数据保护与算法的可问责性。

张惠彬（2024）从历史发展视角出发，深入研究了平台算法监管的困境与出路，特别关注了美国算法监管模式的演变及其对我国的启示。作者通过分析美国算法监管从自我监管到渐进式立法监管的发展过程，揭示了算法技术所带来的信息困境与控制困境。作者指出，随着算法技术的广泛应用，诸如“大数据杀熟”、信息茧房、算法共谋等问题日益凸显，对经济社会秩序构成挑战。通过借鉴美国经验，作者提出我国应采取循序渐进的监管策略，平衡安全与创新的关系，推进企业算法合规建设，加强执法能力，并完善算法备案制度。

聚焦到算法黑箱规制，程雪军（2024）基于案例研究法和系统治理理论，深入探讨了金融强国目标下数字金融平台算法黑箱的风险特征及其系统治理机制。他通过分析国内某知名数字消费金融平台的实际案例，揭示了算法技术在提升金融效率的同时，也衍生出算法黑箱问题，包括平台迷雾风险、技术遮蔽风险和监管真空风险。研究结论指出，为实现金融强国目标并有效防范化解数字金融平台的系统性风险，必须从平台端、用户端和监管端三方面构建系统治理机制。特别是在算法规制方面，作者强调了增强算法解释义务和算法评估的重要性，提出了健全算法透明机制、加强算法赋权与信息对称、推进公权治理等具体措施。

杨松（2024）从法学研究视角出发，运用案例分析法和比较研究法，深入探讨了数字金融的算法风险及其法律规制问题。研究指出，算法与金融的深度融合虽然推动了金融产业的数字化转型，但也带来了算法歧视、算法权力、算法共谋、算法趋同等新型风险，这些风险具有隐蔽性、系统性和根源多样性特征，对金融市场的稳定与公平构成了重大威胁。研究强调，传统金融法治在法律主体、调整对象、算法权利、算法责任等方面存在局限性，无法有效应对数字金融的算法风险。因此，对数字金融算法的法律规制应以算法黑箱为切入点，以促进算法发展和防范算法风险统筹为目标，确立算法透明性为基本原则。具体措施包括加强监管部门的专业性和协调机制，引入多方主体协同共治；对算法本体和参与主体进行双维规制；加强金融消费者数据保护与算法规制的衔接；构建算法设计与应用监管并重的双层监管结构等。该研究不仅深入剖析了数字金融算法风险的本质和特性，还提出了系统性的法律规制框架，特别是针对算法黑箱问题，提出了增强算法透明性、加强算法责任追究等具体规制措施，为数字金融的健康发展提供了有力的法律保障。

推进到算法透明问题，刘博涵（2024）采用价值辩证法和规制导向分析，深入研究了智能投顾算法透明的问题。作者探讨了智能投顾在利用大数据和人工智能技术提供个性化投资建议时，算法黑箱可能带来的投资者利益掠夺、风险错配以及法定义务架空等负面效应。针对这些问题，作者提出了算法透明与算法保密之间的价值冲突，并主张通过有层次的算法透明来平衡这一冲突。研究指出，彻底的算法透明和绝对的算法保密都失之偏颇，应根据规制算法的不同目的，以不同方式对不同主体实现不同程度、不同层次的算法透明。有层次的算法透明被视为比例原则在智能投顾算法治理中的具体应用，旨在通过合规审查、算法备案、算法告知与解释以及算法评估等手段，实现事前、事中、事后的全方位规制。该研究不仅提出了算法透明与算法保密之间的价值辩证，还设计了一套具体的实现路径，包括合规审查与算法备案以防控系统性金融风险、算法告知与解释以保障投资者知情权利，以及算法评估以明确算法责任等。

回归到算法黑箱背后的数据垄断问题，刘乃梁（2022）从数据垄断的源流、风险与治理视角出发，系统研究了金融科技领域的数据垄断问题。作者通过文献综述、案例分析和理论分析相结合的方法，深入剖析了金融科技数据垄断的实践源流、风险评判以及治理机制。研究发现，金融科技平台凭借数据集聚优势，在支付、信贷等多个领域形成市场垄断，进而可能引发竞争风险、系统性金融风险以及数据安全风险。针对这些风险，作者提出了以共治理念促成治理主体职能统合调适、以预防理念实现反垄断事后规制有效落实等治理机制，并强调数据治理、金融监管与反垄断规制应形成统筹治理资源配置。作者不仅揭示了金融科技数据垄断的多重风险，还从治理理念和规制工具两个层面提出了系统性的治理机制。作者特别强调了数据共享激励机制的构建、金融数据分类分级管理和保护以及数据垄断市场规制规则的完善，为数据垄断规制提供了具体的路径和策略。

2.3 数智治理及算法治理相关研究

2.3.1 数智治理理论范式

数智治理作为数字时代治理理论的最前沿范式，其概念和内涵还在不断发展和丰富。颜佳华（2019）基于概念辨析的方法，深入研究了数字治理、数据治理、智能治理与智慧治理这四个重要治理范式的概念及其相互关系。作者通过解析这组概念的建构过程，厘清了它们的基本含义，并阐发了概念之间存在的同构性关联、互镜式发展以及螺旋式演进的内在联系。作者指出，数字治理侧重于治理行为的抽象性，数据治理强调治理对象的数据性，智能治理则关注治理方法的智能性，而智慧治理侧重于治理价值的整合性。该研究辨析了这组概念在侧重点、实践依据以及具体内容上的差异，并强调了在智慧社会背景下，数智治理（即数字治理与智能治理的结合）的重要性及其对未来国家治理现代化的推动作用。该研究为学术界和实务部门提供了关于数智治理的清晰理论框架。

在数智治理早期阶段，韩兆柱（2015）基于比较研究的视角，深入探讨了网络化治理、整体性治理和数字治理三种主流治理理论。作者通过对比分析这三种治理模式的产生背景、理论基础、核心特征及其在实践中的应用，揭示了它们之间的异同点和相互关系。作者指出，尽管这三种治理模式在理念、方法和侧重点上存在差异，但它们都致力于构建更为扁平化的组织结构，以公民需求和结果导向为本，追求公共价值的实现。在结论方面，作者认为网络化治理、整体性治理和数字治理理论相互补充、相互促进，共同推动了治理理论的发展。随后，韩兆柱（2016）基于文献调查的方法，系统综述了数字治理理论的研究现状，并深入探讨了数智治理的相关问题。作者按照时间脉络和空间维度，对国内外学者关于数字治理理论的研究进行了统计分析，揭示了社会情景对数字治理理论的影响。作者重点讨论了数字治理理论与新公共管理理论的关系、政府角色冲突、治理责任归属、部门间冲突以及数字治理理论是否构成新理论范式等争议问题。通过对比数字治理理论与整体性治理、网络化治理等理论的异同，作者得出了数字治理理论是数字时代政府治理的重要取向，具有独特优势和广泛应用前景的结论。韩兆柱不仅系统梳理了数字治理理论的演变过程，还较早强调了数智治理（即数字治理与智能治理的结合）的重要性。他指出，随着信息技术的飞速发展，特别是大数据、云计算和人工智能技术的广泛应用，数智治理将成为未来政府治理的主要趋势。数智治理通过数字化和智能化的手段，能够显著提升政府治理的效率和精准度，推动政府治理向更加智慧、高效的方向发展。

早期数智治理理论吸纳了西方源流。黄建伟（2019）基于历史演进和比较分析的视角，研究了欧美数字治理的发展历程及其对中国数字治理的启示。作者首先揭示了技术手段在驱动欧美数字治理关注点和价值内涵变化中的工具性作用，指出欧美数字治理经历了从电子政府、数字政府到电子治理的三个阶段。通过对欧美数字治理各阶段特点和实践的分析，作者进一步论证了数字技术与治理理念融合的渐进性和重要性。作者指出，欧美数字治理的发展经验对中国具有重要启示。他强调，中国数字治理应善于利用新兴技术推动治理实践的发展，同时注重数字技术与治理理念的深度融合，以提高数字治理的品质。特别地，作者重点讨论了数智治理的发展趋势，指出欧美国家和地区正纷纷抢占人工智能的战略高地，推动数字治理向数智治理升级。这对中国来说既是机遇也是挑战，中国应未雨绸缪，提前对“数智治理”进行谋划，以顺应未来社会治理智能化的趋势。黄建伟的研究不仅系统地梳理了欧美数字治理的发展历程，还首次将数智治理作为未来数字治理的发展方向进行深入探讨。他提出的“国家主义”态势和“数智治理”概念为中国数字治理的战略规划提供了新的视角和思路。这一研究不仅丰富了数字治理理论的内容，也为中国数字治理的实践探索提供了重要的理论支撑和实践指导。

随着数智治理的中国化实践的发展，数智治理的概念被不断辩证修正和升级。马长山（2022）基于法学与社会学的交叉视角，深入研究了数智治理这一新兴治理形态所蕴含的法治悖论。他首先分析了数智治理的时代动因和迭代升级过程，揭示了其在提升治理效率和便捷性方面的巨大优势。然而，作者也指出，数智治理在发展过程中存在数智赋权、数智参与、数智规制和数智人文四重法治悖论。作者认为，数智治理虽然代表了数字时代的发展方向，但其法治悖论不容忽视。这些悖论不仅关乎技术应用的合法性和正当性，更涉及公民权利、社会治理结构和人文精神等多个层面。因此，他提出了一系列化解策略，包括合理定位数智治理、将其纳入数字法治框架、培养数字公民能力以及构筑数字社会“道德基础设施”等。

2.3.2 数智治理具体实践

（1）国家治理维度

随着数字经济和社会不断发展，数智治理的维度在不断升级和丰富。何哲（2023）基于技术、制度、文化、道德与治理的综合视角，深入研究了数智文明这一人类文明新形态的形成、特征及其对社会治理的影响。他通过分析数智技术的快速发展如何改变人类社会的生产生活方式和社会运作逻辑，揭示了数智文明的核心特点，包括全社会的数字化和泛在的智能化。作者指出，数智文明不仅在技术、制度、文化等显性维度上展现出新的特征，还在道德隐性维度上引发了深刻变革，形成了更加友善、互助和尊重的道德体系。更重要的是，数智文明对治理体系提出了全新的要求，推动了数智治理的发展。数智治理通过融合数字化和智能化的手段，实现了治理主体、内容、形态和方式的根本变革，促进了治理的多元化、高效化和民主化。何哲的研究不仅系统地阐述了数智文明的多维度结构，还首次将数智治理作为治理体系变革的重要方向进行深入探讨。他强调数智治理在应对复杂社会问题、提升治理效能方面的巨大潜力，为政府治理创新提供了新的思路和路径。这一研究不仅丰富了文明形态理论的内容，也为数智时代的社会治理实践提供了重要的理论支撑和实践指导。

解学芳和高嘉琪（2023）基于系统分析与伦理反思的视角，研究了数智时代文化科技伦理隐患的形成机制及中国式治理图景。他们深入探讨了数智技术在驱动文化创新与社会变革的同时所引发的科技伦理危机及其文化泛化风险，以及隐私、安全、公平等伦理困境。通过多维度的分析，作者揭示了数智时代文化科技伦理隐患的形成不仅受到技术发展外因的影响，还牵涉到人类自身的内因以及多主体博弈的复杂性。研究指出，数智时代文化科技伦理隐患的形成机制是内外因协同作用与多元化主体博弈的结果，这要求我们在数智治理中采取综合性的应对策略。该研究提出了建构中国式文化科技伦理善治图谱的构想，强调通过理论话语体系、主体创新体系、制度创新体系的协同作用，来应对数智时代的文化科技伦理挑战。这一构想不仅为数智治理提供了新的理论框架，也为实际的文化科技伦理治理实践提供了可操作的指导。

（2）*政府治理维度*

数智治理极大扩展和提高了政府治理的职能边界和工具丰度。刘祺（2022）基于跨界治理理论与方法，深入研究了新技术革命背景下数字政府的治理逻辑与路径问题。他通过分析浙江、广东、河南等地的数字政府改革实践，提出了数字政府跨界创新的四种典型模式——跨区域边界协作治理、跨层级纵向整体治理、跨部门横向协同治理、跨公私领域合作治理，并探讨了这些模式在实际应用中的治理悖论。研究指出，数字政府通过数智赋能实现了治理形态的结构性重组与功能性转变，打破了传统治理边界，迈向了跨界创新之路。然而，在跨界创新过程中，仍面临封闭化与开放式治理、科层式与扁平化治理、碎片化与整体性治理、通用性与专业化治理等多重张力。为解决这些悖论，作者提出了从组织结构、制度安排、运行机制、应用场景等方面协同推进数字政府跨界治理创新的实现路径。研究首次将跨界治理理论系统地应用于数字政府治理领域，特别强调了数智治理在推动政府数字化转型和跨界创新中的核心作用，提出了基于数智赋能的跨界治理新模式，为数字政府建设提供了有益的探索和参考。

王芳等（2023）基于跨学科学术会议综述，探讨了数智赋能政府治理的理论与实践进展问题。会议围绕政府数智治理的内涵、范式与发展逻辑、重要场景、数据利用与价值激发、新技术带来的治理挑战与对策等内容展开了深入交流与讨论。研究指出，数智治理是当前政府数字化转型的重要方向，通过数据与智能技术的赋能，政府治理效能显著提升，但在保障支撑和公共服务方面仍存在不平衡。会议通过跨学科研讨，为政府数智治理的未来发展方向提供了新思路与对策建议，特别是在应对数据安全、数字鸿沟、个人隐私泄露、算法歧视等挑战方面，具有重要的理论与实践价值。

戴长征和鲍静（2017）基于社会形态演变进程的视角，研究了数字政府治理的兴起与发展。他们通过分析农业社会、工业社会和信息社会三种不同社会形态下的社会治理模式，指出随着信息技术的飞速发展，社会治理方式正由单向控制、代议互动向数字协商转变。研究发现，数字政府治理不仅是信息革命下社会发展的内在需求，也是全球治理体制变革的必然趋势。数字政府通过数据融通和以人民为中心的“智慧服务”，有效回应了信息社会高度互联、高频互动的特点。相比传统的统计管理方式，数字政府治理更加注重数据驱动和智能化服务，旨在提高政府服务的精准性和效率。研究不仅深入剖析了数字政府治理的理论基础和历史必然性，还前瞻性地探讨了数智治理在数字政府建设中的重要作用。数智治理作为数字政府治理的高级形态，通过大数据、云计算、人工智能等先进技术，实现治理的智能化、精准化和高效化，为社会治理现代化提供了新路径。此外，研究还提出了构建数字政府治理体系的具体策略，包括加强数据整合、保障数据安全、增强数字协商治理能力、提升政府公共服务水平等，为数字政府治理的数智化实践提供了有益指导。

(3) 社会治理维度

在社会治理维度，一方面，数智治理赋予传统社会治理新动能。王欢明（2023）基于技术-制度互构的视角，运用扎根理论方法，研究了“数智之治”如何强化基层公共服务合作生产的问题。通过对S市社区新基建案例的深入分析，该研究探讨了数智治理在拓宽公民参与渠道、整合多方资源、优化治理结构等方面的作用机制。研究发现，“数智之治”通过技术赋能和制度嵌入的双重路径，有效推动了基层合作生产的强化。技术工具如大数据、人工智能等不仅提升了治理效率，还通过主体增能、权力赋能和结构重塑等方式，促进了基层治理的现代化转型。同时，正式制度和非正式制度的嵌入，为技术治理提供了必要的制度保障和价值导向，确保了合作生产的稳定性和可持续性。作者提出了“数智之治”强化基层合作生产的理论模型，揭示了技术赋能与制度嵌入之间的交互耦合关系，以及非正式制度在其中的调节效应。作者将技术-制度互构理论应用于基层合作生产的研究领域，通过质性分析方法构建了系统的理论框架。同时，他特别强调了数智治理在推动基层治理现代化转型中的重要作用，为相关领域的研究提供了新的视角和思路。

张露露（2023）基于协商系统理论，结合我国苏浙川三地的实践经验，研究了数字化协商作为基层治理新形态的问题。她构建了数字化协商的要素指标测量体系，包括协商主体及其数字化参与度、协商场所及其包容性、协商实体及其科学性、协商传播及其敏捷性、协商转化及其扩散性、协商执行及其透明性等六个维度，以此对数字化协商的实践过程进行科学测量。研究发现，数字化协商作为大数据时代数字技术与民主协商的耦合物，已成为维护并增进基层群众福祉的新方式，有效提高了基层治理能力。苏浙川三地的典型案例表明，数字化协商能够联动式地推进基层治理现代化，特别是在协商主体有效参与、协商组织科学设置、协商场所时空拓展、协商信息敏捷传播、协商监督公开透明等方面展现出显著优势。

吴茵（2023）基于组织理论和数智化视角，研究了数智化组织网络如何赋能基层治理的问题。她指出，我国基层治理中存在组织碎片化、任务超载、信息冗余等现实问题，阻碍了治理现代化的进程。通过深入分析电子化、数字化和数智化三个阶段虚拟组织与实体组织的关系变化，作者发现，在数智化阶段，虚拟组织具备高效协同能力，并与实体组织融会贯通，共同构成数智化组织网络。研究发现，数智化组织网络通过提高组织结构的弹性和适应性，能够有效应对基层治理中的复杂性和不确定性。数智大脑和智治信息系统的应用，解决了基层组织在信息沟通和资源错配方面的难题，为基层减负和赋能提供了有力支持。此外，研究还揭示了数智化组织网络在提升基层治理效能方面的具体机制，包括自主匹配式连接、任务驱动式激活和数智融合式去冗等。研究首次将数智化视角引入基层治理的组织网络研究中，深入探讨了数智技术如何重塑基层治理的组织结构和运作机制。通过虚实相融的数智化组织网络，研究为基层治理现代化提供了新的思路和路径，强调了数智治理在推动基层治理变革中的核心作用。

李智水和邓伯军（2020）基于国家宏观政策与已有研究视界的双重维度，研究了数字社会形态下社会治理的逻辑进路。他们突破传统社会治理的研究范式，以数据本体治理作为逻辑展开研究，提出了国家主权、国家安全、共建共治共享等治理原则，并构建了包含技术层、数据层、应用层的国家宏观社会治理架构。研究发现，数字化发展推动了社会形态的演化，催生了社会治理的新时代课题。在数字社会形态下，数据不仅作为技术工具，更成为推动社会关系变革的生产力要素。因此，传统的社会治理理念、结构、内容及方式均需重新审视，以适应数字化时代的需求。研究特别强调了数智治理作为数字社会形态下社会治理逻辑归宿的重要性，指出数智治理通过大数据、云计算、人工智能等先进技术，实现治理的智能化、精准化、高效化，是未来社会治理发展的必然趋势。研究不仅从政策背景与文献回顾出发，阐明了数字社会形态下社会治理的逻辑生成，还从数据本体治理的角度，深入探讨了社会治理的逻辑展开。此外，研究还前瞻性地提出了数智治理的概念，并分析了其实践路径，为数字社会形态下的社会治理提供了新的思路和方法。

另一方面，数智治理催生了元宇宙、人工智能等新型社会治理空间和模式。宋辰婷（2024）基于社会学和治理理论的视角，深入研究了元宇宙赋能下的中国社会治理转型问题。她特别关注了“韧性社会治理共同体”的构建，探讨了元宇宙技术如何为社会治理提供新的技术基础和实践驱动力。通过对元宇宙技术特点及其在社会治理中潜在作用的分析，作者揭示了元宇宙在增强社会联结力、提升抗冲击能力方面的独特价值。她认为元宇宙技术将促进中国特色的“韧性社会治理共同体”的发展。她指出，元宇宙不仅为算法治理提供了新的可能性，有助于解决平台霸权下的治理乱象问题，还通过增强多元主体的共意凝聚和联结力，塑造社会治理共同体的精神内核。此外，元宇宙赋能下的网民自组织能力和多元主体间的协同合作，将为社会治理构建起抵御不确定性社会风险的坚固屏障。

乔利利（2022）基于元宇宙信息交互模式革新的视角，深入研究了元宇宙应用场景下衍生的治理挑战，并提出了基于“数智人”的元宇宙敏捷治理路径。她首先分析了元宇宙在载体更新、通道扩容、结构转变三个方面对信息交互模式的创新，并指出这些变革带来了治理上的新挑战。研究表明，元宇宙的敏捷治理需要应对信息赋权、流程再造和角色重塑三个维度的问题。为此，作者提出了以“数智人”为核心的敏捷治理路径，该路径通过多源异构数据、智能算法研判和专家智慧的互动，实现了快速感知、灵活响应和持续协调的治理能力。这一路径不仅为元宇宙的敏捷治理提供了理论框架，还通过商业活动、工业生产、文化教育和智慧城市等应用场景的探索，展示了其实际应用的可行性和有效性。

任兵等（2022）基于“技术-社会互构”理论视角，研究了元宇宙的时空再造与价值重构问题，并探讨了面向未来数智治理的元宇宙生态化治理体系。研究发现，元宇宙通过技术集成、虚实融合、去中心化和持续创造等功能性特征，再造了人类生存的新时空，并重构与拓展了数智社会的新价值。然而，元宇宙亦在政治、经济、法律、道德等方面引发了一系列治理风险。为应对这些风险，作者提出了宏观视角下的内部治理（技术层）与外部治理（社会层），以及微观视角下的多元行为主体共同治理的元宇宙生态化治理体系。该研究将元宇宙治理纳入数智治理框架，强调技术与社会相互依赖与建构的关系，为元宇宙的健康发展和数智治理的深化提供了新思路。

（4）企业治理维度

当然，数智治理也很好地改善了企业治理生态。李题印等（2022）基于数智赋能的视角，研究了企业数据治理能力的模型构建问题。作者通过分析数据治理能力维度，借鉴主流数据治理框架，结合企业业务流程及管理经验，构建了企业数据治理能力模型。该模型融合数据、业务、技术，从数据层、治理层、应用层逐层开展，旨在降低企业运营成本，优化业务流程，有效管理数据资产，并激活数据商业价值。研究表明，该模型能够帮助企业建立符合自身业务特征的数据治理体系，实现数字化经营，并赋能业务应用场景。其创新之处在于将数智赋能理念引入企业数据治理领域，强调通过数据治理提升企业的数智治理水平，为企业在数智化转型背景下提升竞争力提供了理论依据和实践指导。

吕荣杰等（2023）基于知识治理机制的视角，研究了数智化使能企业如何通过跨界搜索提升创新绩效的问题。作者通过多案例比较研究的方法，深入分析了数智化技术对企业跨界搜索模式及创新绩效的影响，并探讨了知识治理机制在其中的作用。研究结论表明，在数智化使能作用下，企业存在网络拓扑模式和全景互动模式两种跨界搜索模式，以及技术内生风险和知识基础风险两种过程风险。知识治理机制中的正式知识治理与非正式知识治理可以有效防范这些过程风险，并且企业能够根据自身知识治理机制的不同，创造性地匹配相应的跨界搜索模式，从而提高创新绩效。该研究将数智治理理念引入企业跨界搜索领域，强调了数智化技术在提升企业创新绩效中的重要作用。

（5）数据治理维度

在要素治理视域，数智治理本身带来了数据要素治理的创新。衲钦和张慧春（2022）基于数据治理的理论维度和实践向度，研究了数智环境下匿名数据治理的创新对策问题。该研究首先分析了当前匿名数据治理面临的挑战，包括技术易变性带来的不确定性风险以及我国静态绝对匿名化标准的局限性。接着，通过国际比较，借鉴欧盟和美国的匿名数据处理标准，提出了优化我国匿名数据治理体系的建议。研究结论强调，应构建数据匿名化治理框架，建设再识别风险动态评估管理机制，以实现数据安全和数据利用之间的良性互动。该研究将数智治理理念引入匿名数据治理领域，提出了动态评估、分级分类多维度保护的治理模式，为我国匿名数据治理体系的完善提供了新思路。

魏明珠等（2023）基于非对称创新理论，采用定性比较分析（QCA）和必要条件分析（NCA）相结合的方法，研究了数智驱动背景下全域产业数据治理能力提升的路径问题。该研究聚焦于探索我国各省级政府全域产业数据治理能力的区域差异及提升路径，旨在通过制度、市场、技术三维框架的分析，揭示影响全域产业数据治理能力的关键因素及其组合效应。研究结论指出，我国全域产业数据治理能力水平分布存在明显的区域差异性和集聚辐射效应，资金投入强度是数智驱动背景下全域产业数据治理能力的关键瓶颈。此外，该研究还识别出五条提升全域产业数据治理能力的路径，为其他相似区域提供了“殊途同归”的路径借鉴。该研究将数智治理理念与非对称创新理论相结合，应用于全域产业数据治理领域，提出了多维度的分析框架和路径选择，为数据治理研究提供了新的视角和方法。通过组态分析，该研究不仅揭示了单一因素的重要性，还强调了多重因素的综合协同效应，为政府和企业提升全域产业数据治理能力提供了科学的理论依据和实践指导。

2.3.3 数智治理赋能算法治理研究

（1）*从算法治理到治理算法*

算法治理作为数智治理的核心工具维度，正不断拓展数智治理的前沿和深度。关晓铭（2024）基于技术政治学的分析视角，深入研究了从算法治理到治理算法的转型问题。他采用文献回顾、理论分析与实证研究相结合的方法，探讨了算法治理在国家治理现代化进程中的双重作用：一方面，算法治理通过数据化、标准化和流程化提升了国家治理的效能；另一方面，也带来了个体主体性消解、国家权威性弱化及社会歧视性出现等治理风险。该研究指出，算法治理作为国家治理现代化的重要工具，其内蕴的技术政治性不容忽视。为规避算法治理的内生和衍生风险，增强治理实效性和针对性，治理算法应以协商民主路径为核心，赋予公民更多机会、权利和资源参与决策和议程设置。这一转型不仅有助于平衡技术发展与国家治理的关系，还能推动形成更加公平、透明和有效的数智治理体系。该研究将技术政治学理论引入算法治理的研究领域，为理解算法治理的复杂性及其对社会政治结构的影响提供了新视角。同时，该研究提出的从算法治理到治理算法的转型路径，为国家治理现代化的理论与实践探索提供了新思路，特别是在数智治理日益重要的背景下，为构建更加科学合理的治理体系提供了有益参考。

张宸瑜（2024）基于数智治理赋能算法治理的视角，研究了公共性算法制度建构在数字政府建设中的应用及其效能跃迁。他通过分析新一代生成式人工智能技术在数字政府建设中的具体应用，探讨了算法如何通过优化决策过程、促进部门协同、创新监管模式以及实现公共利益与理性治理等方面，提升数字政府的治理效能。研究结论指出，公共性算法制度建构对于避免算法风险、发挥算法积极效能具有重要意义，而结合数智治理理念，可以推动算法技术更好地服务于数字政府建设。该研究的创新之处在于将数智治理与算法治理紧密结合，提出了针对性的公共性算法制度建构路径，为数字政府建设中算法技术的应用提供了理论支持和实践指导。同时，该研究还强调了技术联结、数据利用限制、司法规制以及权力与权利互动关系等多方面的治理调适策略，为算法治理在数智治理背景下的应用提供了全面的框架。

刘艳红（2024）结合人工智能这一数智治理前沿，从治理算法的视角，深入研究了人工智能司法安全风险及其治理模式。她指出，人工智能司法的本质是算法司法，法官后撤成为其显著特征，而算法正义在契合传统司法正义的形式理性价值的同时，也面临着程序风险、实体风险及技术固有风险等多重危机。针对这些风险，作者提出了以算法为中心的治理模式，强调通过数据的安全与保护、模型的微调与优化以及结果的纠偏与校验等具体方案，构建“数据-模型-结果”三维一体的治理模式。研究结论表明，该模式能够有效应对人工智能司法中的安全风险，推动数智治理在司法领域的深入应用。

康骁（2024）基于同样视角，深入考察了行政法如何应对生成式人工智能在算法、训练数据及内容治理方面带来的挑战。通过文献分析、法条解读及比较研究等方法，该研究探讨了生成式人工智能技术的复杂性对行政法治理体系的影响，特别是在算法黑箱、算法控制权分散化、高质量训练数据短缺、训练数据合法性以及内容治理等方面的问题。该研究指出，生成式人工智能技术的快速发展放大了行政法层面的治理难题，而现有的《生成式人工智能服务管理暂行办法》在效力位阶及具体制度设计上存在不足，难以全面应对这些挑战。为此，作者提出了多项创新性的治理建议，包括创设面向用户的算法说明义务、建立新的算法安全评估制度、完善训练数据备案与合法性审查机制，以及区分内容生产与传播环节的责任归属等。

杜泽蒙（2024）基于数智治理的算法权力治理视角，深入探讨了算法权力嵌入公共政策领域的内在逻辑、风险表现及其治理策略。通过文献综述与理论分析的方法，他研究了算法权力如何在技术、价值与实践三个维度上影响公共政策制定与执行，并指出算法权力在提高行政效能的同时，也带来了公共政策合法性风险、政府部门运作失灵风险以及个体层面政策执行风险等多重挑战。该研究表明，算法权力作为数智治理的重要组成部分，其在公共政策领域的嵌入具有双刃剑效应：一方面，算法能够提升决策效率与精准度，优化资源配置；另一方面，算法权力的膨胀也可能引发价值错位、责任模糊及伦理困境等问题。因此，作者提出了构建循证决策机制、探索算法监管沙盒机制以及持续发展行政人员算法应用能力等治理策略，旨在平衡算法权力与公共价值之间的关系，确保算法治理在公共政策领域的健康发展。

邱德胜（2024）基于伦理审视的视角，研究了算法融入公共决策所带来的伦理挑战与治理问题。他深入分析了算法在公共决策中的应用现状，揭示了算法决策可能引发的透明度不足、责任归属模糊以及伦理价值冲突等问题，进而对算法治理的伦理框架进行了构建。作者指出，随着算法在公共决策中的广泛应用，其潜在的伦理风险日益凸显。算法的不透明性可能导致公众对决策结果的质疑，责任归属的模糊则可能削弱公共决策的可信度。此外，算法决策还可能引发伦理价值的冲突，特别是在涉及公平正义、隐私保护等敏感领域时。作者提出，通过数智技术的运用，可以增强算法决策的透明度，提高决策的可解释性，从而有效缓解公众对算法决策的担忧。同时，数智治理还可以帮助明确算法决策的责任归属，建立健全的责任追究机制，确保公共决策的公正性和有效性。该研究将数智治理与算法治理相结合，提出了一个综合性的伦理审视与治理框架。这一框架不仅关注算法决策的技术层面，更重视其伦理价值和社会影响，为算法在公共决策中的合理应用提供了有力支持。

马腾飞（2023）基于数据主权视角，深入研究了数智治理如何赋能并优化算法治理的问题。他采用文献分析、案例研究与理论探讨相结合的方法，探讨了当前算法治理在数智化转型背景下的进展、面临的困境以及可行的治理路径。该研究指出，在数智治理的赋能下，算法治理能够通过高效的数据处理与分析能力，实现更加精准和个性化的决策支持，从而提升社会治理的效能。然而，算法治理也面临着数据隐私泄露、算法偏见与歧视，以及责任追溯难等困境。针对这些问题，作者提出了以数据主权为核心，结合法律法规、技术标准与伦理规范的综合治理路径。结论强调，数智治理为算法治理提供了强大的技术支持与数据资源，但同时也对数据安全、算法公正性与透明度提出了更高的要求。通过构建基于数据主权的算法治理体系，可以有效平衡技术创新与社会责任，实现算法治理的可持续发展。该研究将数智治理的理念与算法治理的实践相结合，提出了以数据主权为核心的综合治理框架，为算法治理的优化与升级提供了新的思路与方向。

肖红军和商慧辰（2022）基于技术逻辑、发展逻辑、现实逻辑和责任逻辑的多维度视角，深入研究了平台算法监管的逻辑起点与思路创新。他们指出，随着算法技术的蓬勃发展，平台经济在繁荣的同时也面临着一系列算法失当问题，这些问题严重阻碍了平台经济的可持续发展并危害了社会福利。他们强调数智治理在促进算法监管中的重要作用，通过构建“硬法”与“软法”相结合的合意监管体系，以及建立“技术监管技术”的自动化监管模式，有效提升了算法监管的效率和精准度。研究结论表明，数智治理不仅能有效应对算法技术的复杂性和隐蔽性，还能确保算法决策的公正性和透明性，从而推动平台经济健康有序发展。

（2）算法技治困境的数智化治理

数智治理的核心命题之一就是应对“算法偏见”“算法黑箱”“算法合谋”等技治难题，即如何治理算法。丁国峰（2024）基于此视角，深入研究了生成式人工智能算法在数字营销新业态中的法律风险及其规范化防控问题。该研究通过文献分析、案例研究等方法，探讨了算法歧视、算法黑箱、算法权力异化等法律风险，以及这些风险如何影响消费者法律主体地位、破坏交易平等机制、编织交易信息茧房等问题。研究结论指出，生成式人工智能算法的异化导致了数字营销新业态中的一系列法律风险，需要通过重构算法信任、建立算法问责机制、赋予消费者数据访问权以及运用区块链技术等手段进行规范化防控。该研究将数智治理与算法治理理念相结合，提出了针对生成式人工智能算法法律风险的系统性防控策略。作者不仅强调了外部法律监管的重要性，还注重从内部契约诚信和技术设计层面构建算法信任，实现了法律、技术与社会治理的有机融合。此外，他提出的赋予消费者数据访问权、运用区块链技术等技术治理手段，为数字营销新业态中的算法风险防控提供了新思路和新方法，有助于推动数智治理在算法治理领域的深入应用和发展。

吴小坤和邓可晴（2024）基于算法偏见视角，研究了数据选择、信息过滤与协同治理在算法治理中的重要性。作者通过分析算法运行过程中的数据选择和信息过滤机制，探讨了算法偏见产生的原因及其对社会的影响，提出了数智治理赋能算法治理的新路径。该研究发现，算法偏见深植于数据选择和信息过滤的各个环节，数据库的差异、数据质量的不均衡以及信息过滤机制的局限性，共同导致了算法偏见的产生和放大。这不仅加剧了社会认知的闭环，还可能导致社会发展的失衡。结论强调，数智治理在赋能算法治理方面具有重要作用。通过数智技术，可以对算法的运行逻辑和决策过程进行实时监测和评估，提高算法的透明度和可解释性，从而减少算法偏见。同时，数智治理还可以推动算法确权，明确数据所有权和使用权，规范数据流动和共享，为算法治理提供有力支持。该研究指出，通过数智技术的运用，可以实现对算法全生命周期的监管和优化，推动算法治理向更加公平、透明和高效的方向发展。

针对“算法黑箱”难题，张楠（2024）基于机器行为学视角，利用实验方法，研究了如何在不打开算法“黑箱”的前提下，实现平台推荐算法的有效监管问题。作者通过对不同平台推荐算法结果的跟踪记录与对比分析，验证了推荐算法结果差异的可测性，并提出了基于规模测试进行逆向评测和监管的新思路。研究结果表明，通过测量平台推荐算法的实际运行逻辑与推荐效果，可以有效发现算法潜在的问题和风险，为算法治理提供了新的路径。该研究突破了传统算法治理中过分依赖算法透明的局限，强调了数智治理在赋能算法黑箱治理中的重要作用。数智治理通过技术手段对推荐算法结果进行大规模数据测试和检验，实现了对算法行为的逆向监管，提高了监管的主动性和有效性。通过数智治理赋能，算法黑箱治理不再是难以逾越的障碍，而是可以通过技术创新和策略优化得到有效解决。

程增雯（2021）基于法学与经济学交叉视角，研究了平台经济领域自治算法滥用与反垄断规制问题。作者深入分析了平台经济中算法作为核心竞争力的作用，以及算法滥用可能导致的市场垄断和不公平竞争现象。程增雯指出，随着平台经济的迅猛发展，超级平台的形成使得算法成为市场竞争的关键因素，但算法的“黑箱”特性增加了反垄断规制的难度。针对这一问题，程增雯探讨了数智治理在规制算法黑箱方面的作用，指出通过数智技术的应用，可以提高算法的透明度，增强监管机构对算法运行逻辑的理解，从而有效识别和防范算法滥用行为。数智治理还可以帮助建立更加科学、合理的反垄断规制体系，确保平台经济的健康发展。

（3）算法合谋的数智化规制

针对算法合谋的治理难题，王延川（2023）基于法学与经济学的交叉视角，深入研究了算法合谋的演生逻辑与治理路径，强调了数智治理的重要性。他通过案例分析、理论探讨与数学建模相结合的方法，揭示了算法合谋在数字市场中的形成机制及其对传统反垄断法的挑战。王延川指出，随着算法技术的发展，算法合谋逐渐从依赖明确协议的经典合谋演变为缺乏直接沟通的默契合谋乃至完全自主的虚拟合谋，给反垄断执法带来了前所未有的难度。他认为，数智治理不仅能够提高反垄断执法的精准性和效率，还能促进算法技术的健康发展，维护市场竞争的公平与透明。

苏敏和夏杰长（2021）基于产业组织理论和经济法学视角，研究了数字经济中竞争性垄断与算法合谋的治理困境。该研究深入剖析了数字经济背景下市场结构的变化，特别是竞争性垄断市场的形成机制，以及算法合谋对市场竞争和消费者权益的潜在威胁。通过对比分析传统经济与数字经济的差异，该研究揭示了数字技术如何重塑市场竞争格局，导致竞争性垄断市场的出现。同时，他们指出算法合谋在数字经济中的高隐蔽性和复杂性，给反垄断规制带来了前所未有的挑战。针对算法合谋的治理困境，该研究认为，通过数智技术的应用，监管机构可以实现对算法运行的实时监控和动态调整，提高算法的透明度和可解释性，从而有效抑制算法合谋的发生。数智治理还能够促进市场竞争的公平性，保护消费者权益，推动数字经济的健康发展。

戚聿东等（2021）基于法学与经济学的交叉视角，深入研究了数字平台智能算法的反竞争效应，特别是算法合谋与算法垄断问题。他们通过案例分析与理论探讨相结合的方式，系统剖析了智能算法在提高交易效率的同时，如何通过算法合谋、搜索排序非中立和智能定价导致价格歧视等手段，对市场竞争和消费者权益构成潜在威胁。针对算法合谋与算法垄断的治理难题，戚聿东等创新性地提出了数智治理的解决方案。他们认为，数智治理通过运用大数据、云计算、人工智能等先进技术，能够实现对算法运行的实时监控、动态调整和透明化管理，从而有效规制算法合谋与算法垄断行为。数智治理不仅提高了算法的可解释性和可预测性，还增强了反垄断执法的精准性和有效性，为维护市场竞争秩序和消费者权益提供了有力保障。

孟昌和曲寒瑛（2021）基于法学、经济学与计算机科学的多学科视角，系统研究了算法合谋及其规制进展。他们通过理论分析、经验案例证据与实验模拟研究相结合的方法，深入探讨了算法合谋的机理、方式、后果及其对反垄断规制的挑战。该研究发现，算法合谋不仅限于传统意义上的显性合谋，还包括默契合谋与虚拟合谋等新型形式，这些新型合谋给反垄断执法带来了巨大难度。

梁彦红和王延川（2020）基于法学与计算机科学的交叉视角，深入研究了数字市场背景下的算法合谋问题。通过分析算法在价格合谋中的作用机制，他们将算法合谋分为显性合谋、轴辐卡特尔、默契合谋与虚拟合谋四种类型，并探讨了每种类型的形成条件与特点。该研究指出，算法的应用极大地提高了价格合谋的隐蔽性和效率，给反垄断执法带来了严峻挑战。针对算法合谋的规制难题，该研究认为，数智治理通过运用大数据、人工智能等先进技术，可以实现对算法运行的实时监控和动态调整，提高算法的透明度和可解释性，从而有效规制算法合谋行为。数智治理不仅能够帮助监管机构及时发现和打击算法合谋，还能促进市场竞争的公平与透明，保护消费者权益。

2.3.4 数智治理的算法向善导向

近年来，算法向善为数智治理突破技治主义困境补充了价值尺度。俞鼎（2024）基于技术治理的视角，研究了“算法向善”的问题，并深入探讨了算法在社会治理中的道德嵌入与全生命周期的道德化路径。他通过分析算法嵌入社会的资本与技术逻辑，揭示了算法治理面临的技治主义、监管主义等逻辑困境，并提出了合作治理的必要性。该研究发现，算法在赋能社会治理的同时，其自治偏见和技治困境也需要通过算法自身的迭代升级来解决。作者强调，全生命周期算法道德化是实现“算法向善”的关键，并提出了通过社会实验视域下的算法伦理设计、算法应用的参与式设计以及算法有限自治规则的调节性建构等具体路径。该研究的创新之处在于整合了内在主义与外在主义的治理路径，直面算法道德化的挑战，并为我国算法治理的制度化进程提供了理论指导和实践路径。

周旅军和吕鹏（2022）从法理与社会科学的源头参与视角出发，聚焦于数智时代背景下，研究如何通过法律与社会科学的交叉融合，引导并规范人工智能技术的向善发展，特别是算法的设计与运用。他们首先分析了数智治理的核心要素与面临的挑战，指出在算法日益渗透到社会各个领域的背景下，确保其向善性、公平性和透明度成为亟待解决的问题。随后，该研究通过案例分析与理论探讨相结合的方式，详细阐述了数智治理在促进算法向善方面的具体路径与策略。该研究发现，数智治理能够通过建立完善的法律法规体系、强化算法伦理审查、推动算法透明化以及加强公众参与度等多种手段，有效引导算法向善。该研究提出了数智治理促进算法向善的理论框架与实践路径，强调了跨学科合作在数智治理中的重要性，呼吁法律、社会科学与计算机科学等领域的专家学者加强交流与合作，共同推动人工智能技术的健康发展。

上溯到科技向善，阮荣彬等（2024）基于政策分析与案例研究，深入探讨了政府科技伦理治理与人工智能企业科技向善的问题。该研究发现，数智治理通过构建完善的伦理框架、强化监管机制及促进多方协作，能够显著引导算法设计与应用向更加符合社会伦理的方向发展。特别是，数智治理强调在算法开发初期即融入伦理考量，确保算法决策的透明度与公平性。此外，该研究还揭示了政府在推动人工智能伦理治理中的关键作用，包括制定政策、提供资金支持及加强国际合作等。

李巧华等（2023）基于语义分析法、逻辑演绎法与文献归纳法，深入研究了企业科技向善的概念、逻辑起点与实践路径。他们指出，在人工智能、大数据等新兴技术快速发展的背景下，企业科技向善已成为重要议题。该研究发现，企业科技向善不仅是伦理倡议，更应成为企业的经营理念，旨在通过科技创新解决社会问题和技术本身带来的问题，实现可持续的社会价值创造。该研究同样强调数智治理在促进企业科技向善中的关键作用，通过计算思维与数字孪生技术的融合应用，企业能够降低科技创新的不确定性，优化创新方案，从而更有效地实现科技向善。

伏志强和孙伟平（2021）基于马克思主义社会公正理论，从科技伦理与社会责任的视角，研究了人工智能发展的价值遵循问题。他们特别强调了数智治理在促进算法向善方面的重要作用，指出通过加强数据监控、建立伦理审查机制和强化公众参与，数智治理能有效引导算法决策更加公正、透明。该研究表明，人工智能在提升生产效率、优化社会分工和满足个性化需求方面具有巨大潜力，但同时也存在智能机器人共生风险、超级智能失控及智能化武器威胁等潜在危害。因此，作者呼吁政府、企业及个人应共同遵循科技向“善”的价值原则，通过数智治理等手段确保人工智能技术的健康发展，以实现社会整体福祉的最大化。

算法向善本身标志着对“算法中立”的突破。张爱军（2024）基于国家治理现代化的视角，深入研究了“算法中立原则”在国家治理中的应用风险及其调适路径。他通过审视算法在功能、价值、责任及应用维度上的中立性，揭示了算法中立原则在实践中的失偏和理论上的欠缺，指出信奉算法中立原则可能给国家治理现代化带来制度欠缺、实践失偏、能力减弱等技术隐患。针对这些问题，作者提出了跨越算法中立原则，从人、法律与技术三个层面设计特定框架对算法进行规制的解决方案，强调数智治理视域下的算法规制的重要性。该研究认为，应追求“算法向善原则”，使算法技术实践本质与国家治理现代化的“善治”本质相契合。该研究的创新之处在于将数智治理理念引入算法规制领域，提出了系统性的算法规制框架，为国家治理现代化进程中的算法技术应用提供了有益的参考和指导。

李倩和李保芳（2024）基于法律规制与伦理审视的双重视角，深入研究了算法推荐服务提供者的注意义务问题，探讨了如何从技术中立走向科技向善。该研究发现，在数智治理框架下，强化算法推荐服务提供者的注意义务，能够有效促进算法向善，保障用户权益和社会公共利益。作者提出了一系列创新性的观点和建议，旨在通过法律规制与伦理引导的有机结合，构建更加公平、透明、可解释的算法推荐生态系统。特别是，数智治理在促进算法透明度、可解释性和公平性方面发挥着关键作用，为实现算法向善提供了有力支撑。

赵亮等（2024）基于价值敏感设计的视角，研究了算法决策优化中的伦理问题。作者首先指出算法决策虽然高效便捷，但可能引发算法歧视、算法控制、算法投喂等不良伦理后果，冲蚀法定权利、削弱道德原则、损伤相关者利益。通过厘清算法作为决策价值承担者和责任分配者的角色，作者强调了算法决策并非中立，而是承载价值偏见。为推动“算法向善”，作者从道德阈限、责任界分、技术嵌入三个维度提出了价值敏感设计的方法，旨在实现算法决策的公平、准确与客观。

在算法的社会价值属性上，何艳玲（2024）基于算法治理的价值视角，深入探讨了治理过程中“人民”概念的复杂性及其具体内涵。她通过理论分析与实践案例相结合的方法，研究了如何在治理实践中真正贯彻以人民为中心的原则，特别是在数字化时代背景下，如何运用算法技术精准识别和回应不同人民群体的需求。研究结论指出，人民概念的复杂性要求治理者在特定情境中清晰界定不同类型的人民群体及其需求，而“人民算法”作为一种创新的治理模式，通过将数智技术与治理逻辑相结合，能够有效实现对复杂需求的及时且有效的回应。该研究的创新之处在于提出了“人民算法”的概念与运行模型，不仅丰富了人民研究的理论体系，也为数智治理及算法治理在公共治理领域的应用提供了新的思路和方法。通过需求算法、冲突算法和决策算法三个基本维度的构建，人民算法模型为政策制定者提供了科学、精细化的治理工具，有助于推动治理现代化进程。

闫泽华（2023）基于算法逻辑的视角，研究了数字劳动权益及治理转型的问题。作者通过分析算法在市场中介、生产过程和平台产品三方面的价值，揭示了平台劳动者在算法生产和平台增值中的参与和贡献，从而提出了保障平台劳动者权益、维护数字时代社会主体性的新视角。该研究指出，当前互联网平台企业往往通过算法实现市场供需信息的对接和监督，同时利用算法对平台劳动者的劳动过程进行全面监控和评价。然而，这种监控和评价机制往往导致平台劳动者的劳动权益缺乏保障。作者通过算法逻辑的分析，认为平台劳动者不仅为消费者提供服务，还为平台的算法生产和优化提供了数据原料，因此应当享有相应的劳动权益。该研究强调，要走出法理困境，从根本上解决平台劳动者的权益保护问题，就必须从算法生产和价值创造的角度重新理解劳动关系，并通过数智治理赋能算法治理。数智治理可以通过技术手段对算法的运行逻辑和效果进行监测和评估，确保算法在保障劳动者权益、促进公平正义方面发挥积极作用。同时，数智治理还可以推动算法确权，明确算法生产中各参与方的权益和责任，为数字时代的劳动治理提供有力支持。

在算法向善的应用上，王林生（2024）基于情境主义和“智能向善”的视角，研究了算法推荐在多元应用情境中的乱象问题。作者指出，算法推荐技术的广泛应用带来了信息茧房效应、平台操控效应和用户路径依赖导致的“杀熟”效应等问题。为推进算法推荐的乱象治理，该研究提出了构建以“智能向善”为价值导向的治理体系，包括从源头设计赋予算法编码正向价值导向、强化算法应用平台主体责任建构、厘清平台利益诉求边界以及提升监管部门应急能力等措施。

朱廷劭（2022）基于算法技术在人文领域广泛应用但存在诸多问题的视角，研究了算法向善的必要性和实现路径。他指出，随着算法技术在推荐系统、人力资源招聘及心理健康等领域的普及，数据隐私泄露、算法滥用及技术至上等问题层出不穷，给社会造成不良影响。通过分析算法作恶的心理效应，如回音室效应、信息茧房和尖叫效应等，作者强调了完善相关法律、提高执法力度及增强用户自主性在促进算法向善中的重要性。特别是在数智治理背景下，他提出应加大对算法运行原理、偏见及潜在危害的信息披露，通过全程监测和审计，实现网络环境的风清气正。

张吉豫和汪赛飞（2022）基于智能社会算法治理的体系性视角，研究了算法推荐服务提供者在著作权法中的注意义务问题。他们指出，应突破技术中立原则，迈向数字向善原则，强调网络服务提供者在预防侵权、推动数字技术向善发展中的关键作用。通过综合考虑侵权损害大小、侵权发生概率、预防侵权的成本等因素，作者提出了判定算法推荐服务提供者是否尽到注意义务的标准。该研究创新性地提出，在数智治理框架下，网络平台应承担超过“通知-删除”规则的更高注意义务，并建议建立有效通知、高效申诉等制度，以保障用户利益，促进算法技术的健康发展与向善应用。

邱泽奇（2021）基于历史案例分析与当代社会算法影响的视角，研究了算法在生产、生活和治理领域中的应用及其带来的问题，特别是算法向善选择背后的权衡与博弈。通过回顾泰勒制及数字导航等算法应用的历史演变，作者指出算法仅是提高效率的工具，其善恶取决于社会规则的应用。该研究强调，面对算法引发的社会争议，如外卖系统中的骑手困境，社会选择的基准应是经济效率的社会限度，并借助外部规则与“精益生产”来破解正反馈效应及系统崩溃的风险。该研究提出了数智治理在促进算法向善中的关键作用，即通过制定有效的监管制度和引导行业转换经济效率的频道，以实现社会整体最优和更加公平的收益分配。

综合来看，算法向善的应用边界正在逐渐拓展，但是尚未针对金融科技平台提出专门研究。

2.4 已有研究述评

金融科技平台监管正成为金融监管工作的焦点和难点。金融科技的迅速发展给金融行业带来了巨大的变革和挑战（胡滨、任喜萍，2021），为了维护金融市场的稳定性和保护消费者权益，金融科技平台监管成为各国政府和监管机构关注的焦点（胡滨等，2021）。金融科技平台的创新技术和业务模式为金融服务带来了更高的效率和便利性（王兰，2023），但同时也带来了新的风险（程雪军，2023；杨东等，2018）。

首先，金融科技平台呼唤监管方式的“数智化”变革。目前金融科技平台的监管科技水平不高，与金融科技高速发展的趋势相比，监管工具和手段难以满足实际需要。数智化监管的概念源于数字治理这一治理理论和数字技术相结合而催生的理念（韩兆柱、马文娟，2016），具体涵盖数字治理、数据治理、智能治理、智慧治理等多种内涵（颜佳华、王张华，2019）。数智化监管金融科技平台的必要性主要体现在两个方面：一方面，金融科技蕴含的“网络化、数字化、技术化”特征均给非传统金融参与主体、业务模式、客户群体、风险构成以及监管治理带来重大挑战，金融科技的迅速发展，正从技术驱动和数字应用迭代两个赋能路径飞快推进类金融业务监管的数智化变革（石光乾，2023）；另一方面，对金融治理而言，智能化数字监管理念的引入有利于构建一个以数字化为底层技术的智能金融治理体系，使数据的收集、分析更为敏捷、精准，政策法规制定更加及时、有效，风险管控更加统筹、协调，最终有利于推进金融治理体系和治理能力现代化（党燕妮、贾阳，2022）。上述研究能够为建构强化金融科技平台监管的理论体系提供借鉴。

其次，金融科技平台监管寻求新的监管博弈均衡。目前，关于金融科技平台监管的博弈研究多集中于对网络借贷平台的监管博弈分析（彭可等，2020；何涌、修宇雯，2020；葛和平、毛毅翀，2019；刘伟、夏立秋，2018）。过往研究通过对网络借贷平台监管的多元主体之间的相互博弈过程和策略选择过程进行分析，为金融科技平台监管如何全面超越网络借贷平台监管局限，提供经验基础。传统的金融监管主要针对金融机构，而金融科技平台的监管往往跨越了不同领域和行业的边界（郭金录等，2023），因此金融科技平台监管涉及政府、金融科技平台等多个主体之间的协作（方意等，2021；孙雪娇、朱漪帆，2019），这引发了新的监管博弈情境。如何在新的监管情境下寻求新的博弈均衡，进而消解系统性风险，尚存更多的拓展空间。

最后，金融科技平台监管面临新的风险控制内涵。金融科技平台给金融体系引入了新的风险因素。有关平台风险的研究，主要从三个方面展开：一是对平台风险类型的归类，例如平台垄断、数据滥用、大数据杀熟、用户隐私风险等（王晓青等，2021）。二是平台风险对金融行业的影响。平台所衍生的风险通过技术架构及算法趋同、互联网本身、金融业务等增加了风险之间的关联性，也给传统金融行业带来挑战，最终可能诱发系统性金融风险（方意等，2021）。三是有关平台风险监管的方法。目前监管部门对平台风险在治理和监管方法上缺乏有效性，应探明互联网时代由微观的业务风险和技术风险发酵为系统性风险的形成机制，建构系统性风险识别方法（刘汉广等，2022）。总体而言，过往对金融科技平台相关风险的研究，缺乏对该风险测度体系和监测预警的研究。

从现有研究来看，强化金融科技平台监管需要新的理论建构、内生解释和风控机制。金融科技平台的快速发展不仅带来了便捷高效的金融服务，同时也伴随着一系列复杂的风险和挑战，如信息不对称、操作风险、市场风险等。为了更好地应对这些挑战，需要从理论建构、内生解释和风控机制三个方面进行深入探讨。

首先，谁来统一监管治理和金融科技平台发展之间的关系缺乏理论探讨。现有研究往往割裂了金融科技发展与金融科技监管之间的联系，缺乏一个统一视角来全面理解和解决这一问题。数智治理为此提供了一个具有较高理论契合性的框架。数智治理不仅能够解释智能化数字技术为金融科技平台带来的巨大机遇，还能够将这一技术的赋能作用从平台发展转移到平台监管的治理视域。通过数智治理，可以构建一个统一的理论框架，将金融科技平台的发展与监管纳入同一逻辑体系，从而实现二者的协同共进。

其次，智能化数字技术的嵌入重塑了金融科技平台的底层逻辑，带来了新的风险因素和风险关联。金融科技平台的发展使得金融服务的边界不断扩展，同时也强化了风险之间的关联性和集聚性。这种变化引发了新的监管博弈情境，即监管的内生风险在不断增加。在这种情境下，如何寻求新的博弈均衡，进而消解系统性风险，成为一个亟待解决的问题。数智治理提供了一种可能的解决路径，通过运用大数据、云计算、区块链、人工智能等先进技术，可以实现对金融科技平台的全方位、常态化监管，提高监管的效率和精准度，从而有效降低系统性风险。

最后，智能化数字技术的介入不仅增加了金融科技平台监管的内生风险，还改变了原有的风控内涵。传统的风控模式往往侧重于事后监管和被动应对，难以有效应对金融科技平台带来的新型风险。因此，监管重心需要进一步前移，转向事前监管和事中监管。数智治理为此提供了有力支持，通过构建“数智化”风险测控体系和监测机制，可以实现对金融科技全阶段、多层次运行风险的实时测度和监控。这种精细敏捷的监管模式能够及时发现并处置潜在风险，有效防止风险扩散和升级，从而保障金融科技平台的稳健运行。

综上所述，本书试图回应以下命题：一是探讨如何依靠数智治理技术构建对金融科技平台的全方位常态化监管机制，促使金融科技平台监管从“人治”转向“数智”。这包括利用大数据进行风险预警、运用云计算提高监管效率、通过区块链实现数据共享和透明、借助人工智能进行智能分析等。二是在数智监管情境下，如何实现政府、平台、消费者等多元博弈均衡，从内部减少系统性金融风险的产生。这需要建立健全的法律法规体系、加强监管协调合作、提高平台自律意识、增强消费者风险意识等。三是构建测度以及监控金融科技全阶段、多层次运行风险的“数智化”风险测控体系和监测机制，使监管重心真正前移，转向事前和事中监管。这包括建立风险预警指标体系、开发风险监测工具、完善风险评估方法等。通过这些措施的实施，可以有效提升金融科技平台监管的水平和效果，促进金融科技行业的健康可持续发展。

3　数智治理：金融科技平台监管新视域

3.1　基本概念及关系辨析

3.1.1　数字经济、数字技术、平台经济

（1）数字经济

数字经济，作为21世纪全球经济发展的新形态，是以数字化的知识和信息作为关键生产要素，依托现代信息网络，特别是互联网、物联网、移动通信网络等，通过信息通信技术的有效应用，实现经济活动的数字化转型和智能化升级。它不仅包括数字产业化，即信息技术产业的快速发展，也涵盖产业数字化，即传统产业通过数字技术提升效率、降低成本、创新商业模式的过程。数字经济还涉及数字化治理，即利用数字技术优化政府服务、提升社会治理效能，以及数据价值化，即挖掘数据资源潜力，推动数据成为新的经济增长点。数字经济的兴起，标志着人类社会正从工业经济时代迈向以数据为驱动力的数字经济时代，为全

球经济增长注入了新的活力和动力。

（2）数字技术

数字技术，是指一系列基于电子设备和信息系统，用于处理、存储、传输和分析数据的先进技术。它涵盖了从基础的计算机硬件、软件，到高级的云计算、大数据、人工智能、区块链等多个领域。数字技术的核心在于其能够将现实世界中的信息转化为可量化、可分析的数据，进而通过算法和模型进行高效处理，为决策提供科学依据。随着技术的不断进步，数字技术正以前所未有的速度渗透到社会经济的各个领域，不仅极大地提高了生产效率和服务质量，还催生了大量新兴业态和商业模式。数字技术的发展，为数字经济的繁荣提供了坚实的技术支撑，是推动经济社会全面数字化转型的关键力量。

（3）平台经济

平台经济，作为数字经济的重要组成部分，是指基于数字技术构建的平台，通过连接供需双方或多方，实现资源的高效配置和价值的共创共享。平台经济打破了传统经济模式的边界，通过网络效应和规模效应，降低了交易成本，提高了市场效率。它不仅包括电商平台、社交媒体平台等消费领域的平台，也涵盖了工业互联网平台、智慧城市平台等产业和公共服务领域的平台。平台经济的核心在于其构建了一个开放、共享、协同的生态系统，促进了信息的透明流通和资源的优化配置，为经济社会的创新发展提供了强大的动力。平台经济的发展，不仅推动了数字经济的快速增长，还深刻改变了人们的生活方式和企业的运营模式。

（4）三者联系和异同

数字经济、数字技术和平台经济三者之间存在着紧密的联系和显著的异同。首先，从联系上看，数字技术是数字经济的基础和核心驱动力。没有数字技术的不断创新和应用，就无法实现经济活动的数字化转型和智能化升级，也就无法形成数字经济这一新的经济形态。同时，平台经济作为数字经济的重要组成部分，是数字技术在经济活动中的具体应用和体现。平台经济通过数字技术构建的平台，实现了资源的高效配置和价值的共创共享，推动了数字经济的快速发展。

然而，三者之间也存在显著的异同。在定义和范围上，数字经济是一个更为宽泛的概念，它涵盖了所有以数字化的知识和信息为关键生产要素的经济活动，包括数字产业化、产业数字化、数字化治理和数据价值化等多个方面。而数字技术则更侧重于技术本身，包括计算机硬件、软件、云计算、大数据、人工智能等具体的技术领域。平台经济则更侧重于经济活动的组织形式，即通过平台连接供需双方或多方，实现资源的高效配置。

在特征上，数字经济具有创新性、融合性、高效性和可持续性等特点，它推动了经济结构的优化和升级，提高了经济增长的质量和效益。数字技术则具有高度的渗透性、融合性和创新性，它能够不断地渗透到各个行业和领域，推动传统产业的转型升级和新兴产业的快速发展。平台经济则具有网络效应、规模效应和双边市场等特点，它能够降低交易成本，提高市场效率，促进经济的快速增长和社会的全面进步。

在发展趋势上，数字经济、数字技术和平台经济都呈现出快速发展的态势。随着数字技术的不断创新和应用，数字经济将不断向更深层次、更宽领域拓展，成为推动经济社会全面数字化转型和智能化升级的关键力量。而平台经济也将继续发挥其独特的优势和作用，推动经济的高质量发展和社会的全面进步。

综上所述，数字经济、数字技术和平台经济三者之间既相互联系又各有特点。它们共同构成了数字时代经济社会的核心要素和基石，推动着经济社会的全面数字化转型和智能化升级。

3.1.2 金融科技、金融科技平台、数字金融复合体

(1) 金融科技的概念

金融科技（FinTech），全称为Financial Technology，是指通过运用互联网、大数据、人工智能、区块链等现代科技手段，对传统金融服务或业务进行改造和创新，从而提升金融服务效率、降低运营成本并增强用户体验的一系列新兴技术、产品和服务。金融科技是技术驱动的金融创新，它涵盖了支付清算、借贷融资、财富管理、零售银行、保险、交易结算等六大金融领域，是金融业未来的主流趋势。

金融科技的核心在于“金融”与“科技”的深度融合。金融，作为现代经济体系的核心，涉及货币资金的筹集、分配、融通和风险管理。而科技，特别是信息技术，为金融服务的创新提供了无限可能。金融科技通过利用各类科技手段，如大数据分析、云计算、人工智能、区块链等，对传统金融行业的业务流程、产品服务、风险管理等方面进行了全面革新，使得金融服务更加高效、便捷、个性化。

金融科技的发展历程可以追溯到20世纪70年代的电子化金融时代，但真正进入快速发展阶段则是在21世纪初。随着互联网技术的普及和移动互联网的兴起，金融科技开始在全球范围内迅速崛起。金融科技公司的涌现、金融科技的广泛应用以及金融科技的监管创新，共同推动了金融科技行业的蓬勃发展。

金融科技的应用场景十分广泛。在支付清算领域，金融科技公司通过移动支付、二维码支付等创新支付方式，极大地方便了消费者的日常支付需求。在借贷融资领域，金融科技利用大数据和人工智能技术进行风险评估和信用审核，为中小企业和个人提供了更加便捷、低成本的融资渠道。在财富管理领域，智能投顾等金融科技产品通过算法模型为用户提供个性化的投资建议和资产管理服务。在零售银行领域，金融科技公司通过线上银行、移动支付等渠道，为用户提供更加便捷、全面的银行服务。在保险领域，金融科技通过大数据分析和人工智能技术优化保险产品的设计和定价，提高保险公司的风险管理能力。在交易结算领域，区块链等金融科技的应用使得交易结算更加高效、透明和安全。

金融科技的发展对金融业产生了深远的影响。一方面，金融科技提高了金融服务的效率和便捷性，降低了金融服务的成本，使得更多的人能够享受到优质的金融服务；另一方面，金融科技也推动了金融业的创新和发展，催生了一系列新的金融业态和商业模式。然而，金融科技的发展也带来了一些挑战和风险，如数据安全、隐私保护、监管合规等问题。因此，如何在充分利用金融科技带来的机遇的同时，有效应对其带来的挑战和风险，成为当前金融业面临的重要课题。

金融科技作为金融业未来的主流趋势，将继续在支付清算、借贷融资、财富管理、零售银行、保险、交易结算等金融领域发挥重要作用。

随着技术的不断进步和应用场景的不断拓展，金融科技将推动金融业向更加高效、便捷、个性化、智能化的方向发展。

（2）金融科技平台

金融科技平台是一种融合金融与科技的综合性服务平台，它是金融领域与信息技术紧密结合的产物。金融科技平台通过运用人工智能、大数据、云计算、区块链等现代科技手段，为金融活动提供技术支持和服务，涵盖了支付、融资、投资、保险等金融服务的各个方面。金融科技平台不仅提高了金融服务的效率、降低了成本，还提升了用户体验，成为推动金融业数字化转型的重要力量。

金融科技平台的功能多样，包括但不限于以下几个方面：一是支付结算，金融科技平台通过移动支付、二维码支付等创新支付方式，为用户提供便捷的支付结算服务。这些平台通常与多家银行、支付机构合作，实现跨行转账、跨境支付等功能，极大地方便了用户的日常支付需求。二是投融资服务，金融科技平台利用大数据和人工智能技术进行风险评估和信用审核，为中小企业和个人提供便捷、低成本的融资渠道。同时，平台也为投资者提供多样化的投资产品和服务，如网络借贷、股权众筹等，帮助投资者实现资产的增值。三是风险管理，金融科技平台通过收集和分析大量数据，运用机器学习等人工智能技术，对金融市场进行实时监测和预警，帮助金融机构和投资者有效识别和控制风险。四是市场分析，金融科技平台通过大数据分析技术，对市场趋势、消费者行为等进行深入研究和分析，为金融机构和企业提供决策支持。

金融科技平台的出现带来了许多优势。一方面，它大大提高了金融服务的效率，使得金融交易更加便捷快速；另一方面，通过技术手段，平台能够处理海量数据，提供更精准的市场分析和预测，帮助金融机构和投资者做出更加明智的决策。此外，金融科技平台还能降低运营成本，提高金融机构的风险管理能力。

金融科技平台的发展也面临一些挑战和风险。例如，数据安全和隐私保护是金融科技平台必须高度重视的问题。由于平台需要收集和处理大量用户数据，如何确保这些数据的安全性和隐私性，防止数据泄露和滥用，成为金融科技平台必须解决的关键问题。此外，金融科技平台的监管合规也是一个重要挑战。随着金融科技平台的快速发展，监管机构需要不断完善监管制度，加强对金融科技平台的监管力度，确保金融市场的稳定和健康发展。

金融科技平台作为金融业数字化转型的重要载体，将在未来继续发挥重要作用。随着技术的不断进步和应用场景的不断拓展，金融科技平台将推动金融业向更加高效、便捷、个性化、智能化的方向发展。同时，金融科技平台也需要不断加强技术安全和风险管理能力，确保金融市场的稳定和健康发展。

（3）数字金融复合体

数字金融复合体，是指随着数字金融化与金融数字化的发展，数字资本与金融资本深度融合而形成的一种新型资本形态。在金融科技的加持下，数字金融复合体基于大数据构建信用体系，利用数字化服务、智能化工具等进行资本运作，显著提升了货币资本集中的规模与流动效率。然而，数字金融复合体的形成也带来了一些挑战和风险，如强化了对大众的价值榨取和国际资本掠夺，加剧了垄断的形成等。

数字金融复合体的核心在于“数字”与“金融”的深度融合。数字金融复合体不仅涵盖了传统的金融服务领域，如支付清算、借贷融资、财富管理、零售银行、保险、交易结算等，还涉及了数字货币、区块链金融、智能投顾等新型金融业态。这些新型金融业态通过运用大数据、人工智能、区块链等现代科技手段，对传统金融服务进行了全面革新，使得金融服务更加高效、便捷、个性化。

数字金融复合体的形成对金融业产生了深远的影响。一方面，数字金融复合体提高了金融服务的效率和便捷性，降低了金融服务的成本，使得更多的人能够享受到优质的金融服务；另一方面，数字金融复合体也推动了金融业的创新和发展，催生了一系列新的金融业态和商业模式。然而，数字金融复合体的形成也带来了一些挑战和风险。例如，数字金融复合体可能加剧金融市场的垄断程度，导致市场竞争不公平；数字金融复合体也可能增加金融风险，如信用风险、市场风险、操作风险等；数字金融复合体还可能给金融监管带来挑战，如如何对跨境金融活动进行有效监管等。

数字金融复合体的发展需要关注以下几个方面：一是技术创新与监管创新并重，数字金融复合体的发展离不开技术创新，但同时也需要加强监管创新。监管机构需要不断完善监管制度，加强对金融科技和数字金融活动的监管力度，确保金融市场的稳定和健康发展。二是保护消费者权益，数字金融复合体的发展需要充分保护消费者权益。金融机构和科技企业在提供金融服务时，应遵守相关法律法规，保障消费者的知情权、选择权、公平交易权等合法权益。三是促进公平竞争，数字金融复合体的发展需要促进公平竞争。监管机构应加强对金融市场的监管力度，防止垄断行为的发生，确保市场竞争的公平性和有效性。四是加强国际合作，数字金融复合体的发展需要加强国际合作。随着全球化进程的加速和数字金融的快速发展，跨境金融活动日益频繁。各国监管机构应加强合作与沟通，共同应对跨境金融活动带来的挑战和风险。

数字金融复合体作为数字金融化与金融数字化发展的产物，将在未来继续发挥重要作用。随着技术的不断进步和应用场景的不断拓展，数字金融复合体将推动金融业向更加高效、便捷、个性化、智能化的方向发展。同时，我们也需要关注数字金融复合体带来的挑战和风险，加强监管创新、保护消费者权益、促进公平竞争和加强国际合作，确保金融市场的稳定和健康发展。

3.1.3 政府监管、金融监管、金融科技平台监管

（1）政府监管

政府监管，学术界常称之为政府规制或管制，是市场经济条件下政府为实现某些公共政策目标，对微观经济主体进行的规范与制约。政府监管的目的是保障公共利益、维护社会秩序、促进市场公平竞争和社会稳定。政府监管的方式包括法律法规制定、政府管理职能、行政审批等。

政府监管主要通过对特定产业和微观经济活动主体的进入、退出、资质、价格及涉及国民健康、生命安全、可持续发展等的行为进行监督、管理来实现。例如，政府会对企业的生产安全、环境保护、消费者权益保护等方面制定严格的监管政策，确保企业行为符合法律法规的要

求。同时，政府还会对市场准入、价格形成、产品质量等方面进行监管，以维护市场秩序和公平竞争。

政府监管的重要性不言而喻。在市场经济条件下，企业为了追求利润最大化，可能会采取一些不利于社会整体利益的行为，如污染环境、侵犯消费者权益等。如果没有政府的监管，这些行为可能会泛滥成灾，对社会造成极大的危害。因此，政府监管是保障市场经济健康运行的重要手段。

（2）金融监管

金融监管是政府通过特定的机构，如中央银行、金融监督管理部门等对金融交易行为主体进行的某种限制或规定。本质上，金融监管是一种具有特定内涵和特征的政府规制行为。金融监管可以分为金融监督与金融管理。金融监督指金融主管当局对金融机构实施的全面性、经常性的检查和督促，并以此促进金融机构依法稳健地经营和发展。金融管理指金融主管当局依法对金融机构及其经营活动实施的领导、组织、协调和控制等一系列的活动。

金融监管的目的在于维持金融业健康运行的秩序，最大限度地减少银行业的风险，保障存款人和投资者的利益，促进银行业和经济的健康发展。同时，金融监管还可以确保公平而有效地发放贷款，避免资金的乱拨乱划，防止欺诈活动或者不恰当的风险转嫁。此外，金融监管还可以在一定程度上避免贷款发放过度集中于某一行业，降低银行倒闭的风险，并确保金融服务达到一定水平从而提高社会福利。

金融监管的原则包括依法原则、公开公正原则、效率原则和独立性原则。依法原则要求金融监管必须依据法律法规进行，监管活动均应依法进行。公开公正原则要求监管活动应最大限度地提高透明度，同时监管当局应公正执法，平等对待所有金融市场参与者。效率原则要求金融监管应当提高金融体系的整体效率，不得压制金融创新与金融竞争。独立性原则要求监督管理机构及其从事监督管理工作的人员依法履行监督管理职责，受法律保护，地方政府、各级政府部门、社会团体和个人不得干涉。

金融监管的原因在于金融市场存在着失灵和缺陷，如资源配置的无效率、垄断或寡头垄断、规模不经济及外部性等问题。金融监管试图以一种有效方式来纠正金融市场失灵，降低金融市场的成本，维持正常合理的金融秩序，提升公众对金融的信心。因此，金融监管是对金融市场缺陷的有效和必要补救。

（3）金融科技平台监管

金融科技平台监管是指通过政府部门利用法律、政策和监管机制，对金融科技企业和相关活动进行监管和管理，确保其合法、规范、安全、有序运行，保护投资者和消费者的利益，促进金融科技行业的健康发展。

随着金融科技的快速发展，各种新兴技术如大数据、区块链、云计算和人工智能等被广泛应用于金融领域，带来了金融服务的创新和效率提升。但同时，这些新技术也带来了新的风险和挑战，如数据泄露、网络攻击、市场操纵等。为了确保金融市场的稳定和投资者的权益，就需要对这些金融科技企业进行监管。

金融科技平台监管的重点包括制定金融科技监管政策和法规，明确金融科技企业的经营范围、准入条件和监管要求。这些政策和法规应该兼顾创新和风险防控，既要支持金融科技的创新发展，又要规范市场秩序和保护消费者权益。例如，央行等十部委于2015年7月联合发布的《关于促进互联网金融健康发展的指导意见》，对互联网金融的业务模式和监管要求进行了明确。

此外，金融科技平台监管还涉及加强数据安全和隐私保护、强化网络安全监管、推动合规和风险管理、利用监管科技手段提升监管效能以及加强国际合作和标准制定等方面。金融科技企业在处理用户数据时，必须严格遵守相关法律法规，确保用户数据的安全和隐私。监管机构可以利用监管科技手段，如人工智能、大数据分析等，提升监管效能和监测能力。同时，随着金融科技的全球化发展，跨境资金流动日益频繁，需要建立完善的跨境资金流动监管制度，并加强与国际组织和其他国家的监管机构的合作，共同制定金融科技监管标准和规范。

（4）三者之间的联系

政府监管、金融监管与金融科技平台监管之间存在密切的联系。首先，它们都是政府为了实现某些公共政策目标而对特定领域进行的规范与制约。政府监管的范围最为广泛，涵盖了所有微观经济主体的活动，而金融监管和金融科技平台监管则是政府监管在金融领域和金融科技领域的具体应用。

其次，金融监管是政府监管的重要组成部分。金融市场作为市场经济的重要组成部分，其健康运行对于整个经济的稳定和发展具有重要意义。因此，政府需要对金融市场进行严格的监管，以确保金融市场的稳定和投资者的权益。金融监管通过特定的机构对金融交易行为主体进行限制或规定，是政府监管在金融领域的重要体现。

再次，金融科技平台监管是金融监管在金融科技领域的深化和拓展。随着金融科技的快速发展，金融市场的形态和运作方式发生了深刻变化，传统的金融监管手段已经难以适应新的市场环境和需求。因此，政府需要针对金融科技平台的特点和风险制定专门的监管政策和法规，以确保金融科技行业的健康发展和投资者的权益。

最后，政府监管、金融监管与金融科技平台监管在目标上具有一致性。它们都是为了维护市场秩序、保护投资者和消费者的利益、促进经济的健康发展。虽然它们的具体手段和方式有所不同，但最终的目标都是实现公共利益和社会稳定。

3.1.4 算法歧视、算法黑箱、算法合谋、算法向善

(1) 算法歧视

算法歧视是指在算法决策过程中，由于算法设计的不合理或数据偏见等原因，导致对特定群体或个人产生不公平待遇的现象。这种歧视可能体现在就业、信贷、教育、消费等多个领域，表现为基于性别、种族、年龄、收入等敏感特征的差异化对待。算法歧视具有隐蔽性，因为“算法黑箱”并不会向外界公布其决策逻辑，使得受害者难以察觉并寻求救济。

(2) 算法黑箱

算法黑箱是指算法的运行逻辑和决策过程对外部而言是不透明或难以理解的。由于算法通常基于复杂的数学模型和机器学习技术，其决策

依据和推理过程往往难以被非专业人士所掌握。这种不透明性可能导致算法歧视、算法错误等问题的发生，同时也给监管和治理带来了挑战。

（3）算法合谋

算法合谋指的是在市场竞争中，企业通过算法进行价格、产量等方面的协同调整，以达到限制竞争、获取超额利润的目的。这种合谋行为可能违反反垄断法等相关法律法规，损害消费者权益和市场公平竞争秩序。随着算法技术的普及和应用，算法合谋的风险也在逐渐增大。

（4）算法向善

算法向善是指在设计、开发和应用算法的过程中，遵循道德伦理和社会责任原则，确保算法决策的公正性、透明度和可解释性，同时积极促进人类福祉和社会进步。算法向善强调算法技术的正面价值和社会责任，要求算法开发者和使用者关注算法可能带来的社会影响，并采取积极措施避免和减轻潜在负面影响。

算法向善对规制算法歧视、算法黑箱、算法合谋等问题的积极意义主要体现在以下几个方面：

一是促进算法决策的公正性和透明度。算法向善要求算法设计者在开发算法时遵循道德伦理和社会责任原则，确保算法决策的公正性、透明度和可解释性。这有助于减少算法歧视的发生，因为透明的决策逻辑和可解释的推理过程可以使得算法决策更加公正、合理，避免基于偏见或歧视的不公平对待。同时，透明的算法也有助于监管机构和社会公众对算法进行监督和管理，防止算法被滥用或误用。

二是增强算法的可信度和公众信任。算法向善强调算法技术的正面价值和社会责任，这有助于增强算法的可信度和公众信任，因为当算法被用于决策或推荐时，公众更倾向于信任那些经过道德伦理和社会责任考量、具有正面价值的算法。这种信任是算法技术持续健康发展的重要基础。

三是推动算法技术的健康发展。算法向善要求算法开发者和使用者关注算法可能带来的社会影响，并采取积极措施避免和减轻潜在负面影响。这有助于推动算法技术的健康发展，因为只有在遵循道德伦理和社会责任原则的前提下，算法技术才能更好地服务于人类福祉和社会进步。同时，算法向善也有助于促进算法技术的创新和应用，因为只有在公正、透明、可解释的算法基础上，才能开发出更加智能、高效、可靠的算法应用。

3.2 理论基础

3.2.1 金融监管相关理论

(1) 社会利益论

社会利益论是金融监管的重要理论基础之一，它建立在政府拥有完全信息、政府为社会福利服务以及政府具有完全信用三个假设的基础上。该理论的基本观点是，市场存在着缺陷，纯粹的自由市场会导致自然垄断和社会福利的损失，外部效应和信息不对称性会带来交易活动的不公平。因此，需要代表社会公众利益的国家对其进行必要的干预，以引导或强制其活动尽量与社会公众利益保持一致。社会利益论认为，金融监管的基本出发点是维护社会公众的利益，而这种利益由于高度分散，只能由国家法律授权的机构去行使。

随着金融市场的日益复杂化和全球化，社会利益论也在不断发展和完善。现代金融市场的信息不对称性和外部性更加显著，金融风险的传播速度和范围也大大增加，这使得金融监管的重要性更加凸显。近年来，各国金融监管机构在维护金融稳定、保护消费者权益和防止市场操纵等方面采取了更多措施，体现了社会利益论的核心思想。例如，2023年，中国金融监管体系经历了重大变革，组建了中央金融委员会和国家金融监督管理总局，进一步强化了金融监管的顶层设计和统筹协调，旨在更好地维护社会公众的利益。

社会利益论对金融科技平台的监管具有重要的指导作用。金融科技平台作为新兴的金融业态，具有高度的复杂性和风险性，信息不对称和道德风险问题尤为突出。社会利益论强调金融监管应以维护社会公众利益为出发点，这就要求对金融科技平台的监管应重点关注以下几个方面：一是确保平台的透明度和公平性，防止市场操纵和不正当竞争；二是保护消费者权益，防止信息泄露和欺诈行为；三是加强风险管理和防控，防止系统性风险的发生。通过实施有效的监管措施，可以保障金融科技平台的健康、有序发展，从而更好地服务于社会公众的利益。

（2）金融风险论

金融风险论是从金融风险的角度来阐述金融监管的必要性的理论。该理论的基本观点是，金融业是一个特殊的高风险行业，其风险具有高度的传染性和连锁性。以银行业为例，银行业面临着利率风险、汇率风险、流动性风险等多种风险，成为风险聚集的中心。一旦某个金融机构出现问题，可能会迅速传播至整个金融体系，甚至引发全球性的金融危机。因此，金融风险论认为，必须对金融业实施严格的监管，以确保整个金融体系的安全与稳定。

随着金融市场的不断创新和全球化进程的加速，金融风险论也在不断发展和完善。现代金融市场的风险来源更加多元化和复杂化，包括市场风险、信用风险、操作风险、法律风险等。为了应对这些风险，各国金融监管机构不断加强风险管理和防控体系的建设，提高金融监管的针对性和有效性。例如，2023年，中国金融监管机构推出了一系列文件，如《商业银行金融资产风险分类办法》《保险销售行为管理办法》等，旨在进一步规范和加强金融机构的风险管理。

金融风险论对金融科技平台的监管具有重要的指导作用。金融科技平台作为新兴的金融业态，具有高度的复杂性和风险性，其风险来源和传导机制也更加多样化。金融风险论强调金融监管应以防范金融风险为出发点，这就要求对金融科技平台的监管应重点关注以下几个方面：一是建立健全风险管理和防控体系，确保平台的稳健运行；二是加强对平台创新业务的审慎监管，防止新的风险点的出现；三是加强与其他金融机构的协同监管，防止风险跨市场、跨行业传播。通过实施有效的监管措施，可以保障金融科技平台的健康、有序发展，从而更好地维护金融市场的稳定。

（3）投资者利益保护论

投资者利益保护论是金融监管的重要理论基础之一。该理论的基本观点是，在经济生活中，信息不对称的存在会导致交易的不公平性。金融机构作为信息优势方，可能会利用自己的信息优势来损害投资者的利益。因此，需要政府对金融机构的行为进行规范和约束，以保护投资者的合法权益。投资者利益保护论强调金融监管应以保护投资者利益为出发点，确保金融市场的公平、公正和透明。

随着金融市场的不断创新和全球化进程的加速，投资者利益保护论也在不断发展和完善。现代金融市场的信息不对称性更加显著，金融产品的复杂性和风险性也大大增加，这使得投资者保护问题更加突出。为了应对这些挑战，各国金融监管机构不断加强投资者保护体系的建设，提高金融监管的针对性和有效性。例如，2023年，中国金融监管机构在加强金融消费者权益保护方面取得了显著进展，设立了专门的机构负责金融消费者权益保护工作，并出台了一系列文件来规范金融机构的行为。

投资者利益保护论对金融科技平台的监管具有重要的指导作用。投资者利益保护论强调金融监管应以保护投资者利益为出发点，这就要求对金融科技平台的监管应重点关注以下几个方面：一是确保平台的透明度和公平性，防止金融机构利用信息优势损害投资者利益；二是加强投资者教育和风险提示，提高投资者的风险意识和自我保护能力；三是建立健全投资者保护机制，为投资者提供有效的维权渠道和救济措施。通过实施有效的监管措施，可以保障金融科技平台的健康、有序发展，从而更好地保护投资者的合法权益。

3.2.2 平台经济规制理论

（1）算法规制理论

算法规制理论是随着互联网平台经济的兴起而逐渐发展起来的。该理论的核心在于，互联网平台普遍通过算法对商品和服务提供者进行管理，算法及其运行对平台经济中的各项基本权益产生深远影响。算法规制理论强调，互联网平台通过算法对劳动者进行全方位管理，包括进入和退出平台、订单分配、服务价格、服务标准、过程监督、考核评价、奖励惩罚等。从法律角度看，平台的算法关系到劳动者的就业机会、工作任务、报酬收入、工作时间、工作地点、工作强度、休息时间，甚至也关涉其健康和安全，影响劳动者的各项基本权益。算法具有两面性：一方面提高了管理效率、降低了成本；另一方面，由于算法主要由平台企业控制，平台劳动者同平台企业相比，实力和地位差异显著，平台企业可能利用算法侵害劳动者的合法权益。因此，算法规制理论提出，需要完善平台用工的算法规制，以充分发挥算法的技术优势，克服其缺陷和不足，促进互联网平台用工健康发展。

近年来，算法规制理论在多个方面取得了新的进展。首先，随着算法在平台经济中的广泛应用，算法规制的重要性日益凸显。各国开始加强对算法运行的监管，出台了一系列相关法规和政策。例如，2021年国家网信办等发布的《互联网信息服务算法推荐管理规定》明确，算法推荐服务提供者向劳动者提供工作调度服务的，应当保护劳动者取得劳动报酬、休息休假等合法权益，建立完善平台订单分配、报酬构成及支付、工作时间、奖惩等相关算法。相关法规为平台企业及其合作商提供了基本行为准则。其次，算法规制理论开始关注算法的安全性和公平性。随着算法在平台经济中的广泛应用，算法的安全性和公平性成为重要问题。一些平台利用算法进行不公平的竞争行为，如价格歧视、信息茧房等，损害了消费者的权益。因此，算法规制理论提出，需要加强对算法安全性和公平性的监管，防止平台利用算法进行不公平的竞争行为。

算法规制理论对金融科技平台的监管具有重要的指导意义。首先，该理论强调了算法在平台经济中的重要作用和影响，提醒监管机构在监管金融科技平台时，需要关注算法的运行和管理。监管机构可以制定相关法规和政策，要求金融科技平台公开其算法的运行规则和管理机制，确保算法的公平性和透明性。其次，算法规制理论为监管机构提供了监管算法的方法和手段。监管机构可以通过对算法进行安全评估和伦理审查，确保算法的安全性和公平性。同时，监管机构还可以建立算法备案管理和涉算法违法违规行为处置等监管体系，为平台企业等主体确立行为准则。最后，算法规制理论提醒监管机构在监管过程中需要平衡技术创新和监管的关系。金融科技平台在发展过程中需要不断创新，而监管机构的监管措施可能会对其创新产生一定影响。因此，监管机构需要在监管过程中平衡技术创新和监管的关系，既要保障金融科技平台的创新和发展，又要防止其利用算法进行不公平的竞争行为。

（2）协同共治理论

协同共治理论是近年来在平台经济规制领域逐渐兴起的一种理论。该理论的核心在于，平台经济是一个复杂的生态系统，涉及多个主体和多个环节。因此，对平台经济的规制需要多个主体共同参与，形成协同共治的局面。协同共治理论强调，政府、平台企业、行业协会、消费者等各方应该共同参与平台经济的规制工作，通过合作和协调，实现平台经济的健康发展。该理论还提出，协同共治需要建立在平等、公正、透明的原则基础上，确保各方利益的平衡和协调。

近年来，协同共治理论在多个方面取得了新的进展。首先，随着平台经济的快速发展，协同共治的重要性日益凸显。各国开始加强对平台经济的协同共治，建立了一系列相关机制和平台。例如，一些国家成立了跨部门的监管机构，负责协调各方对平台经济的规制工作。其次，协同共治理论开始关注平台经济的全球性和跨国性。随着平台经济的全球化发展，跨国监管成为重要问题。一些国家开始探索跨国监管合作机制，加强与其他国家在平台经济规制方面的合作和交流。最后，协同共治理论还提出了一些新的监管手段和方法。例如，一些国家开始利用大数据、人工智能等新技术手段对平台经济进行监管，提高了监管的效率和准确性。

协同共治理论对金融科技平台的监管具有重要的指导意义。首先，该理论强调了多方参与的重要性，提醒监管机构在监管金融科技平台时，需要积极寻求与其他主体（如政府、平台企业、行业协会、消费者等）的合作和协调，形成协同共治的局面。这有助于确保监管措施的有效性和全面性。其次，协同共治理论为监管机构提供了监管手段和方法。监管机构可以借鉴其他国家的成功经验，利用大数据、人工智能等新技术手段对金融科技平台进行监管，提高监管的效率和准确性。最后，协同共治理论提醒监管机构在监管过程中需要注重平衡各方利益。金融科技平台在发展过程中涉及多个主体和多个环节，各方利益可能存在冲突。因此，监管机构需要在监管过程中注重平衡各方利益，确保监管措施的公正性和合理性。

(3) 平台经济治理体系理论

平台经济治理体系理论是一种综合性的理论框架，旨在构建一个全面、系统、有效的平台经济治理体系。该理论的核心在于，平台经济是一个复杂的系统，涉及多个主体和多个环节，因此需要构建一个多层次、多维度的治理体系来应对各种挑战和问题。平台经济治理体系理论包括多个方面的内容，如法律法规、政策引导、行业自律、社会监督等。该理论强调，各主体应各司其职、各尽其责，共同推动平台经济的健康发展。同时，该理论还提出，平台经济治理体系应具有适应性和灵活性，能够根据市场和技术的发展变化进行调整和优化。

近年来，平台经济治理体系理论在多个方面取得了新的进展。首先，随着平台经济的快速发展，治理体系的重要性日益凸显。各国开始加强对平台经济的治理体系建设，出台了一系列相关法规和政策。例如，一些国家制定了专门的法律法规来规范平台经济的运行和管理。其次，平台经济治理体系理论开始关注治理体系的创新和发展。随着市场和技术的发展变化，传统的治理体系可能无法适应新的需求和挑战。因此，该理论提出，需要不断创新和发展治理体系，以适应市场和技术的发展变化。例如，一些国家开始探索利用区块链、人工智能等新技术手段来优化治理体系。最后，平台经济治理体系理论还提出了一些新的治理理念和模式。例如，一些国家开始强调“以人民为中心”的治理理念，注重保障消费者权益和劳动者权益；一些国家开始探索“政府引导、市场主导、社会参与”的治理模式，充分发挥各方的优势和作用。

平台经济治理体系理论对金融科技平台的监管具有重要的指导意义。首先，该理论强调了治理体系的重要性，提醒监管机构在监管金融科技平台时，需要构建一个全面、系统、有效的治理体系来应对各种挑战和问题。这有助于确保监管措施的有效性和全面性。其次，平台经济治理体系理论为监管机构提供了治理手段和方法。监管机构可以借鉴其他国家的成功经验，利用新技术手段来优化治理体系，提高监管的效率和准确性。同时，监管机构还可以借鉴其他行业的治理经验，如电子商务、共享经济等领域的治理经验，为金融科技平台的监管提供有益参考。最后，平台经济治理体系理论也强调监管机构在监管过程中需要注重平衡各方利益。同时，监管机构还需要关注金融科技平台的发展特点和趋势，及时调整和优化监管措施以适应市场和技术的发展变化。

3.2.3 演化博弈理论

演化博弈理论作为一种跨学科理论框架，在过去的几十年中得到了蓬勃发展。它不仅在解释生物进化现象方面取得了显著成就，还被广泛应用于社会科学领域，特别是在分析社会习惯、规范、制度或体制形成的影响因素及其演化过程方面。随着金融科技平台（如P2P、众筹、第三方支付等）的快速发展，其监管问题日益凸显。演化博弈理论为理解金融科技平台监管中的复杂互动关系提供了有力的工具。

演化博弈论与传统博弈论在基本假设和分析方法上存在显著区别。传统博弈论通常假定参与人是完全理性的，且参与人在完全信息条件下进行决策。然而，在现实的经济和社会生活中，完全理性和完全信息的条件是很难实现的。演化博弈论则不要求参与人是完全理性的，也不要求完全信息的条件。它强调的是人的行为只能是“意欲合理，但只能有限达到”。演化博弈论把博弈理论分析和动态演化过程分析结合起来，从动态演化的视角展现各博弈主体之间行为选择的过程。

演化稳定策略是演化博弈理论的核心概念之一。它是指一个策略，如果种群中的大部分个体都采用该策略，那么任何采用不同策略的突变体在种群中的比例都不会增加。换句话说，演化稳定策略是种群在演化过程中达到的一种稳定状态，任何偏离这种状态的行为都会受到自然选择的压力而逐渐消失。

演化博弈理论为理解金融科技平台监管中的复杂互动关系提供了有力的工具。在金融科技平台监管中，监管机构、平台运营商、投资者等主体之间的博弈行为具有显著的动态性和演化性。通过构建演化博弈模型，可以分析不同主体之间的策略选择和演化过程，从而为监管政策的制定提供科学依据。

演化博弈理论为金融科技平台监管提供了以下指导意义：

（1）注重监管政策的动态调整

演化博弈理论强调动态均衡的概念，即在不断变化的环境中，主体之间的策略选择和演化过程是一个动态的过程。因此，在制定金融科技平台监管政策时，应注重政策的动态调整，以适应市场环境的变化。

（2）强化监管科技的应用

演化博弈理论指出，在信息不对称和有限理性的条件下，主体之间的博弈行为具有显著的复杂性。因此，在金融科技平台监管中，应强化监管科技的应用，利用大数据、区块链、云计算等先进技术提高监管效率和准确性。

（3）促进多方协同监管

演化博弈理论强调主体之间的复杂互动关系。在金融科技平台监管中，应促进多方协同监管，包括监管机构、平台运营商、投资者等主体之间的合作与沟通，共同维护金融市场的稳定和安全。

3.2.4 数智治理理论

（1）数据治理

数据治理是数据管理的高级形态，它超越了单纯的数据收集与存储，而是涵盖数据的全生命周期管理，包括数据的采集、存储、处理、分析、共享及安全等环节。数据治理的核心在于确保数据的质量、可靠性和安全性，通过制定统一的数据标准、规范和管理流程，消除数据孤岛，提升数据价值。在数字化转型的背景下，数据治理成为企业竞争力的关键要素，它不仅能够提升数据质量，降低数据风险，还能为企业的战略决策提供有力支持。通过数据治理，企业能够实现数据的精准洞察，优化业务流程，提升运营效率，从而在激烈的市场竞争中脱颖而出。

（2）数字治理

数字治理是数字时代的治理新范式，它利用数字技术和信息化手段，对传统治理体系进行革新，以实现更高效、更透明、更公正的治理目标。数字治理强调数据的驱动作用，通过收集、整合、分析海量数据，为政府决策和社会管理提供科学依据。在数字治理框架下，政府能够利用数字技术提升公共服务水平，优化营商环境，促进经济社会的全面发展。同时，数字治理还推动了政府治理模式的转变，从单一的管理向多元共治转变，增强了政府与社会各界的互动与合作，提升了治理的效能和公信力。

（3）智慧治理

智慧治理是治理理念的进一步深化，它融合了大数据、云计算、物联网、人工智能等前沿技术，旨在构建智能化、精细化的治理体系。智慧治理不仅强调技术的运用，更注重治理理念的创新，它倡导以公众需求为导向，通过智能化手段实现治理的精准化、个性化。在智慧治理模式下，政府能够实时感知社会动态，快速响应公众诉求，提供高效便捷的公共服务。同时，智慧治理还促进了政府与社会各界的深度协同，形成了共建共治共享的社会治理格局，为构建和谐社会提供了有力支撑。

（4）数智治理

数智治理是数字治理的最新前沿，是数据治理与智慧治理的深度融合，它结合了数据治理的精确性与智慧治理的智能化特点，通过大数据、云计算、人工智能等技术手段，实现治理过程的智能化、数据化和高效化。数智治理不仅关注数据的管理和质量控制，更强调数据的智能分析和决策支持，为政府和企业提供更为精准、全面的决策依据。同时，数智治理还通过数字化手段对治理流程进行重构和优化，提升治理效率和服务质量。在数智治理框架下，政府能够精准识别社会问题和需求，为公众提供个性化、高效的服务，并通过持续的数据监测和反馈机制，不断优化治理策略和方法，实现治理的持续改进和提升。数智治理代表了未来治理的发展方向，为构建智慧社会、提升国家治理现代化水平提供了重要支撑。

（5）数智治理的先进性

数智治理作为新时代治理方式的前沿探索，融合了数据治理、数字治理与智慧治理的精髓，并在多个维度上展现出其独特的先进性。

首先，在数据智能与决策支持方面，数智治理不仅继承了数据治理对数据管理和质量控制的重视，更进一步利用大数据和人工智能技术，对数据进行深度挖掘和智能分析。相较于数据治理单纯关注数据本身，以及数字治理虽强调数据驱动但未必涉及智能分析的情况，数智治理能够为决策者提供更加精准、全面的决策支持，显著提升决策的科学性和有效性。

其次，在流程优化与协同治理方面，数智治理通过数字化手段对治理流程进行重构和优化，打破了传统治理模式的惯性束缚。与数据治理主要集中于数据管理层面，以及数字治理虽关注流程优化但可能受限于协同深度的情况相比，数智治理促进了政府、企业、社会组织和公众之间的深度互动和高效协同，形成了共建共治共享的社会治理新格局。

再次，在精准服务与持续优化方面，数智治理通过数据分析精准识别社会问题和需求，为公众提供更加个性化、高效的服务。同时，它持续收集反馈信息和评估治理效果，及时调整治理策略和方法，实现了治理的持续改进和提升。这一特点使得数智治理在精准服务和持续优化方面相较于数字治理和智慧治理具有更加显著的优势。

最后，在技术创新与适应性方面，数智治理始终保持着对新技术发展的敏锐洞察和快速响应。它不仅利用大数据、云计算等新一代信息技术推动治理创新，还不断适应技术发展的速度和应用场景的变化，推动治理理念、方法和手段的持续创新。这种强大的技术创新和适应性使得数智治理在应对复杂多变的社会治理挑战时更加游刃有余。

综上所述，数智治理以其独特的数据智能与决策支持、流程优化与协同治理、精准服务与持续优化以及技术创新与适应性等优势，成为提升社会治理和公共服务效能的先进路径和有力保障。

3.3 数智化监管：金融科技平台监管新修正

近年来，金融科技发展迅速，在推动金融创新、提升金融服务实体经济能力的同时，也给现有的金融监管体系带来了挑战。金融科技平台作为金融科技发展的重要载体，其跨界性、创新性、复杂性及风险的外溢性，使得传统的金融监管模式难以适应。在数字时代，金融科技平台监管不仅面临着制度变革带来的新情境，也面临着技术变革带来的底层逻辑变化。如何构建适应数字时代的金融科技平台监管体系，成为当前金融监管的重要课题。

3.3.1 传统金融科技平台监管的双重数字化困境

（1）数字化的制度情境变革及影响

金融科技平台的兴起与发展，是金融与科技深度融合的结果，也是金融创新的重要表现。随着金融科技的快速发展，金融科技平台已成为金融市场的重要组成部分，其业务范围涵盖了支付、借贷、理财、保险、基金等多个领域。然而，金融科技平台的快速发展也带来了一系列的风险问题，如市场风险、信用风险、操作风险、技术风险等，这些风险具有外溢性，可能引发系统性风险，对金融稳定造成威胁。因此，加强对金融科技平台的监管，成为保障金融稳定、防范金融风险的重要措施。

金融科技平台本身作为一种制度变革，给传统监管带来冲击。在数字时代，金融科技平台的发展深刻改变了金融市场的格局，也促使金融监管体系发生了显著转变。传统的金融监管目标，如维护金融稳定、保护消费者权益、促进金融市场竞争等，虽然依然重要，但已无法全面反映当前监管的需求。金融科技平台不仅促进了金融服务的普惠化与便捷化，提升了服务效率和覆盖面，还赋予了监管新的关注点，即金融科技平台的公共性价值及其对社会经济发展的积极贡献。同时，由于其风险的外溢性可能引发系统性风险，监管还需高度重视平台的安全性与稳定性。

监管价值原则在数字时代也面临重塑。传统监管强调的安全性、效率性、公平性，在金融科技平台的冲击下显得力不从心。平台的创新性在提升效率的同时，也带来了新的风险挑战；其跨界性模糊了传统监管的边界，导致监管空白或重叠；而网络效应则可能加剧市场集中度，影响公平竞争。因此，监管价值原则必须与时俱进，以适应金融科技平台的发展新态势。

监管主客体在数字时代也发生了显著变化。传统金融监管以政府监管机构为主体，金融机构为客体。然而，金融科技平台的崛起使得这一格局被打破。平台作为新兴的金融业态，成为监管的重要对象；同时，其技术性和跨界性要求监管主体进行跨部门、跨领域的协作，监管主体的多元化成为不可逆转的趋势。

在监管工具与机制方面，数字时代也提出了新的要求。传统的现场检查、非现场监管、行政处罚等手段在应对金融科技平台时显得力不从心。平台的业务活动主要在线上进行，现场检查的有效性大打折扣；其创新性也使得传统监管规则难以适应。因此，监管工具与机制的创新成为当务之急，需要构建更加灵活、包容的监管体系，以有效应对金融科技平台带来的挑战。

最后，监管模式的转型成为数字时代金融科技平台监管的必然趋势。传统的分业监管、机构监管模式已无法有效覆盖金融科技平台的跨界性、混业经营特点。监管必须向综合监管、功能监管转变，以适应金融科技平台的发展需求。通过构建跨部门、跨领域的监管协调机制，加强国际合作与监管互认，以及推动监管沙盒等创新监管模式的应用，监管体系将能够更好地应对数字时代的挑战，促进金融科技平台的健康、有序发展。

（2）数字化的技术情境变革及影响

技术变革对金融科技平台及其监管产生了深远影响。首先，在金融科技平台发展方面，大数据、云计算、人工智能、区块链等技术的涌现，为平台在风险定价、信用评估、支付清算、资产管理等领域赋予了传统金融机构难以匹敌的优势。然而，这些技术也伴随着数据安全、技术操作、算法歧视、网络攻击等一系列风险，它们具有隐蔽性、突发性和传染性，给平台的监管工作带来了前所未有的挑战。

其次，面对技术变革带来的新态势，金融科技平台的监管也相应发生了转变。在监管技术工具层面，新兴技术为监管提供了有力支持。大数据技术的运用使得风险评估和预警更为精准，人工智能技术则助力智能监管和合规审查，而区块链技术则确保了数据的共享与追溯，这些工具的应用显著提升了监管的效率和准确性，同时降低了监管成本和风险。

再次，监管规则也需随技术变革而适应性调整。金融科技平台的跨界性、混业经营特点要求构建跨部门、跨领域的监管协调机制，以应对其业务模式的多元化。同时，针对平台的创新性特点，监管环境需更加包容审慎，既鼓励创新又有效防范风险。

最后，技术变革推动了金融科技平台监管模式的数字化转型。监管机构需利用数字化技术提升监管效能，如构建数字化监管平台，实现监管数据的实时采集与分析。同时，加强与金融科技平台的合作，借助平台的技术优势，进一步提升监管的智能化水平，以更好地适应数字时代的监管需求。

（3）制度与技术交互下的金融科技平台监管困境

在制度与技术交互的背景下，金融科技平台的监管面临着一系列困境。

第一，监管目标的公共性价值与平台的私人性价值之间存在冲突。金融科技平台在推动金融服务普惠化、便捷化的同时，也追求着利润最大化和市场份额的扩大，这使得监管在平衡两者价值时显得尤为困难。如何确保监管既能维护公共利益，又能尊重平台的商业属性，成为金融科技平台监管的一大挑战。

第二，监管主体的单一性与平台的跨界性不匹配。传统的金融监管体系主要依赖政府监管机构，而金融科技平台的发展却跨越了金融、科技、互联网等多个领域。这种跨界性使得单一监管主体难以全面覆盖，构建跨部门、跨领域的监管协调机制成为必要，但实现多元化协作又面临诸多障碍。

第三，监管规则的刚性约束与平台的创新灵活性之间存在矛盾。传统的金融监管规则往往采取“一刀切”的方式，而金融科技平台的创新活动却具有极高的灵活性和多样性。如何在保持监管规则稳定性的同时，为平台的创新活动提供足够的空间，成为监管者需要权衡的难题。

第四，分业监管与平台的混业经营之间存在错配。金融科技平台往往涉及多个金融领域，而传统的分业监管模式难以有效覆盖其全部业务活动，导致监管空白和重叠的问题频发。构建适应平台混业经营特点的监管模式，成为亟待解决的问题。

第五，监管技术工具的应用存在不充分、不平衡的问题。虽然技术变革为监管提供了新的工具，但在实际应用中，部分监管机构对新技术缺乏足够的认识和重视，导致应用效果不佳。同时，不同地区监管机构在技术工具的应用上也存在不平衡现象，部分地区的技术应用水平明显滞后。如何提升监管技术工具的应用效果和覆盖面，成为金融科技平台监管亟待攻克的重要课题。

3.3.2　传统监管应对技治主义困境的智能性欠缺

在探讨传统金融科技平台监管在应对算法技治主义困境（如算法歧视、算法黑箱、算法合谋）时的智能性欠缺和社会性价值缺位时，我们首先需要认识到金融科技平台的快速发展和广泛应用，为金融服务带来了前所未有的便利性和效率。然而，随着算法技术的深入应用，一系列新的挑战也随之而来，这些挑战不仅考验着传统监管体系的适应性和灵活性，也凸显了其在智能性和社会性价值方面的不足。

（1）算法歧视：监管的盲区与挑战

算法歧视是算法技治主义困境中的一个重要方面。它指的是算法在自动化决策过程中，可能因数据偏见、算法设计缺陷等原因，导致对某些群体或个人产生不公平的对待。这种歧视往往具有隐蔽性，难以被直接察觉，但却可能产生深远的影响。

在传统金融科技平台监管中，对算法歧视的监管存在明显的智能性欠缺。首先，监管机构往往缺乏足够的技术手段和专业知识来深入理解和评估算法的决策过程。算法的复杂性和专业性使得监管者难以直接审查其决策逻辑和依据，更无法准确判断其是否存在歧视性。这种技术上的鸿沟使得监管者在面对算法歧视时，往往只能采取事后补救的措施，而无法进行有效的事前预防和事中干预。

其次，传统监管体系往往侧重于对金融机构的合规性进行监管，而忽视了对算法技术的深入审查和评估。这导致监管机构在制定监管政策和规则时，往往未能充分考虑算法技术的特点和风险，从而无法形成有效的监管框架和机制。例如，一些监管机构可能未能明确要求金融机构在使用算法进行决策时，必须进行充分的数据清洗和验证，以避免数据偏见对决策结果的影响。

此外，算法歧视还涉及伦理和法律层面的复杂问题。传统监管体系往往缺乏对这些问题的深入研究和探讨，导致在面对算法歧视时，往往难以形成统一的判断标准和处理原则。这进一步加剧了监管的复杂性和挑战性。

（2）算法黑箱：透明度的缺失与监管的困境

算法黑箱是指算法的决策过程和内部逻辑不透明，使得外部人员难以理解和评估其决策依据。在传统金融科技平台监管中，算法黑箱的存在给监管带来了极大的挑战。

首先，算法黑箱使得监管者难以对算法的决策过程进行有效的审查和评估。监管者无法直接查看算法的决策逻辑和依据，也无法验证其决策结果的合理性和公正性。这种不透明性使得监管者在面对算法决策时，往往只能采取信任的态度，而无法进行深入的审查和评估。这增加了监管的风险和不确定性。

其次，算法黑箱还可能导致金融机构滥用算法权力，进行不公平的决策和操作。由于算法的决策过程和内部逻辑不透明，金融机构可能利用这一特点进行价格歧视、信息隐瞒等不公平行为。这些行为不仅损害了消费者的合法权益，也破坏了市场的公平竞争环境。然而，由于算法黑箱的存在，监管者往往难以发现和查处这些行为，导致市场秩序的混乱和不稳定。

此外，算法黑箱还可能影响监管政策的制定和执行。由于无法深入了解算法的决策过程和内部逻辑，监管者可能无法准确判断算法技术对市场的影响和风险，从而无法制定出科学合理的监管政策和规则。同时，由于缺乏透明度和可解释性，算法黑箱还可能使得监管政策在执行过程中面临诸多挑战和困难。

（3）算法合谋：监管的盲区与市场的扭曲

算法合谋是指多个金融机构通过算法进行价格串通、限制竞争等行为。这种行为不仅违反了市场竞争原则，也损害了消费者的合法权益。然而，在传统金融科技平台监管中，对算法合谋的监管往往存在明显的盲区和不足。

首先，算法合谋具有隐蔽性和复杂性。由于算法技术的应用，金融机构可以通过复杂的算法模型和数据分析来实现价格串通和限制竞争等行为。这些行为往往难以被直接察觉和发现，使得监管者在面对算法合谋时往往束手无策。

其次，传统监管体系往往侧重于对金融机构的合规性进行监管，而忽视了对算法技术的深入审查和评估。这导致监管机构在制定监管政策和规则时，往往未能充分考虑算法技术的特点和风险，从而无法形成有效的监管框架和机制。例如，一些监管机构可能未能明确要求金融机构在使用算法进行决策时，必须进行充分的信息披露和竞争合规性审查，以防止算法合谋等行为的发生。

此外，算法合谋还可能涉及跨行业、跨市场的复杂问题。由于金融科技平台的跨界性特点，算法合谋往往涉及多个金融机构和多个市场领域。这使得监管者在面对算法合谋时，往往需要跨越行业界限进行统一监管，增加了监管的复杂性和挑战性。

3.3.3 传统监管应对技治主义困境的社会性缺位

（1）消费者权益保护的缺失与算法技治主义困境

在传统金融科技平台监管中，消费者权益保护的缺失是社会性价值缺位的一个重要表现。随着算法技术的深入应用，消费者权益保护面临着新的挑战和困境。

首先，算法技术的应用可能加剧信息不对称问题。金融机构可以利用算法技术进行精准营销和风险评估等操作，而消费者往往难以了解和掌握这些算法的决策过程和内部逻辑。这种信息不对称可能导致消费者在金融交易过程中处于弱势地位，容易受到不公平待遇和损害。然而，传统监管体系往往未能充分考虑算法技术对消费者权益保护的影响和挑战，导致在监管政策和规则制定方面存在明显的不足。

其次，算法技术的应用可能引发新的消费者权益保护问题。例如，算法歧视可能导致消费者在金融交易过程中受到不公平对待；算法黑箱可能使得消费者难以理解和评估金融产品的风险和收益；算法合谋可能导致市场价格被操纵和竞争被限制等。这些问题都需要监管机构进行深入的审查和评估，并制定出相应的监管政策和规则来保护消费者的合法权益。

此外，消费者权益保护的缺失还可能导致市场秩序的混乱和不稳定。由于消费者权益无法得到充分保障，消费者可能对金融机构和市场失去信任和支持，从而影响市场的健康发展。同时，由于缺乏有效的监管和惩罚机制，金融机构可能更加肆无忌惮地滥用算法权力进行不公平行为，进一步加剧市场秩序的混乱和不稳定。

（2）社会公平与正义的忽视与算法技治主义困境

在传统金融科技平台监管中，社会公平与正义的忽视也是社会性价值缺位的一个重要表现。随着算法技术的深入应用，社会公平与正义面临着新的挑战和困境。

首先，算法歧视可能加剧社会不公现象。由于算法技术的应用可能受到数据偏见、算法设计缺陷等因素的影响，导致对某些群体或个人产生不公平的对待。这种歧视不仅损害了受害者的合法权益，也破坏了社会的公平与正义原则。然而，在传统监管体系中，算法歧视问题往往未能得到充分关注和解决。监管机构往往缺乏足够的技术手段和专业知识来深入理解和评估算法的决策过程，更无法准确判断其是否存在歧视性。这种智能性欠缺使得监管者在面对算法歧视时往往束手无策。

其次，算法黑箱可能破坏社会信任机制。算法的决策过程和内部逻辑往往不透明，使得外部人员难以理解和评估其决策依据。这种不透明性可能引发公众的疑虑和担忧，破坏社会信任机制。在金融领域，社会信任是市场秩序和金融稳定的基石。然而，由于算法黑箱的存在，公众可能对金融机构和市场失去信任和支持，从而影响市场的健康发展。同时，由于缺乏透明度和可解释性，算法黑箱还可能使得监管政策在执行过程中面临诸多挑战和困难。

此外，算法合谋可能破坏市场竞争环境。通过算法进行价格串通、限制竞争等行为不仅违反了市场竞争原则，也损害了消费者的合法权益。然而，在传统监管体系中，算法合谋问题往往未能得到充分关注和解决。监管机构往往难以跨越行业界限进行统一监管，更无法准确判断算法合谋行为的存在和影响。这种社会性价值缺位使得市场秩序和竞争环境受到严重破坏。

（3）可持续发展与环境保护的忽视与算法技治主义困境

在传统金融科技平台监管中，可持续发展与环境保护的忽视也是社会性价值缺位的一个重要表现。随着算法技术的深入应用，可持续发展与环境保护面临着新的挑战和困境。

首先，算法技术的应用可能加剧资源浪费和环境污染问题。例如，一些金融机构可能利用算法技术进行高频交易和投机操作等行为，导致市场波动加剧和资源浪费增加。同时，由于算法技术的应用往往需要大量的数据支持和处理能力，这可能导致能源消耗和碳排放量的增加。然而，在传统监管体系中，这些问题往往也未能得到充分关注和解决。监管机构往往缺乏足够的技术手段和专业知识来深入理解和评估算法技术对可持续发展与环境保护的影响和挑战。

其次，算法黑箱可能使得金融机构在追求利润最大化的过程中忽视可持续发展与环境保护的重要性。算法的决策过程和内部逻辑往往不透明，使得外部人员难以理解和评估其决策依据。这种不透明性可能使得金融机构在追求利润最大化的过程中忽视可持续发展与环境保护的重要性，从而采取短视和不可持续的经营策略。然而，在传统监管体系中，由于缺乏透明度和可解释性，算法黑箱问题往往未能得到充分关注和解决。

此外，可持续发展与环境保护的忽视还可能导致市场秩序的混乱和不稳定。由于金融机构在追求利润最大化的过程中往往忽视可持续发展与环境保护的重要性，可能导致市场出现过度竞争和恶性竞争等行为。这些行为不仅损害了消费者的合法权益，也破坏了市场的公平竞争环境。同时，由于缺乏有效的监管和惩罚机制，金融机构可能更加肆无忌惮地滥用算法权力进行不公平行为，进一步加剧市场秩序的混乱和不稳定。

综上所述，传统金融科技平台监管在应对算法技治主义困境时存在明显的智能性欠缺和社会性价值缺位问题。为了有效解决这些问题，监管者需要加强和提升对算法技术的深入理解和评估能力，提高监管的透明度和可解释性；同时，还需要关注消费者权益保护、社会公平与正义以及可持续发展与环境保护等社会性价值目标，以实现更加全面和有效的监管。这不仅有助于维护市场秩序和金融稳定，也有助于促进金融科技行业的健康发展和可持续进步。

3.3.4 数智化监管修正：数字化困境、智能性欠缺、社会性缺位

（1）重视社会性价值目标：数智化治理的伦理基石

在金融科技平台监管中，数智化治理通过强调社会性价值目标，能够有效回应数字化困境、智能性欠缺和社会价值缺位的问题。社会性价值目标不仅关注经济效益，更重视伦理、公平、正义和可持续发展等社会维度，为金融科技平台监管提供了更为全面和深入的视角。

数智化治理强调算法向善的治理原则，即算法的设计和应用应当遵循道德和法律规范，避免算法歧视、算法偏见等不公平现象的发生。通过引入人工智能、大数据等先进技术，数智化治理可以实现对算法决策过程的实时监测和评估，确保算法的公平性和公正性，降低算法黑箱的影响。例如，监管机构可以利用机器学习技术对算法进行审计和测试，识别并纠正潜在的歧视性决策逻辑。这种智能化的监管方式不仅能够提高监管的效率和准确性，还能够有效维护社会公平与正义。此外，数智化治理还注重保护消费者权益。通过构建智能化的消费者权益保护机制，数智化治理可以实现对金融产品和服务的全面监测和评估，及时发现并纠正侵害消费者权益的行为，避免算法合谋。例如，监管机构可以利用自然语言处理和情感分析技术，对金融广告、合同条款等进行实时监测和评估，确保金融信息的真实性和透明性。这种智能化的监管方式不仅能够保障消费者的知情权和选择权，还能够有效维护市场秩序和金融稳定。

数智化治理强调可持续发展目标，即通过科技创新推动经济、社会和环境的协调发展。在金融科技平台监管中，数智化治理可以引导金融机构采用更加环保、节能和可持续的经营模式，推动金融行业的绿色转型。例如，监管机构可以利用大数据和人工智能技术对金融机构的碳排

放、能源消耗等进行实时监测和评估，引导金融机构采取更加环保的经营策略。同时，数智化治理还可以推动金融科技平台与实体经济深度融合，促进产业升级和经济发展。这种智能化的监管方式不仅能够提高金融行业的可持续发展能力，还能够为经济社会的全面发展提供有力支持。

（2）算法向善治理原则：数智化治理的伦理导向

算法向善治理原则是数智化治理在金融科技平台监管中的重要伦理导向。这一原则强调算法的设计和应用应当遵循道德和法律规范，避免算法歧视、算法偏见等不公平现象的发生。通过引入人工智能、大数据等先进技术，数智化治理可以实现对算法决策过程的实时监测和评估，确保算法的公平性和公正性。

算法歧视和偏见是金融科技平台监管中面临的重要挑战。传统监管方式往往难以发现和纠正算法中的歧视性决策逻辑。而数智化治理通过引入人工智能和大数据等先进技术，可以实现对算法决策过程的实时监测和评估。例如，监管机构可以利用机器学习技术对算法进行审计和测试，识别并纠正潜在的歧视性决策逻辑。这种智能化的监管方式不仅能够提高监管的效率和准确性，还能够有效维护社会公平与正义。

此外，数智化治理还注重推动算法透明度和可解释性的提升。通过引入可解释性人工智能和模型解释技术，数智化治理可以使得算法的决策过程和逻辑更加清晰和透明。这有助于监管机构和社会公众对算法的理解和信任，减少算法黑箱带来的风险和不确定性。

在金融科技平台监管中，数智化治理还注重促进算法创新与伦理的平衡发展。一方面，数智化治理鼓励金融机构利用人工智能、大数据等先进技术进行算法创新，提高金融服务的智能化水平和效率；另一方面，数智化治理也强调算法创新应当遵循道德和法律规范，避免算法歧视、算法偏见等不公平现象的发生。通过引入伦理审查和监管机制，数智化治理可以确保算法创新在符合伦理规范的前提下进行。这种智能化的监管方式不仅能够推动金融科技行业的健康发展，还能够为社会带来更加公平、公正和可持续的金融服务。

（3）多元主体协同监管：数智化治理的组织保障

在金融科技平台监管中，数智化治理通过引入多元主体协同监管机制，能够有效回应数字化困境、智能性欠缺和社会价值缺位的问题。多元主体协同监管强调政府、企业、行业协会和社会公众等多方力量的共同参与和协作，形成合力，推动金融科技平台的健康发展。

在数智化治理中，政府与企业的合作与互动是多元主体协同监管的重要组成部分。政府可以通过制定相关政策和法规，引导金融机构加强算法向善治理原则的应用和实践。同时，政府还可以与企业建立合作机制，共同推动金融科技平台的技术创新和监管创新。例如，政府可以与企业合作建立算法审计和测试平台，对金融机构的算法进行实时监测和评估；政府还可以与企业合作建立消费者权益保护机制，共同维护市场秩序和金融稳定。此外，数智化治理还强调政府与企业之间的信息共享和沟通协作。通过建立信息共享平台和沟通机制，政府和企业可以及时交流监管信息、市场动态和技术发展趋势等，共同应对金融科技平台监管中的挑战和问题。这种协同监管机制不仅能够提高监管的效率和准确性，还能够增强政府与企业之间的信任和合作。

在数智化治理中，行业协会和社会公众的参与和监督也是多元主体协同监管的重要组成部分。行业协会可以通过制定行业标准和规范，引导金融机构加强算法向善治理原则的应用和实践。同时，行业协会还可以为金融机构提供培训、咨询等服务，帮助其提高算法治理水平和风险防范能力。

社会公众则可以通过舆论监督、投诉举报等方式参与金融科技平台监管。数智化治理强调社会公众的知情权和参与权，通过构建智能化的信息披露和投诉举报机制，社会公众能够及时了解金融科技平台的动态和风险情况，并对其进行有效的监督和约束。这种协同监管机制不仅能够提高监管的透明度和公信力，还能够增强社会公众对金融科技平台的信任和支持。

（4）智能化治理工具和机制：数智化治理的技术支撑

在金融科技平台监管中，数智化治理通过引入智能化治理工具和机制，能够有效回应数字化困境、智能性欠缺和社会价值缺位的问题。智能化治理工具和机制强调利用人工智能、大数据等先进技术提高监管的效率和准确性，同时保障监管的公平性和公正性。

在数智化治理中，人工智能技术发挥着重要作用。通过引入机器学习、自然语言处理、情感分析等技术，数智化治理可以实现对算法决策过程的实时监测和评估。例如，监管机构可以利用机器学习技术对算法进行审计和测试，识别并纠正潜在的歧视性决策逻辑；可以利用自然语言处理和情感分析技术对金融广告、合同条款等进行实时监测和评估，确保金融信息的真实性和透明性。这种智能化的监管方式不仅能够提高监管的效率和准确性，还能够有效维护社会公平与正义。

此外，人工智能技术还可以应用于风险预警和应急处置等领域。通过构建智能化的风险预警系统，数智化治理可以实现对金融科技平台风险的实时监测和预警；通过构建智能化的应急处置机制，数智化治理可以实现对金融风险的快速响应和有效处置。这种智能化的监管方式不仅能够提高金融行业的风险防范能力，还能够为金融市场的稳定运行提供有力保障。

在数智化治理中，大数据技术也发挥着重要作用。通过引入大数据分析、数据挖掘等技术，数智化治理可以实现对金融交易数据的实时监测和分析。例如，监管机构可以利用大数据技术对金融交易数据进行实时监测和分析，发现异常交易和潜在风险；可以利用数据挖掘技术对金融数据进行深度挖掘和分析，发现潜在的市场机会和业务趋势。这种智能化的监管方式不仅能够提高监管的效率和准确性，还能够为金融机构的业务发展提供有力支持。

此外，大数据技术还可以应用于消费者权益保护、反洗钱等领域。通过构建智能化的消费者权益保护机制，数智化治理可以实现对金融产品和服务的全面监测和评估；通过构建智能化的反洗钱系统，数智化治理可以实现对可疑交易的实时监测和预警。这种智能化的监管方式不仅能够提高消费者权益保护水平，还能够有效打击金融犯罪和洗钱行为。

综上所述，数智化治理通过重视社会性价值目标、算法向善治理原则、多元主体协同监管以及智能化治理工具和机制等维度，能够有效回应金融科技平台监管中的数字化困境、智能性欠缺和社会价值缺位的问题。数智化治理强调伦理导向、组织保障和技术支撑相结合的综合治理方式，为金融科技平台的健康发展提供了有力保障。未来，随着人工智能、大数据等先进技术的不断发展和应用，数智化治理将在金融科技平台监管中发挥更加重要的作用，推动金融行业的持续健康发展和全面进步。

4　数智治理视域下我国金融科技平台监管体系建构

4.1　数智化金融科技平台监管理论范式

4.1.1　监管目标和原则

(1) 包容审慎

在数智化背景下，金融科技平台以其独特的创新性和灵活性，成为推动金融业变革的重要力量。然而，这种创新也伴随着潜在的风险和挑战。因此，监管应秉持包容审慎的态度，既要鼓励创新，又要有效防范风险。这意味着监管机构需要建立容错纠错机制，对金融科技平台的创新活动进行全面风险评估和动态监测。通过这一机制，监管机构可以在鼓励创新的同时，及时发现并妥善处置潜在风险，确保金融市场的稳定和安全。

包容审慎的监管原则还要求监管机构具备前瞻性和灵活性。随着技术的不断进步和市场的不断变化，金融科技平台的业务模式、风险特征等也在不断演进。因此，监管机构需要密切关注市场动态和技术发展趋势，及时调整监管策略和措施，以适应金融科技平台的发展需求。

（2）安全发展

金融科技平台的风险具有外溢性，一旦平台出现风险问题，可能会迅速扩散到整个金融体系，甚至引发系统性风险。因此，监管必须坚守安全发展的原则，确保金融科技平台的稳健运行。这要求监管机构加强对金融科技平台的安全监管，建立健全风险防控机制，提升平台的风险管理水平和应急处置能力。

安全发展的监管原则还强调对金融科技平台的技术安全和数据安全的监管。随着大数据、云计算、人工智能等技术的广泛应用，金融科技平台面临着技术风险和数据泄露等风险。监管机构应要求平台加强技术安全防护和数据安全管理，确保用户数据的安全和隐私保护。

（3）公平竞争

金融科技平台的网络效应和规模效应可能导致市场集中度上升，形成垄断或寡头格局，从而影响公平竞争。因此，监管需坚持公平竞争原则，维护市场秩序，防止市场垄断和不正当竞争行为的发生。这要求监管机构加强对金融科技平台的反垄断监管，打击平台利用技术优势进行不正当竞争的行为，保护消费者权益和市场公平竞争环境。

公平竞争原则还要求监管机构加强对金融科技平台的定价行为和交易规则的监管。平台应制定合理透明的定价策略，避免利用市场地位进行价格歧视或掠夺性定价；同时，平台应建立公平、公正的交易规则，保障交易双方的合法权益。

（4）多元共治

金融科技平台的监管涉及多个领域和部门，需要构建多元共治的格局。政府应发挥主导作用，加强跨部门、跨领域的监管协调；同时，鼓励行业组织、社会公众等多元主体参与监管，形成监管合力。这种多元共治模式有助于提升监管的全面性和有效性，确保金融科技平台在合规轨道上发展。

在多元共治模式下，监管机构应加强与行业组织的合作与沟通。行业组织作为连接政府与企业的桥梁和纽带，在推动行业自律、规范市场秩序等方面发挥着重要作用。监管机构应鼓励行业组织制定行业标准和自律规范，引导金融科技平台加强自我约束和自我管理。

（5）重视社会性价值目标

在数智化监管范式下，监管不仅要关注金融稳定和安全，还应重视社会性价值目标，如普惠金融、消费者权益保护等。监管机构应推动金融科技平台在追求经济效益的同时，积极履行社会责任，促进金融资源的公平分配，提高金融服务的覆盖面和可获得性。

普惠金融是金融科技平台的重要使命之一。监管机构应鼓励平台利用技术手段降低金融服务成本，提高服务效率，扩大服务范围，让更多长尾用户享受到便捷、高效的金融服务。同时，监管机构还应加强对平台服务质量的监管，确保平台提供的金融服务符合相关标准和要求，保障消费者权益。

（6）算法向善治理原则

随着人工智能和大数据技术的广泛应用，算法在金融科技平台中的作用日益凸显。然而，算法也可能带来歧视、偏见等问题，损害用户权益和社会公正。因此，监管应坚持算法向善的治理原则，确保算法决策的公正性、透明度和可解释性。

这要求监管机构加强对金融科技平台算法模型的审查和监管。监管机构应要求平台公开算法的基本原理、决策逻辑和关键参数等信息，接受社会监督和评估。同时，监管机构还应建立算法伦理标准和评估体系，对平台的算法模型进行定期审查和评估，确保其符合伦理规范和法律法规要求。

4.1.2 监管主客体

（1）构建政府主导、多元参与的协同监管体系

在数智化监管范式下，监管主体应构建政府主导、多元参与的协同监管体系。政府监管机构应发挥主导作用，加强跨部门、跨领域的监管协调；同时，鼓励行业组织、社会公众等多元主体参与监管，形成监管合力。

政府监管机构应明确各自职责和权限范围，加强信息共享和沟通协作。通过建立联合监管机制、开展联合执法行动等方式，实现对金融科技平台的全链条、全方位监管。同时，政府监管机构还应加强与行业组织、社会公众等多元主体的沟通与协作，共同推动金融科技平台的健康发展。

行业组织作为连接政府与企业的桥梁和纽带，在推动行业自律、规范市场秩序等方面发挥着重要作用。同时，行业组织还可以发挥专业优势和技术优势，为监管机构提供技术支持和咨询服务。

社会公众也是监管的重要参与者。监管机构应建立健全公众参与机制，鼓励社会公众对金融科技平台的经营行为和风险状况进行监督和举报。通过公众参与机制，可以及时发现和纠正平台的不当行为，保护消费者权益和社会公共利益。

（2）明确金融科技平台为主要监管对象

金融科技平台作为数智化时代的重要金融业态，应成为监管的主要对象。监管机构应加强对金融科技平台的监管力度，关注其业务模式、风险控制、合规经营等方面的情况，确保平台在合法合规的轨道上发展。

在监管金融科技平台时，监管机构应重点关注以下几个方面：一是平台的业务模式是否合法合规，是否存在非法集资、欺诈等违法行为；二是平台的风险控制机制是否健全有效，能否有效识别、评估和应对各类风险；三是平台的合规经营情况是否良好，是否遵守相关法律法规和监管要求；四是平台的数据安全和隐私保护是否到位，能否保障用户数据的安全和隐私权益。

4.1.3 监管工具和机制

（1）利用监管科技提升监管效能

监管科技的应用是数智化监管的重要创新。监管机构应积极利用大数据、人工智能、区块链等技术手段，提升监管的智能化、自动化水平。通过构建监管大数据平台、利用人工智能进行智能合规审查和风险评估、利用区块链实现监管数据的共享和追溯等方式，提高监管的效率和准确性。

监管大数据平台是监管科技的重要组成部分。通过整合各类监管数据资源，构建统一的数据标准和接口规范，实现监管数据的共享和交换。这有助于监管机构全面了解金融科技平台的经营状况和风险状况，为制定监管政策和措施提供数据支持。

人工智能技术在监管中的应用也越来越广泛。监管机构可以利用人工智能技术进行智能合规审查和风险评估。通过训练机器学习模型，自动识别和分析金融科技平台的合规问题和风险点，提高审查的效率和准确性。同时，人工智能技术还可以用于实时监测和预警潜在风险，为监管机构提供及时有效的风险防控手段。

区块链技术作为一种去中心化、不可篡改的分布式账本技术，在监管数据的共享和追溯方面具有独特优势。监管机构可以利用区块链技术实现监管数据的共享和追溯，确保数据的真实性和完整性。这有助于监管机构加强对金融科技平台的监管力度，提高监管的透明度和公信力。

（2）**实施分类分级、动态持续的监管**

鉴于金融科技平台的业务类型和风险特征各不相同，监管机构应实施分类分级、动态持续的监管策略。根据平台的实际情况和风险水平，采取不同的监管措施和力度；同时，定期对平台进行风险评估和合规审查，确保平台的稳健运行。

分类分级监管是指根据金融科技平台的业务类型、规模大小、风险水平等因素，将其划分为不同的监管类别和等级。对于不同类别和等级的平台，采取不同的监管措施和力度。例如，对于风险较高的平台，可以加强现场检查和非现场监管力度；对于风险较低的平台，可以采取较为宽松的监管措施。

动态持续监管是指监管机构应定期对金融科技平台进行风险评估和合规审查，确保其业务模式和风险状况符合监管要求。监管机构应建立风险评估模型和指标体系，对平台的各项业务进行量化评估和分析。同时，监管机构还应加强对平台的日常监管和现场检查力度，及时发现和纠正平台的不当行为。

（3）建立健全风险防控和应急处置机制

金融科技平台的风险具有突发性、传染性等特点，监管机构应建立健全风险防控和应急处置机制。这包括加强对平台的风险监测和预警、制定应急预案、明确应急处置流程和责任分工等，确保在金融风险发生时能够迅速、有效地应对，防止风险扩散和传染。

风险监测和预警是风险防控的重要环节。监管机构应建立风险监测指标体系，对金融科技平台的各项业务进行实时监测和分析。一旦发现异常情况或潜在风险点，应及时向平台发出预警信号，并督促其采取有效措施进行整改和防范。

应急预案是应急处置机制的重要组成部分。监管机构应制定完善的应急预案，明确应急处置流程和责任分工。一旦发生金融风险事件，应立即启动应急预案，组织相关力量进行处置和救援。同时，监管机构还应加强与相关部门和机构的沟通协调，形成合力，共同应对风险挑战。

（4）智能化治理工具和机制

在数智化监管范式下，监管机构应积极探索和应用智能化治理工具和机制。例如，利用人工智能技术进行智能合规审查、风险评估和预警；利用区块链技术实现监管数据的共享和追溯；利用大数据分析技术挖掘潜在风险点等。这些智能化工具和机制有助于提升监管的效率和准确性，降低监管成本。

智能合规审查是指利用人工智能技术自动识别和分析金融科技平台的合规问题。通过训练机器学习模型，对平台的各项业务进行自动化审查和分析，及时发现和纠正违规行为。这有助于降低合规审查的人工成本和时间成本，提高审查的效率和准确性。

风险评估和预警是智能化治理工具的重要应用之一。监管机构可以利用大数据分析技术挖掘潜在风险点，建立风险评估模型和指标体系。通过对金融科技平台的各项业务数据进行实时监测和分析，及时发现潜在风险并进行预警提示。这有助于监管机构提前采取措施进行风险防范和处置，降低风险发生的概率和影响程度。

区块链技术在监管数据的共享和追溯方面具有独特优势。通过构建区块链监管平台，将各类监管数据上链存储和共享，可以实现跨部门、跨领域的监管数据共享和协作。这有助于提升监管的透明度和公信力，加强监管部门之间的沟通和协作。

4.1.4 监管模式

(1) 构建跨部门、跨领域的监管协调机制

鉴于金融科技平台的跨界性、混业经营特点，传统的分业监管模式难以有效覆盖。因此，监管机构应构建跨部门、跨领域的监管协调机制，加强不同监管部门之间的信息共享和沟通协作。通过建立联合监管机制、开展联合执法行动等方式，实现对金融科技平台的全链条、全方位监管。

跨部门、跨领域的监管协调机制需要明确各部门的职责和权限范围，加强信息共享和沟通协作。各部门应建立定期沟通和协作机制，共同研究制定监管政策和措施。同时，各部门还应加强联合执法力度，对金融科技平台的不当行为进行联合打击和整治。

联合监管机制是跨部门、跨领域的监管协调机制的重要形式之一。监管机构可以建立联合监管工作小组或专项工作组等形式，由相关部门派员参加，共同开展工作。联合监管工作小组或专项工作组可以针对金融科技平台的特定问题或风险点开展专项监管工作，制订具体的监管方案和措施，并督促平台落实整改要求。

(2) 推动监管沙盒等创新监管模式的应用

监管沙盒是一种创新的监管模式，允许金融科技平台在监管机构的指导和监督下进行小范围的创新实验。通过监管沙盒，监管机构可以及时了解平台的创新动态和风险情况，为制定更加科学、合理的监管规则提供依据。同时，监管沙盒也可以为平台提供一个相对宽松的创新环境，鼓励其进行有益的创新尝试。

在推动监管沙盒等创新监管模式的应用方面，监管机构应加强与金融科技平台的沟通与合作。监管机构可以主动邀请平台参与监管沙盒试点项目，提供必要的指导和支持。同时，监管机构还应加强对平台创新活动的监测和评估工作，及时发现和解决潜在风险问题。

除了监管沙盒外，还有其他一些创新监管模式值得探索和应用。例

如，沙盒监管与正式监管的有机衔接模式、基于区块链技术的去中心化监管模式等。这些创新监管模式可以根据金融科技平台的特点和风险状况进行灵活选择和组合应用，以提高监管的针对性和有效性。

（3）加强国际合作与监管互认

金融科技平台的发展具有全球性特点，监管机构应加强国际合作与监管互认，共同应对数智化带来的风险挑战。通过签署监管合作协议、建立监管信息共享机制等方式，加强与其他国家和地区监管机构的沟通协作。同时，积极参与国际金融监管规则的制定和修订工作，推动建立更加公平、透明、包容的国际金融监管体系。

在加强国际合作与监管互认方面，监管机构可以通过与其他国家和地区的监管机构签署监管合作协议或备忘录等形式明确合作内容和方式。通过定期召开监管合作会议、开展联合监管行动等方式加强沟通和协作力度。同时，监管机构还可以积极参与国际金融监管组织的活动和工作组项目等推动国际金融监管规则的制定和修订工作。

在推动国际金融监管规则制定和修订方面，监管机构可以积极提出建设性意见和建议，为国际金融监管规则的完善贡献中国智慧和力量。同时，监管机构还可以加强与其他国家和地区监管机构的沟通和协调工作，共同推动国际金融监管规则的落地实施和执行监督等工作。

4.1.5 监管前沿

（1）完善金融科技平台的法律法规体系

监管机构应加快制定和完善针对金融科技平台的法律法规体系，明确平台的法律地位、业务范围、风险防控等要求。通过立法形式明确平台的合规经营标准，为平台的稳健发展提供法律保障。同时，加强对法律法规的宣传和普及工作，提高平台和从业人员的法律意识和合规意识。

在完善金融科技平台的法律法规体系方面，监管机构可以借鉴国际先进经验和做法，结合我国实际情况制定和完善相关法律法规和规章制度等。例如，可以制定《金融科技平台监管条例》等专门性法规明确平台的法律地位、业务范围和风险防控等要求；同时，还可以制定相关配套规章制度和规范性文件等细化监管要求和操作流程等。

此外，监管机构还应加强对金融科技平台创新活动的监管和引导工作。对于符合法律法规和监管要求的创新活动应给予支持和鼓励；对于存在风险隐患或违法违规行为的创新活动应及时予以制止和纠正等。通过加强监管和引导工作推动金融科技平台在合法合规的轨道上健康发展。

(2) 优化金融科技平台的准入和退出机制

监管机构应优化金融科技平台的准入和退出机制，确保市场的公平竞争和有序发展。应制定合理的准入标准，对符合条件的平台予以批准设立；同时，建立健全退出机制，对风险较高、合规性较差的平台及时采取退出措施，防止风险扩散和传染。

在优化准入机制方面，监管机构应制定明确的准入标准和条件要求等，明确平台的注册资本、股东背景、技术实力等方面的要求。同时，还应加强对平台申请材料的审核和评估工作，确保平台符合相关要求和条件等才能获得批准设立资格等。

在完善退出机制方面，监管机构应建立健全退出流程和标准规范等，明确平台退出市场的条件和程序等要求。平台在退出前必须妥善处理相关债权债务关系，保障用户权益和社会公共利益等不受损害。同时，监管机构还应加强对退出平台的监管和处置工作，防止其继续从事违法违规活动或造成其他不良影响等。

(3) 加强对金融科技平台的激励和扶持政策

为促进金融科技平台的发展和创新，监管机构应加强对平台的激励和扶持政策。通过提供财政补贴、税收优惠等政策措施降低平台的运营成本和创新风险；通过搭建金融科技创新平台、举办创新大赛等方式促进平台之间的交流与合作，激发创新活力等。

在提供财政补贴和税收优惠方面，监管机构可以根据金融科技平台的实际情况和需求制定相应的政策措施，给予平台一定的资金支持和税收优惠，降低其运营成本和创新风险。例如，可以设立专项基金支持金融科技平台的研发和创新活动；同时，还可以对符合条件的平台给予税收减免或优惠等政策措施。

在搭建金融科技创新平台和举办创新大赛方面，监管机构可以积极发挥自身优势，并利用自身的资源整合能力等，为金融科技平台提供展示和交流的平台和机会。例如，可以搭建金融科技创新实验室或孵化器等为平台提供技术研发和测试环境等支持；同时，可以定期举办金融科技创新大赛等活动为平台提供展示和交流的机会和平台，促进平台之间的交流与合作，激发创新活力等。

（4）强化金融科技平台的数据治理和隐私保护

鉴于数据在金融科技平台中的核心地位，监管机构应强化平台的数据治理和隐私保护工作。要求平台建立健全数据管理制度和内部控制机制，加强对数据采集、存储、使用等环节的监管；同时，加强对平台用户隐私权的保护，防止平台滥用用户数据或泄露用户隐私信息，维护用户权益和社会公正。

在强化数据治理方面，监管机构应要求金融科技平台建立健全数据管理制度和内部控制机制等，明确数据采集、存储、使用等环节的要求和流程等，确保数据的真实性和完整性等；同时，应加强对平台数据质量的监管和评估工作，及时发现和纠正数据质量问题，提高数据的可靠性和可用性。

在加强隐私保护方面，监管机构应要求金融科技平台严格遵守相关法律法规和监管要求，建立健全用户隐私保护制度和内部控制机制，加强对用户数据的保护和管理，防止用户数据被滥用或泄露；同时，应加强对平台隐私保护措施的监管和评估工作，及时发现和纠正隐私保护漏洞和问题，保障用户隐私权益不受侵害。

综上所述，构建数智化金融科技平台监管范式是一项复杂而系统的工程，需要监管机构、行业组织、社会公众等多方共同参与和努力。通过构建包容审慎、安全发展、公平竞争、多元共治等监管原则和目标，明确金融科技平台为重要监管对象并实施分类分级、动态持续的监管策略，利用监管科技提升监管效能并推动监管沙盒等创新监管模式的应用，加强国际合作与监管互认并推动国际金融监管规则的制定和修订工作，完善金融科技平台的法律法规体系并优化准入和退出机制等措施和手段的综合运用和协同推进，可以实现对金融科技平台的有效监管和引导，促进其健康、可持续发展。

4.2 数智化金融科技平台监管运行模式

4.2.1 数字技术应用监管运行模式

在金融科技平台的监管架构中，数字技术应用监管是确保平台安全、高效运行的重要一环。本小节将通过支付宝、京东金融和腾讯金融云等企业的案例，探讨数字技术应用监管的具体实践和成效。

（1）案例描述和发现

案例一：支付宝将区块链技术应用于跨境支付监管

支付宝，作为全球领先的第三方支付平台，一直在探索如何借助区块链技术优化跨境支付监管。通过构建基于区块链的跨境支付系统，支付宝实现了交易数据的可追溯性和不可篡改性，这一创新不仅提升了跨境支付的效率，还显著增强了交易数据的透明度和安全性。在实施过程中，支付宝首先进行了严格的合规性审查，确保区块链技术的应用符合所有相关法律法规和监管要求，并与监管部门紧密合作，共同制定了相应的监管标准和操作规范。此外，支付宝还对区块链跨境支付系统进行了全面的技术安全评估，采取了一系列先进的安全技术和措施，如数据加密、访问控制和防篡改机制，以抵御网络攻击和数据泄露风险。同时，支付宝利用区块链技术的实时监控功能，建立了风险预警与处置机制，能够及时发现并处理异常交易行为，进一步降低了跨境支付业务的风险水平。这些措施共同确保了支付宝区块链跨境支付系统的稳健运行和合规性，为跨境支付的安全和高效提供了有力保障。

案例二：京东金融强化大数据风控在消费金融中的应用

京东金融，作为京东集团旗下的金融科技子公司，专注于消费金融领域的业务创新，并成功将大数据风控技术应用于该领域。通过构建基于用户行为数据、交易数据等多维度信息的大数据风控模型，京东金融能够实时评估用户的信用状况和还款能力，为业务决策提供有力支持。

此外，京东金融还建立了实时风险监测与预警机制，通过大数据风控系统对消费金融业务进行实时监测，一旦发现潜在风险点，系统会立即触发预警并通知相关部门进行处置，从而有效降低了业务风险水平。同时，京东金融利用人工智能技术开发了智能化反欺诈策略，能够自动识别并拦截欺诈行为，保护用户资金安全。这些措施的实施，不仅全面管理和有效控制了京东金融的消费金融业务风险，还显著提升了用户体验和满意度，为消费金融的健康发展奠定了坚实基础。

案例三：腾讯金融云推动人工智能技术在金融监管中的应用

腾讯金融云，作为腾讯旗下的金融科技服务平台，致力于利用人工智能技术为金融监管机构提供智能化监管工具和服务。通过构建智能监管平台，腾讯金融云能够自动收集、分析和处理金融机构的业务数据，实时监测金融机构的运营状况和风险水平。此外，腾讯金融云还开发了智能风险预警系统，利用机器学习算法对海量数据进行分析和挖掘，能够提前发现金融机构可能面临的风险问题并发出预警信号。同时，腾讯金融云还利用人工智能技术实现了对金融机构合规性文件的智能审核，通过自然语言处理和图像识别等技术自动检查文件的完整性和准确性，显著提高了审核效率和准确性。这些智能化监管工具和服务的实施，不仅提高了金融监管的效率和准确性，还降低了监管成本，为金融市场的稳定发展提供了有力保障。

（2）案例比较与启示

支付宝、京东金融和腾讯金融云在数字技术应用监管领域的实践，为我们提供了金融科技平台如何通过技术创新优化服务、强化风险管理的生动案例。支付宝利用区块链技术，成功构建了跨境支付监管系统，不仅提高了交易效率，还确保了数据的透明度和不可篡改性，为跨境支付的安全性树立了新的标杆。京东金融则通过大数据风控技术，在消费金融领域实现了对业务风险的全面监控与管理，有效降低了信贷风险，提升了用户体验。腾讯金融云则凭借人工智能技术，为金融监管机构提供了智能化监管工具，显著提高了监管效率和准确性，为金融市场的稳定发展提供了有力保障。

这三家企业的实践共同展示了技术创新在金融科技监管中的核心价

值，它们均高度重视技术创新与合规性的平衡，通过严格的合规性审查、技术安全评估和风险预警与处置机制，确保新技术在合法合规的框架内得到有效应用。同时，它们也各自展现了在技术应用领域的独特优势，如支付宝的区块链跨境支付系统、京东金融的大数据风控模型以及腾讯金融云的智能监管平台，这些创新不仅优化了金融服务流程，还提升了风险管理的精准度和效率。

从这些案例中，我们可以得到以下数智化金融科技平台监管的具体运行规范：首先，监管机构应鼓励金融科技平台在合规框架内积极探索技术创新，为金融科技的发展提供有力支持；其次，金融科技平台应建立健全的风险预警与处置机制，利用数字技术提升对潜在风险的识别、评估和应对能力，确保金融服务的稳健运行；再次，推动监管科技（RegTech）的发展，利用人工智能、大数据等先进技术提升监管效能，实现精准监管和智能化监管，降低监管成本，提高监管效率；最后，促进金融科技平台与监管机构之间的跨行业合作与信息共享，共同应对金融风险挑战，推动金融市场的健康发展。通过这些措施的实施，我们可以更好地发挥数字技术在金融科技监管中的作用，为金融科技的持续创新和发展提供有力保障。

4.2.2 金融业务展业监管运行模式

在金融科技平台的快速发展中，金融业务展业监管是确保平台业务合规、风险可控的重要环节。随着数字技术的广泛应用，金融业务的边界不断拓展，监管模式也需相应调整以适应新的业务形态和风险特征。

（1）案例描述和发现

案例一：蚂蚁金服小微贷款业务的智能风控体系

蚂蚁金服，通过构建智能风控体系，实现了对小微贷款业务全流程的精准监管。该体系利用大数据和人工智能技术，对借款人进行多维度信用评估，实时监测贷款使用情况，有效识别并预警潜在风险。同时，蚂蚁金服还与多家征信机构合作，共享信用数据，进一步提升了风控的准确性和效率。这一实践不仅降低了贷款违约率，还提高了小微企业的融资便利性。

案例二：招商银行智能投顾业务的合规性管理

招商银行在智能投顾业务中，注重合规性管理与技术创新的结合。其智能投顾系统利用自然语言处理和机器学习技术，对投资产品进行合规性审查，确保投资建议符合相关法律法规和监管要求。同时，招商银行还建立了完善的合规监控机制，对智能投顾业务进行实时监测，及时发现并纠正违规行为，确保业务合规运行。

案例三：微众银行区块链供应链金融的创新监管

微众银行利用区块链技术，创新性地开展了供应链金融业务。通过构建基于区块链的供应链金融平台，微众银行实现了交易数据的透明化和不可篡改性，有效降低了供应链金融中的信用风险。同时，微众银行还与监管部门合作，共同制定了区块链供应链金融的监管标准和操作规范，确保业务在合法合规的框架内发展。

（2）案例比较与启示

这三个案例展示了金融科技平台在金融业务展业监管中的不同实践路径。蚂蚁金服侧重于利用智能风控技术提升贷款业务的风险管理能力，招商银行则更注重智能投顾业务的合规性管理，而微众银行则通过区块链技术创新了供应链金融的监管模式。这些案例共同表明，金融科技平台在拓展金融业务时，需结合业务特点和技术优势，构建符合监管要求的合规管理体系。

从这些案例中，我们可以得到以下数智化金融科技平台监管的具体运行规范：首先，金融科技平台应充分利用数字技术提升金融业务的风险管理能力，确保业务稳健运行；其次，平台需密切关注监管政策的变化，及时调整业务模式和风控策略，以适应合规发展需求；最后，平台应加强与监管机构的沟通与合作，共同推动监管科技的发展，提升监管效能。

4.2.3 运行主体责任监管运行模式

在数智化金融科技平台的监管架构中，明确并落实运行主体责任是确保平台合规运营、防范风险的关键。随着金融科技的快速发展，平台运行主体的责任边界和监管要求也在不断变化。

（1）案例描述和发现

案例一：度小满金融的数据安全与隐私保护

度小满金融建立了完善的数据安全管理体系，采用加密技术、访问控制等措施，确保用户数据的安全性和隐私性。平台还定期对员工进行数据安全培训，提升员工的数据保护意识。此外，度小满金融还与第三方机构合作，进行数据安全审计和风险评估，及时发现并修复潜在的安全漏洞。

案例二：同花顺的信息披露与透明度提升

同花顺注重提升信息披露的透明度和准确性，建立了完善的信息披露制度。平台定期向投资者公布运营数据、风险状况等信息，增强投资者的信任感。同时，同花顺还积极与监管机构沟通，主动接受监管，确保平台运营的合规性。

案例三：京东数科的用户权益保护与责任担当

京东数科在运营过程中，高度重视用户权益保护。平台建立了用户投诉处理机制，及时响应并处理用户投诉，确保用户权益得到有效维护。同时，京东数科还积极参与行业自律，推动金融科技行业的健康发展。在业务开展过程中，京东数科始终将用户权益放在首位，展现了金融科技平台的社会责任感。

（2）案例比较与启示

这三个案例展示了金融科技平台在运行主体责任监管中的不同侧重点。度小满金融侧重于数据安全与隐私保护，同花顺则更注重信息披露与透明度提升，而京东数科则强调用户权益保护与责任担当。这些案例共同表明，金融科技平台在运营过程中，需根据业务特点和监管要求，明确并落实各项主体责任，确保平台合规运营。

从这些案例中，我们可以得到以下数智化金融科技平台监管的具体运行规范：首先，金融科技平台应建立健全的责任体系，明确各项主体责任，确保平台运营的合规性；其次，平台需加强内部管理，提升员工的风险意识和合规意识，确保各项责任得到有效落实；最后，平台应积极参与行业自律和监管合作，共同推动金融科技行业的健康发展。

4.2.4 运行模式多维互动关系分析

在金融科技平台的监管架构中，数字技术应用监管、金融业务展业监管与运行主体责任监管三者之间存在着紧密而多维的互动关系，这对于确保平台的稳健运行和可持续发展至关重要。

首先，数字技术应用监管不仅为金融业务展业提供了强大的技术支持，如通过大数据、人工智能和区块链等技术实时监控业务活动，提升风险预警能力，还强化了业务合规性，推动了监管效率的提升。同时，金融业务的不断创新对数字技术提出了更高要求，促使监管适应这种需求，鼓励合规前提下的技术创新。

其次，数字技术应用监管与运行主体责任监管之间的互动体现在技术应用对主体责任的强化和主体责任对技术应用的约束上。通过数字技术，监管部门能更精准地评估平台运营状况和风险水平，促使平台主体加强合规性和风险管理。而主体责任监管则要求平台在技术应用中遵守法律法规，确保合规性和安全性，防止技术滥用，保护投资者权益。

再次，金融业务展业监管与运行主体责任监管之间的互动，体现在业务合规性对主体责任的促进和主体责任对业务合规性的保障上。金融业务展业监管要求平台遵守法律法规，确保业务合规，这促使平台主体重视风险管理、信息披露和投资者保护。而主体责任监管则要求平台建立健全内部控制和风险管理体系，保障业务活动的合规性和稳健性，防止风险扩散。

最后，通过案例分析可见，如支付宝利用区块链技术强化反洗钱监管，京东金融通过大数据风控保护消费者权益，同花顺注重信息披露与投资者教育，这些实践均展示了多维监管互动关系的有效应用。这些案例不仅展示了技术在提升业务合规性和安全性方面的作用，也体现了主体责任在保障业务稳健发展中的重要性。

综上所述，数字技术应用监管、金融业务展业监管与运行主体责任监管之间的多维互动关系，是推动金融科技平台稳健运行和可持续发展的关键。通过加强各维度之间的协作与互动，可以有效促进技术创新与业务拓展，同时保障投资者权益和市场稳定发展。

4.3 数智化金融科技平台监管风控架构

在金融科技平台的数智化监管架构中，风险控制体系是确保平台稳健运行、防范系统性风险的关键组成部分。本节将从权责监管、业务监管、数据监管、技术监管、内控监管等维度出发，构建金融科技平台数智化监管的风险控制体系，并基于内生和外生视角，深入探讨金融科技平台智能化风险控制的策略与案例。

4.3.1 建立多维度数智化风险控制体系

（1）智能化权责配置体系

要建立智能化权责配置体系，关键在于整合先进技术与精细管理流程，确保各参与方在复杂多变的业务环境中能够清晰界定并高效履行其权责。这涉及构建一个自动化、实时性的权责分配机制，利用大数据分析、人工智能等技术手段，对业务流程进行深度剖析，识别潜在风险点，并据此动态调整各角色的权责范围。例如，通过智能合约技术，可以在金融交易中自动执行合同条款，明确交易各方的权利与义务，减少人为干预和纠纷。同时，强化信息系统的集成能力，实现权责信息的透明化、可追溯，便于快速响应市场变化和管理需求。

具体操作可借鉴支付宝的智能化权责监管实践。支付宝通过制定详尽的争议处理规则，明确交易各方的权责界限，并利用智能化的系统对交易数据进行实时监控与分析，有效预防潜在风险。在处理用户投诉时，支付宝运用AI辅助决策，结合用户历史行为、交易记录等多维度信息，快速判断争议性质，提供合理的解决方案。此外，支付宝还引入了多因素认证机制，增强账户安全性，减少因账户被盗用等引发的权责纠纷。这一系列措施不仅提升了用户体验，也强化了支付宝在权责监管方面的智能化水平。

（2）数据开发体系

在数据监管方面，金融科技平台应构建完善的数据开发体系，确保数据的合法性、准确性、完整性和安全性。这包括建立严格的数据采集、存储、处理和应用标准，采用加密技术保护数据隐私，防止数据泄露和滥用。同时，利用大数据分析和机器学习技术，深入挖掘数据价值，为风险防控提供有力支持。例如，通过构建用户信用画像，评估用户的信用风险，为信贷业务提供决策依据。

具体操作可借鉴京东金融的大数据风控实践。京东金融通过大数据风控模型对消费金融业务进行风险评估和管理。该模型整合了用户交易记录、浏览行为、社交关系等多维度数据，利用机器学习算法对用户信用风险进行精准预测。同时，京东金融还建立了完善的数据治理体系，确保数据的合法合规使用，有效提升了风控效率和准确性。

（3）风险防控体系

风险防控体系是金融科技平台数智化监管的核心。平台应建立全面的风险识别、评估、监测和应对机制，涵盖信用风险、市场风险、操作风险等多个方面。通过引入人工智能、区块链等先进技术，实现风险的实时监控和预警，提高风险防控的及时性和有效性。例如，利用区块链技术构建不可篡改的交易记录，提高交易透明度和可追溯性，降低信用风险。

具体可借鉴同花顺的信息披露与风险防控。同花顺作为金融信息服务提供商，注重信息披露的及时性和准确性。通过构建完善的信息披露体系，同花顺及时向投资者提供上市公司的财务报告、经营动态等重要信息，帮助投资者做出明智的投资决策。同时，同花顺还利用大数据和人工智能技术，对市场风险进行实时监测和预警，为投资者提供风险提示和应对策略，有效降低了投资风险。

（4）风险预警体系

风险预警体系是风险防控体系的重要组成部分。金融科技平台应建立智能化的风险预警系统，通过对历史数据的分析和模型预测，提前识别潜在风险点，并发出预警信号。这有助于平台及时采取措施，防范风险的发生和扩散。例如，通过构建智能风控模型，对用户的交易行为进行实时监测和分析，一旦发现异常交易行为，立即触发预警机制，防止欺诈和洗钱等违法行为的发生。

具体操作可借鉴支付宝的反洗钱预警系统。支付宝利用区块链技术构建了跨境支付系统，并加强了与监管部门的合作，共同建立了反洗钱监测机制。通过该系统，支付宝能够实时监测跨境交易数据，识别可疑交易行为，并及时向监管部门报告。这一举措有效提升了支付宝在反洗钱方面的监管能力，降低了洗钱风险。

（5）风险内控体系

风险内控体系是确保金融科技平台稳健运行的基础。平台应建立健全的内部控制制度和风险管理体系，明确各部门和岗位的职责和权限，确保业务活动的合规性和稳健性。同时，加强对员工的培训和教育，提高员工的风险意识和合规意识，防范内部操作风险。

具体操作可以参考京东金融的内部控制实践。京东金融注重内部控制体系的建设和完善。公司建立了严格的内部控制制度和风险管理体系，明确了各部门和岗位的职责和权限，确保业务活动的合规性和稳健性。同时，京东金融还加强了对员工的培训和教育，提高了员工的风险意识和合规意识。此外，公司还定期对内部控制体系进行评估和审计，及时发现和纠正潜在问题，确保内部控制体系的有效运行。

4.3.2 基于技术视角的智能化风险控制

（1）金融脆弱性控制

金融脆弱性是金融科技平台面临的重要风险之一。为了有效控制金融脆弱性，平台应加强对金融市场的监测和分析，及时发现和应对市场波动和风险事件。同时，优化产品设计和服务流程，提高产品的稳健性和可持续性，降低用户投资风险。

具体操作可借鉴支付宝的余额宝产品。支付宝的余额宝产品通过优化产品设计和服务流程，有效控制了金融脆弱性。余额宝将用户的闲散资金投资于货币市场基金等低风险金融产品，实现了资金的保值增值。同时，余额宝还提供了灵活的存取服务，方便用户随时支取资金，降低了用户的投资风险。

（2）信息不对称控制

信息不对称是金融科技平台面临的另一大风险。为了有效控制信息不对称风险，平台应加强对用户信息的采集和分析，提高信息的透明度和准确性。同时，利用大数据和人工智能等技术手段，对用户进行精准画像和风险评估，为风险防控提供有力支持。

一个有效的参考是京东金融的信用评估体系。京东金融通过构建完善的信用评估体系，有效控制了信息不对称风险。该体系整合了用户交易记录、浏览行为、社交关系等多维度数据，利用机器学习算法对用户信用风险进行精准预测。同时，京东金融还提供了透明的信用报告和评分服务，帮助用户了解自己的信用状况和风险水平。

（3）金融顺周期性控制

金融顺周期性是指金融市场在经济周期不同阶段表现出不同的波动性和风险水平。为了有效控制金融顺周期性风险，金融科技平台应加强对经济周期的监测和分析，及时调整业务策略和风险防控措施。同时，引入逆周期因子等机制，降低业务波动性和风险水平。

这里可以借鉴同花顺的逆周期投资策略。同花顺通过引入逆周期因子等机制，有效控制了金融顺周期性风险。公司利用大数据和人工智能技术，对经济周期进行实时监测和分析，根据市场变化及时调整投资策略和风险防控措施。例如，在经济下行周期中，同花顺会增加对稳健型金融产品的投资比重，降低对高风险金融产品的投资比重，从而降低投资风险。

（4）技术完善性控制

技术完善性是金融科技平台稳健运行的基础。为了有效控制技术完善性风险，平台应加强对技术系统的研发和维护，确保技术系统的稳定性和安全性。同时，引入先进的技术手段和创新模式，提高技术系统的性能和效率。

案例可以参考支付宝的区块链技术应用。支付宝通过引入区块链技术，有效控制了技术完善性风险。区块链技术具有去中心化、不可篡改等特点，可以提高交易透明度和可追溯性，降低信用风险。同时，区块链技术还可以降低交易成本和提高交易效率，为金融科技平台的发展提供有力支持。

4.3.3 基于制度视角的智能化风险控制

(1) 外部保护性控制

外部保护性是指金融科技平台面临的外部环境和监管政策等因素对业务稳健性的影响。为了有效控制外部保护性风险，平台应加强对外部环境和监管政策的监测和分析，及时调整业务策略和风险防控措施。同时，积极与监管部门和行业协会等机构沟通合作，争取有利的监管政策和市场环境。

京东金融与监管部门的合作提供了样本与案例。京东金融积极与监管部门沟通合作，争取有利的监管政策和市场环境。例如，在与监管部门的合作中，京东金融分享了自身在大数据风控、智能投顾等方面的经验和成果，为监管部门制定相关政策和标准提供了有力支持。同时，监管部门也为京东金融提供了业务指导和政策支持，促进了公司的稳健发展。

(2) 风险抵抗性控制

风险抵抗性是指金融科技平台在面对外部冲击和风险事件时的应对能力。为了有效控制风险抵抗性风险，平台应建立完善的应急预案和应对机制，提高应对外部冲击和风险事件的能力和效率。同时，加强与其他金融机构和企业的合作与联动，共同应对外部冲击和风险事件。

对此，支付宝的应急预案可以提供参考。支付宝建立了完善的应急预案和应对机制，提高了应对外部冲击和风险事件的能力和效率。例如，在面对网络攻击等突发事件时，支付宝能够迅速启动应急预案，采取紧急措施保障用户资金安全。同时，支付宝还与其他金融机构和企业建立了合作与联动机制，共同应对外部冲击和风险事件。

(3) 标的分散性控制

标的分散性是指金融科技平台在投资或融资等业务中涉及的标的物种类和数量的分散程度。为了有效控制标的分散性风险，平台应加强对标的物的评估和筛选，确保标的物的质量和安全性。同时，采取分散投资策略和风险管理措施，降低单一标的物对业务稳健性的影响。

这里可借鉴同花顺的分散投资策略。同花顺通过采取分散投资策略和风险管理措施，有效控制了标的分散性风险。公司利用大数据和人工智能技术对市场进行分析和预测，根据市场变化及时调整投资组合和风险管理措施。例如，在股票市场波动较大时，同花顺会增加对债券、基金等其他金融产品的投资比重，降低对单一股票市场的依赖程度。

（4）投资信任控制

投资信任是指投资者对金融科技平台的信任程度。为了有效控制投资信任风险，平台应加强对投资者的教育和沟通工作，提高投资者的风险意识和合规意识。同时，通过提供透明、公正、可信赖的服务和产品，增强投资者对平台的信任感。

一个典型案例是支付宝的投资者教育。支付宝注重投资者的教育工作，通过提供丰富的投资知识和风险提示等服务，帮助投资者了解金融市场和产品的特点和风险。同时，支付宝还通过透明的信息披露和公正的服务流程等方式，增强了投资者对平台的信任感。这些措施有助于提高投资者的风险意识和合规意识，降低投资信任风险。

（5）投资理性控制

投资理性是指投资者在投资决策中表现出的理性和冷静程度。为了有效控制投资理性风险，金融科技平台应加强对投资者的引导和教育工作，帮助投资者树立正确的投资理念和风险意识。同时，通过提供个性化的投资建议和服务等方式，引导投资者做出理性的投资决策。

在此方面，同花顺的个性化投资建议具有参考价值。同花顺通过提供个性化的投资建议和服务等方式，有效控制了投资理性风险。公司利用大数据和人工智能技术对市场进行分析和预测，并根据用户的投资偏好和风险承受能力等因素提供个性化的投资建议。这些建议有助于引导投资者做出理性的投资决策并降低投资风险。

（6）垄断性风险控制

垄断性风险是指金融科技平台在市场中形成垄断地位后可能带来的风险。为了有效控制垄断性风险，监管部门应加强对金融科技平台的监管力度和反垄断审查工作。同时，鼓励市场竞争和创新发展，降低单一平台对市场的控制力。

支付宝在发展过程中曾面临过反垄断审查的挑战。为了应对这一挑战并降低垄断性风险，支付宝积极与监管部门沟通合作并加强自身合规建设。例如，在反垄断审查过程中，支付宝主动配合监管部门的工作并提供相关资料和数据支持监管部门的审查工作。同时，支付宝通过加强内部管理和提升服务质量等方式降低自身在市场中的控制力并促进市场竞争和创新发展。

(7) 创新性风险控制

创新性风险是指金融科技平台在创新发展过程中可能带来的风险。为了有效控制创新性风险，平台应加强对创新业务的评估和管理工作，确保创新业务的合规性和稳健性。同时，建立健全的创新风险管理机制和政策体系为创新业务的发展提供有力支持。

京东金融在创新发展过程中注重创新性风险的控制和管理。公司建立了健全的创新风险管理机制和政策体系，对创新业务进行严格的评估和管理。例如，在推出新的金融产品和服务前，京东金融会进行全面的市场调研和风险评估工作，确保新业务的合规性和稳健性。同时，京东金融通过加强内部管理和提升服务质量等方式降低创新性风险并促进创新业务的健康发展。

4.4 本章小结

本章从数智治理视域出发，探讨了我国金融科技平台监管体系的建构。首先提出了数智化金融科技平台监管理论范式，包括包容审慎、安全发展、公平竞争、多元共治等监管目标和原则，明确了监管主客体、监管工具和机制、监管模式及前沿趋势。其次详细介绍了数智化金融科技平台监管运行模式，涵盖数字技术应用监管、金融业务展业监管、运行主体责任监管及其多维互动关系。最后构建了金融科技平台数智化监管的风险控制体系，从权责监管、业务监管、数据监管、技术监管、内控监管等维度出发，提出了智能化风险控制的策略与案例，并基于技术视角和制度视角进行了深入分析。本章为构建科学、有效的金融科技平台监管体系提供了理论支撑和实践指导。

5 数智治理视域下我国金融科技平台监管博弈分析

数智治理为多元协同治理金融科技平台算法合谋等技治主义困境提供了新选择。本章基于数智治理和传统治理两种情境，构建政府、金融科技平台和平台用户三方参与的算法协同治理演化博弈模型，求解系统稳定演化策略，并通过仿真分析进行验证。

5.1 数智治理视域下的算法合谋监管难题及规制

5.1.1 问题的引入

算法合谋正成为数智治理视域下金融科技监管技治主义困境的代表问题。党的二十届三中全会指出，要“积极发展科技金融、绿色金融、普惠金融、养老金融、数字金融”，并“完善金融监管体系，依法将所有金融活动纳入监管，强化监管责任和问责制度”，进而“健全金融消费者保护和打击非法金融活动机制”。金融科技的本质是数字资本和金融资本相融合而催生的一种新型双维度垄断（刘皓琰等，2023），在这种垄断情境下，金融科技平台这一“数字-金融”复合体正借助大数据、算法管理、云计算、人工智能、区块链等数字化技术谋求新一轮算法合谋，实质上构成了更广义上的金融资本和数字资本的新型算法合谋（李韵和李皎，2023），这对现有的金融科技监管带来更复杂的挑战。

一方面，算法合谋极大强化了金融科技平台在金融科技监管中的风险“助推器”、“搅拌器”和“放大器”效应。除却放大信用漏洞、资金链安全、流动性挤兑等传统金融风险，算法合谋本身面临网络漏洞、操作不当、数据缺失等技术风险（石先梅，2024），充当传统金融监管的风险“助推器”。在算法合谋背后的水平和垂直双维垄断下，传统监管的监管空隙、监管重叠、监管俘获与“数字-金融”合谋衍生出的技术俘获、算法黑箱、信任失败，相互交织、相互混合（沈伟，2024），诱发诸如股票市场因算法趋同相互踩踏导致的闪崩和熔断，进而放大为新的系统性金融风险（杨松和周楠，2024）。

另一方面，算法合谋进一步固化了金融消费者在金融科技监管中的弱势地位（韦洁和武长海，2024）。当前，金融科技平台已经进入了数字化、智能化、聚合化发展阶段，服务范围涵盖互联网借贷、移动支付、智能投顾、互联网金融信息服务等，而且与金融消费者的日常消费紧密结合，形成日常消费和金融消费的联合垄断，身处在这种垂直垄断的算法合谋（孙晋和马姗姗，2024）下，金融消费者相对金融科技平台的地位更加弱势，不仅承担了横向金融垄断带来的消费溢价，还承担了纵向数字垄断的额外成本，具体包括金融消费者向金融科技平台算法让权、被算法歧视和算法合围等（程雪军，2023；闫泽华，2023）。

综合来看，算法合谋正在改变政府、金融科技平台、消费者等的监管博弈均衡和协同治理情境，倒逼金融科技监管的“数智治理”新质变革（白昌易等，2024；吴小坤和邓可晴，2024；张宸瑜，2024）。目前，关于金融科技平台监管的博弈研究多集中于对网络借贷平台的监管博弈分析（彭可等，2020；何涌和修宇雯，2020；葛和平和毛毅翀，2019），这为金融科技平台监管如何全面超越网络借贷平台监管局限提供了经验基础，但如何在规制算法合谋情境下寻求新的博弈均衡，进而消解系统性风险，尚需进一步研究。本书基于数智治理视角，构建政府、金融科技平台、平台用户多元演化博弈模型，论证该治理范式对破解算法合谋、寻求新的金融监管均衡的积极意义和现实路径。

5.1.2 数智治理情境下的算法合谋规制

数智治理的概念源于数字治理这一治理理论和数字技术相结合而催生的理念（韩兆柱和马文娟，2016），具体涵盖数字治理、数据治理、智能治理等多种内涵（颜佳华和王张华，2019；韩兆柱和申帅杰，2024）。数智化监管金融科技平台的必要性主要体现在两个方面：一方面，金融科技平台蕴含的“网络化、数字化、技术化”特征均对非传统金融参与主体、业务模式、客户群体、风险构成以及监管治理带来重大挑战，金融聚合平台的迅速发展推进类金融业务监管的数智化变革（石光乾，2023）；另一方面，对金融治理而言，智能化数字监管理念的引入有利于构建一个以数字化为底层技术的智能金融治理体系，使数据的收集、分析更为敏捷、精准，政策法规制定更加及时、有效，风险管控更加统筹、协调，最终有利于推进金融治理体系和治理能力现代化（党燕妮和贾阳，2022）。

数智治理对算法合谋的规制意义主要集中在以下几点：

一是在监管工具维度，将智能化算法工具从金融科技创新延伸至金融科技监管，通过建立金融监管数据技术平台等，为传统“人治”补齐了“技治”短板，这限制了金融科技平台的双维垄断优势地位，为规制算法合谋提供工具基础。

二是在监管主体维度，强调共享共治、多元协同，构建了“政府+社会”的公私监管格局，探索了政府、平台、用户多元协同的监管治理模式，这限制了金融科技平台的强势治理地位，为规制算法合谋提供主体框架。

三是在监管理念维度，将“算法向善”等价值理性融入金融科技平台的算法管理过程，以规避“技术中立”等工具理性基础上建立的金融科技平台的数据垄断和博弈优势，进而为规制算法合谋提供价值基础和策略空间。

在金融横向垄断和数据纵向垄断双维垄断优势下，金融科技平台参与的算法合谋超越了传统的合谋维度，变得更加隐蔽和广阔。一方面，金融科技平台击穿了诸多金融业务壁垒，呈现聚合化发展趋势，算法合谋扩展为集数字支付、金融借贷、金融信息服务、金融投资顾问等水平垄断基础上的价值链合谋；另一方面，金融科技平台深度与数字经济平台绑定（如淘宝和支付宝），平台用户在电商平台的消费数据流畅转换为金融科技平台的生产数据，算法合谋升级为统一“电商消费+金融消费”垂直垄断基础上的数字链合谋。在金融资本和数字资本的双维算法合谋下，算法合谋更接近默契合谋和虚拟合谋，监管难度进一步升级。

对此困境，数智治理通过算法向善有力限制了算法合谋的技术土壤。

首先，数智治理通过引导算法权力向善，引入政府等第三方算法权力监督平台，限制金融科技平台在提供金融服务时对消费者知情权和同意权的变相剥夺（如消费者不同意平台强势协议就无法登录平台等），进一步规制算法价格或者性别歧视，减缓水平垄断基础上的端点垄断，限制横向算法合谋的技术土壤。

其次，数智治理通过引导算法工具向善，通过建立分类分级算法公开制度，实现平台算法黑箱的定向透明和分层透明，降低金融科技平台的数据垄断度，减缓算法管理中的多维信息不对称，进而限制纵向算法合谋的技术土壤。

最后，数智治理通过引导算法目标向善，倡导对弱势数字群体的价值关怀，引导金融科技平台关注经济效益时兼顾社会效益，通过明确数据产权和界定数据劳动价值，限制消费者在进行其他消费的同时沦为金融数据的生产者，避免消费者陷入“日常消费+金融消费”的横纵双向算法合谋。

综合来看，数智治理提供了一个“数智工具赋能+多元主体协同+算法向善管理”的算法合谋规制框架，引导金融科技平台在算法管理中策略转向：从算法合谋转向算法向善。

5.2 参数设定与模型构建

5.2.1 基本假设

在金融科技领域，多元主体协同治理对规制金融科技平台算法合谋至关重要。多元主体协同治理的主体除了直接参与者政府和金融科技平台外，平台用户也在多元协同治理中扮演至关重要的角色。本书将这三个主体纳入演化博弈模型进行分析，假定政府、金融科技平台和平台用户都是有限理性群体，在初始阶段三者的策略并不是最优的，经过不断的学习会根据其他主体的决策进行调整，最终达到一个均衡点。政府作为其中一方，有两种策略选择：一是利用数据分析、人工智能等技术手段来监管和管理金融科技平台的运行，以提高监管效率和治理能力；二是运用传统的监管方式和规章制度来管理金融科技平台。因此，政府的策略选择空间为｛数智治理，传统治理｝。金融科技平台参与多元主体协同治理的策略选择有以下两种：一是金融科技平台通过算法优化，关注用户权益和社会责任，提供安全、可靠的金融服务；二是金融科技平台忽视了长期效益，由于算法向善花费大量的成本，金融科技平台倾向于通过算法来谋取自身利益，可能会忽视用户权益和社会影响。因此，金融科技平台的策略选择空间为｛算法向善，算法合谋｝。平台用户也是一个重要的博弈主体，他们可以选择积极参与或消极参与治理：积极参与意味着平台用户关注金融科技平台的规范运行，积极参与监督和反馈问题，以推动平台的良性发展；而消极参与则是平台用户对平台治理问题漠不关心，但当其主体权益受损后会将责任归咎于政府和金融科技平台，这会导致政府和企业的声誉损失。因此，平台用户的策略选择空间为｛积极参与，消极参与｝。

假设1：政府的策略选择空间为｛数智治理，传统治理｝，政府对金融科技平台进行数智治理的概率为 $x(0 \leqslant x \leqslant 1)$，选择传统治理的概率为 $1-x$；金融科技平台的策略选择空间为｛算法向善，算法合谋｝，金融科技平台选择算法向善的概率为$y(0 \leqslant y \leqslant 1)$，选择算法合谋的概率为$1-y$；平台用户的策略选择空间为｛积极参与，消极参与｝，平台用户选择积极参与的概率为$z(0 \leqslant z \leqslant 1)$，选择消极参与的概率为$1-z$。

假设2：C_1、C_2分别表示政府对金融科技平台进行数智治理和传统治理时的治理成本。由于数智治理初期的技术投入和人力资源成本更高，因此假设$C_1 > C_2$。政府的原始收益为R_1，政府进行数智治理能够提升效率和准确性，能够提升社会信任，为政府带来的外部性收益和正面形象效应收益为E_1。政府选择数智治理能够提升治理的效率和准确性，对金融科技平台和平台用户的策略选择进行快速响应和决策。金融科技平台选择算法向善，承担了一定的社会责任，会获得政府的奖励S_1；平台用户选择积极参与，会提高金融科技平台的合规性，能够获得政府的奖励S_2。相反，金融科技平台选择算法合谋，损害平台用户权益，会受到政府的惩罚F；政府直接对消极参与的用户进行惩罚的情况较少见，但政府可能会通过加强对金融科技平台的监管来间接促使平台采取措施引导用户积极参与，这也是政府进行数智治理需要承担的额外成本。

假设3：C_3、C_4分别表示金融科技平台选择算法向善和算法合谋时的成本。由于金融科技平台选择算法向善需要更高的技术研发投入和付出更高的运营成本，因此假设$C_3 > C_4$。金融科技平台的原始收益为R_2，金融科技平台选择算法向善，积极承担社会责任，能够提升品牌形象，获得的溢价收益和积极平台形象效应收益为E_2。如企业选择算法合谋，会扰乱市场秩序，损害平台用户权益，分别导致政府和平台用户收益损失L_3、L_4。

假设4：C_5、C_6分别表示平台用户选择积极参与和消极参与的成本。由于平台用户选择积极参与需要付出更多的时间成本和机会成本，因此假设$C_5 > C_6$。平台用户的原始收益为R_3，平台用户选择积极参与，能够提高金融科技平台的合规性，获得额外收益为E_3。当用户选择消极参与、面临合规风险导致权益受损时，会将责任归咎于金融科技平台未能提供足够清晰和明确的指导，政府没有提供足够的监管，造成政府的公信力下降损失为L_1，金融科技平台的声誉损失为L_2。

参数符号及其具体含义见表5-1。

表5-1 模型符号及其含义

符号	含义
R_1	政府选择传统治理的原始收益
R_2	金融科技平台选择算法合谋的原始收益
R_3	平台用户选择积极参与的原始收益
E_1	政府选择数智治理获得的外部性收益和正面形象效应收益
E_2	金融科技平台选择算法向善获得的溢价收益和积极平台形象效应收益
E_3	平台用户选择积极参与获得的合规性额外收益
C_1	政府选择数智治理的治理成本
C_2	政府选择传统治理的治理成本
C_3	金融科技平台选择算法向善的成本
C_4	金融科技平台选择算法合谋的成本
C_5	平台用户选择积极参与的成本
C_6	平台用户选择消极参与的成本
S_1	政府选择数智治理时金融科技平台选择算法向善的奖励
S_2	政府选择数智治理时平台用户选择积极参与的奖励
F	政府选择数智治理时金融科技平台选择算法合谋的惩罚
L_1	平台用户选择消极参与时造成的政府公信力下降损失
L_2	平台用户选择消极参与时造成的金融科技平台声誉损失
L_3	金融科技平台选择算法合谋导致的政府收益损失
L_4	金融科技平台选择算法合谋导致的平台用户收益损失

5.2.2 模型构建

金融科技平台的多元主体协同治理效果是政府、金融科技平台和平台用户三者动态演化博弈的结果。在对模型中参数进行假设的前提下，本书将政府数智治理和传统治理、金融科技平台算法向善和算法合谋、平台用户积极参与和消极参与的策略选择进行组合，得到博弈收益矩阵(见表5-2)。

表5-2 **博弈收益矩阵**

政府	金融科技平台	平台用户 积极参与z	平台用户 消极参与$1-z$
数智治理 x	算法向善 y	$R_1+E_1-C_1-S_1-S_2$ $R_2+E_2+S_1-C_3$ $R_3+E_3+S_2-C_5$	$R_1+E_1-C_1-S_1-L_1$ $R_2+E_2+S_1-C_3-L_2$ R_3-C_6
	算法合谋 $1-y$	$R_1+E_1+F-C_1-S_2-L_3$ R_2-C_4-F $R_3+E_3+S_2-C_5-L_4$	$R_1+E_1+F-C_1-L_1-L_3$ $R_2-C_4-F-L_2$ $R_3-C_6-L_4$
传统治理 $1-x$	算法向善 y	R_1-C_2 $R_2+E_2-C_3$ $R_3+E_3-C_5$	$R_1-C_2-L_1$ $R_2+E_2-C_3-L_2$ R_3-C_6
	算法合谋 $1-y$	$R_1-C_2-L_3$ R_2-C_4 $R_3+E_3-C_5-L_4$	$R_1-C_2-L_1-L_3$ $R_2-C_4-L_2$ $R_3-C_6-L_4$

设政府选择“数智治理”策略的期望收益为U_{11}、选择“传统治理”策略的期望收益为U_{12}，政府的平均期望收益为$\overline{U_1}$，由表5-2的博弈支付矩阵可以计算得出：

$$U_{11}=yz(R_1+E_1-C_1-S_1-S_2)+y(1-z)(R_1+E_1-C_1-S_1-L_1)+(1-y)z(R_1+E_1+F-C_1-S_2-L_3)+(1-y)(1-z)(R_1+E_1+F-C_1-L_1-L_3) \tag{5.1}$$

$$U_{12}=yz(R_1-C_2)+y(1-z)(R_1-C_2-L_1)+(1-y)z(R_1-C_2-L_3)+(1-y)(1-z)(R_1-C_2-L_1-L_3) \tag{5.2}$$

$$\overline{U_1}=xU_{11}+(1-x)U_{12} \tag{5.3}$$

政府的复制动态方程为：

$$f(x)=\frac{dx}{dt}=x(U_{11}-\overline{U_1})=x(x-1)(C_1-C_2-E_1-F+yF+yS_1+zS_2) \tag{5.4}$$

设金融科技平台选择“算法向善”策略的期望收益为U_{21}、选择

“算法合谋”策略的期望收益为U_{22}，金融科技平台的平均期望收益为$\overline{U_2}$，由表5-2的博弈支付矩阵可以计算得出：

$$U_{21}=xz(R_2+E_2+S_1-C_3)+x(1-z)(R_2+E_2+S_1-C_3-L_2)+(1-x)z(R_2+E_2-C_3)+(1-x)(1-z)(R_2+E_2-C_3-L_2) \tag{5.5}$$

$$U_{22}=xz(R_2-C_4-F)+x(1-z)(R_2-C_4-F-L_2)+(1-x)z(R_2-C_4)+(1-x)(1-z)(R_2-C_4-L_2) \tag{5.6}$$

$$\overline{U_2}=yU_{21}+(1-y)U_{22} \tag{5.7}$$

金融科技平台的复制动态方程为：

$$f(y)=\frac{dy}{dt}=y(U_{21}-\overline{U_2})=-y(y-1)(C_4-C_3+E_2+xF+xS_1) \tag{5.8}$$

设平台用户选择“积极参与”策略的期望收益为U_{31}、选择“消极参与”策略的期望收益为U_{32}，平台用户的平均期望收益为$\overline{U_3}$，由表5-2的博弈支付矩阵可以计算得出：

$$U_{31}=xy(R_3+E_3+S_2-C_5)+x(1-y)(R_3+E_3+S_2-C_5-L_4)+(1-x)y(R_3+E_3-C_5)+(1-x)(1-y)(R_3+E_3-C_5-L_4) \tag{5.9}$$

$$U_{32}=xy(R_3-C_6)+x(1-y)(R_3-C_6-L_4)+(1-x)y(R_3-C_6)+(1-x)(1-y)(R_3-C_6-L_4) \tag{5.10}$$

$$\overline{U_3}=zU_{31}+(1-z)U_{32} \tag{5.11}$$

平台用户的复制动态方程为：

$$f(z)=\frac{dz}{dt}=z(U_{31}-\overline{U_3})=-z(z-1)(C_6-C_5+E_3+xS_2) \tag{5.12}$$

根据政府、金融科技平台和平台用户的复制动态方程式（5.4）、式（5.8）和式（5.12），能够得到一个复制动态系统：

$$\begin{cases} f(x)=\dfrac{dx}{dt}=x(U_{11}-\overline{U_1})=x(x-1)(C_1-C_2-E_1-F+yF+yS_1+zS_2) \\ f(y)=\dfrac{dy}{dt}=y(U_{21}-\overline{U_2})=-y(y-1)(C_4-C_3+E_2+xF+xS_1) \\ f(z)=\dfrac{dz}{dt}=z(U_{31}-\overline{U_3})=-z(z-1)(C_6-C_5+E_3+xS_2) \end{cases} \tag{5.13}$$

由前文的假设可知，政府、金融科技平台和平台用户是有限理性群体，因此无法从博弈过程中找到最优策略。式（5.13）反映了政府、金融科技平台和平台用户策略选择的动态博弈演化机理，三者会随着t的变化不断改变其策略选择，直到实现演化稳定策略。

5.3 参与主体博弈稳定性分析

根据演化博弈性质，当$f(x)'<0$、$f(y)'<0$、$f(z)'<0$时，政府、金融科技平台和平台用户实现其稳定策略，下面对三方主体的演化稳定策略进行讨论。

5.3.1 政府策略渐近稳定性分析

政府选择数智治理策略的概率对稳定均衡策略的影响需要对政府的复制动态方程式（5.4）求一阶偏导，可得式（5.14）：

$$\frac{df(x)}{dx}=(2x-1)(C_1-C_2-E_1-F+yF+yS_1+zS_2) \tag{5.14}$$

设$G(y)=C_1-C_2-E_1-F+yF+yS_1+zS_2$，根据微分方程稳定性定理，当$f(x)=0$，且$\frac{df(x)}{dx}<0$时，政府的策略选择处于稳定状态。由于$\frac{\partial G(y)}{\partial y}=F+S_1>0$，因此当$y=\frac{C_2+E_1+F-C_1+zS_2}{F+S_1}=y^*$时，$G(y)=0$，此时$\frac{df(x)}{dx}\equiv 0$，不能确定政府的稳定策略选择；当$y>y^*$时，$G(y)>0$，此时$\frac{df(x)}{dx}|_{x=0}<0$，即当金融科技平台选择算法向善的概率高于$y^*$时，$x=0$即选择传统治理是政府的演化稳定策略；当$y<y^*$时，$G(y)<0$，此时$\frac{df(x)}{dx}|_{x=1}<0$，即当金融科技平台选择算法向善的概率低于$y^*$时，$x=1$即选择数智治理是政府的演化稳定策略。政府的策略选择规律如图5-1所示，图中的箭头是x向$x=1$或$x=0$的方向演化。由图5-1可以看出，政府的治理成本C_1和C_2、政府的外部性收益和正面形象效应收益E_1、政府对金融科技平台和平台用户的奖励S_1和S_2、政府对金融科技平台的罚款F等都会对政府的策略选择产生影响。

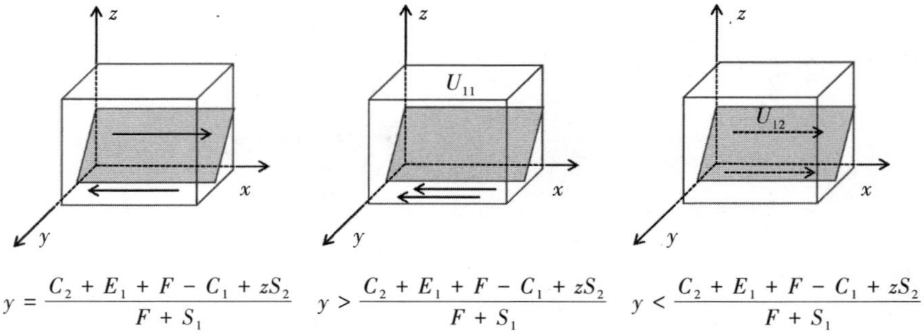

图 5-1　金融科技平台策略概率变化对政府演化稳定策略的影响

5.3.2　金融科技平台策略渐近稳定性分析

金融科技平台选择算法向善的概率对稳定均衡策略的影响需要对金融科技平台的复制动态方程式（5.8）求一阶偏导，可得式（5.15）：

$$\frac{df(y)}{dy} = (1 - 2y)(C_4 - C_3 + E_2 + xF + xS_1) \tag{5.15}$$

设 $G(x) = C_4 - C_3 + E_2 + xF + xS_1$，根据微分方程稳定性定理，当 $f(y) = 0$，且 $\frac{df(y)}{dy} < 0$ 时，金融科技平台的策略选择处于稳定状态。由于 $\frac{\partial G(x)}{\partial x} = F + S_1 > 0$，因此当 $x = \frac{C_3 - C_4 - E_2}{F + S_1} = x^*$ 时，$G(x) = 0$，此时 $\frac{df(y)}{dy} \equiv 0$，不能确定金融科技平台的稳定策略选择；当 $x > x^*$ 时，$G(x) > 0$，此时 $\frac{df(y)}{dy}|_{y=1} < 0$，即当政府选择数智治理的概率高于 x^* 时，$y = 1$ 即选择算法向善是金融科技平台的演化稳定策略；当 $x < x^*$ 时，$G(x) < 0$，此时 $\frac{df(y)}{dy}|_{y=0} < 0$，即当政府选择数智治理的概率低于 x^* 时，$y = 0$ 即选择算法合谋是金融科技平台的演化稳定策略。金融科技平台的策略选择规律如图 5-2 所示，图中的箭头是 y 向 $y = 1$ 或 $y = 0$ 的方向演化。由图 5-2 可以看出，金融科技平台成本 C_3 和 C_4、金融科技平台获得的溢价收益和积极平台形象效应收益 E_2、政府对金融科技平台的奖励 S_1、政府对金融科技平台的罚款 F 等都会对金融科技平台的

策略选择产生影响。

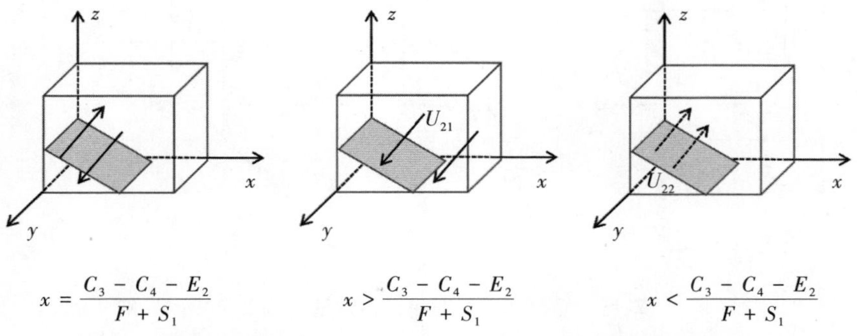

图 5-2 政府策略概率变化对金融科技平台演化稳定策略的影响

5.3.3 平台用户策略渐近稳定性分析

平台用户选择积极参与的概率对稳定均衡策略的影响需要对平台用户的复制动态方程式（5.12）求一阶偏导，可得式（5.16）：

$$\frac{df(z)}{dz} = (1 - 2z)(C_6 - C_5 + E_3 + xS_2) \tag{5.16}$$

设 $G(x) = C_6 - C_5 + E_3 + xS_2$，根据微分方程稳定性定理，当 $f(z) = 0$，且 $\frac{df(z)}{dz} < 0$ 时，平台用户的策略选择处于稳定状态。由于 $\frac{\partial G(x)}{\partial x} = S_2 > 0$，因此当 $x = \frac{C_5 - C_6 - E_3}{S_2} = x^*$ 时，$G(x) = 0$，此时 $\frac{df(z)}{dz} \equiv 0$，不能确定平台用户的稳定策略选择；当 $x > x^*$ 时，$G(x) > 0$，此时 $\frac{df(z)}{dz}|_{z=1} < 0$，即当政府选择数智治理的概率高于 x^* 时，$z = 1$ 即选择积极参与是平台用户的演化稳定策略；当 $x < x^*$ 时，$G(x) < 0$，此时 $\frac{df(z)}{dz}|_{z=0} < 0$，即当政府选择数智治理的概率低于 x^* 时，$z = 0$ 即选择消极参与是平台用户的演化稳定策略。平台用户的策略选择规律如图 5-3 所示，图中的箭头是 z 向 $z = 1$ 或 $z = 0$ 的方向演化。由图 5-3 可以看出，平台用户成本 C_5 和 C_6、平台用户合规性额外收益 E_3、政府对平台用户的奖励 S_2 会对平台用户的策略选择产生影响。

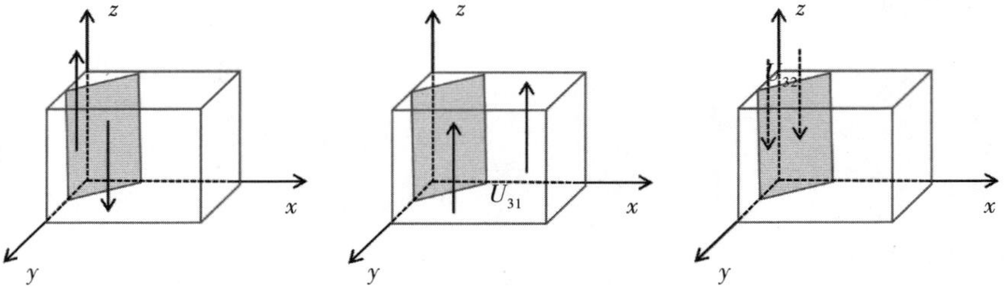

$x = \frac{C_5 - C_6 - E_3}{S_2}$ $x > \frac{C_5 - C_6 - E_3}{S_2}$ $x < \frac{C_5 - C_6 - E_3}{S_2}$

图 5-3 政府策略概率变化对平台用户演化稳定策略的影响

5.4 三方共同作用下演化策略稳定性分析

前文对政府、金融科技平台以及平台用户的稳定演化策略进行了分析，下面对三方共同作用下的演化稳定策略进行分析。根据Friedman提出的理论，由Jacobian的局部稳定性可以得到三方共同作用下的演化稳定策略（ESS），因此对复制动态系统式（5.13）中$f(x)$、$f(y)$、$f(z)$分别求导，得到式（5.17）：

$$\begin{cases} f'(x) = \dfrac{d^2x}{d^2t} = (2x-1)(C_1 - C_2 - E_1 - F + yF + yS_1 + zS_2) \\ f'(y) = \dfrac{d^2y}{d^2t} = (1-2y)(C_4 - C_3 + E_2 + xF + xS_1) \\ f'(z) = \dfrac{d^2z}{d^2t} = (1-2z)(C_6 - C_5 + E_3 + xS_2) \end{cases} \tag{5.17}$$

依据Lyapunov稳定性理论，在非对称博弈中，演化博弈均衡为纯策略均衡。因此，对以下8个均衡点的稳定性进行分析：$E_1(0, 0, 0)$，$E_2(0, 1, 0)$，$E_3(0, 0, 1)$，$E_4(0, 1, 1)$，$E_5(1, 0, 0)$，$E_6(1, 1, 0)$，$E_7(1, 0, 1)$，$E_8(1, 1, 1)$。要分析8个均衡点的稳定性，需要先构建系统的雅可比矩阵，通过求解特征值判断均衡点的稳定性。由式（5.17）得到Jacobian矩阵式（5.18）。

$$J = \begin{bmatrix} \partial f(x)/\partial x & \partial f(x)/\partial y & \partial f(x)/\partial z \\ \partial f(y)/\partial x & \partial f(y)/\partial y & \partial f(y)/\partial z \\ \partial f(z)/\partial x & \partial f(z)/\partial y & \partial f(z)/\partial z \end{bmatrix} = \begin{bmatrix} f_{11} & f_{12} & f_{13} \\ f_{12} & f_{22} & f_{23} \\ f_{31} & f_{23} & f_{33} \end{bmatrix} \tag{5.18}$$

其中，

$$f_{11} = (2x - 1)(C_1 - C_2 - E_1 - F + yF + yS_1 + zS_2)$$

$$f_{12} = x(x - 1)(F + S_1)$$

$$f_{13} = x(x - 1)S_2$$

$$f_{21} = -y(y - 1)(F + S_1)$$

$$f_{22} = (1 - 2y)(C_4 - C_3 + E_2 + xF + xS_1)$$

$$f_{23} = 0$$

$$f_{31} = -z(z - 1)S_2$$

$$f_{32} = 0$$

$$f_{33} = (1 - 2z)(C_6 - C_5 + E_3 + xS_2)$$

Lyapunov判断第一法：根据雅可比矩阵特征值的实部判断稳定性，当所有特征值具有负实部时，均衡点是稳定ESS。由此得到所有均衡点的雅可比矩阵特征值，如表5-3所示。为了探究均衡点的稳定性，结合现实中的实际情况，设政府进行数智治理的成本大于传统治理的成本，即 $C_1 > C_2$；金融科技平台实施算法向善的成本大于算法合谋的成本，即 $C_3 > C_4$；平台用户积极参与的成本大于消极参与的成本，即 $C_5 > C_6$。

表5-3　　　　**均衡点的特征值和稳定性分析**

均衡点	特征值	稳定性
$E_1(0,0,0)$	$\lambda_1 = C_4 - C_3 + E_2$	当 $E_2 < C_3 - C_4$、$E_3 < C_5 - C_6$ 且 $E_1 + F < C_1 - C_2$ 时为稳定点，否则为不稳定点或鞍点
	$\lambda_2 = C_6 - C_5 + E_3$	
	$\lambda_3 = C_2 - C_1 + E + F$	
$E_2(0,1,0)$	$\lambda_1 = C_3 - C_4 - E_2$	当 $C_3 - C_4 < E_2$、$E_3 < C_5 - C_6$ 且 $E_1 - S_1 < C_1 - C_2$ 时为稳定点，否则为不稳定点或鞍点
	$\lambda_2 = C_6 - C_5 + E_3$	
	$\lambda_3 = C_2 - C_1 + E_1 - S_1$	
$E_3(0,0,1)$	$\lambda_1 = C_5 - C_6 - E_3$	当 $C_5 - C_6 < E_3$、$E_2 < C_3 - C_4$ 且 $E_1 + F - S_2 < C_1 - C_2$ 时为稳定点，否则为不稳定点或鞍点
	$\lambda_2 = C_4 - C_3 + E_2$	
	$\lambda_3 = C_2 - C_1 + E_1 + F - S_2$	

续表

均衡点	特征值	稳定性
$E_4(0, 1, 1)$	$\lambda_1 = C_3 - C_4 - E_2$ $\lambda_2 = C_5 - C_6 - E_3$ $\lambda_3 = C_2 - C_1 + E_1 - S_1 - S_2$	当 $C_3 - C_4 < E_2$、$C_5 - C_6 < E_3$ 且 $E_1 - S_1 - S_2 < C_1 - C_2$时为稳定点，否则为不稳定点或鞍点
$E_5(1, 0, 0)$	$\lambda_1 = C_1 - C_2 - E_1 - F$ $\lambda_2 = C_6 - C_5 + E_3 + S_2$ $\lambda_3 = C_4 - C_3 + E_2 + F + S_1$	当 $C_1 - C_2 < E_1 + F$、$E_3 + S_2 < C_5 - C_6$ 且$E_2 + F + S_1 < C_3 - C_4$时为稳定点，否则为不稳定点或鞍点
$E_6(1, 1, 0)$	$\lambda_1 = C_6 - C_5 + E_3 + S_2$ $\lambda_2 = C_1 - C_2 - E_1 + S_1$ $\lambda_3 = C_3 - C_4 - E_2 - F - S_1$	当 $E_3 + S_2 < C_5 - C_6$、$C_1 - C_2 < E_1 - S_1$ 且$C_3 - C_4 < E_2 + F + S_1$时为稳定点，否则为不稳定点或鞍点
$E_7(1, 0, 1)$	$\lambda_1 = C_5 - C_6 - E_3 - S_2$ $\lambda_2 = C_1 - C_2 - E_1 - F + S_2$ $\lambda_3 = C_4 - C_3 + E_2 + F + S_1$	当$C_5 - C_6 < E_3 + S_2$、$C_1 - C_2 < E_1 + F - S_2$且$E_2 + F + S_1 < C_3 - C_4$时为稳定点，否则为不稳定点或鞍点
$E_8(1, 1, 1)$	$\lambda_1 = C_5 - C_6 - E_3 - S_2$ $\lambda_2 = C_1 - C_2 - E_1 + S_1 + S_2$ $\lambda_3 = C_3 - C_4 - E_2 - F - S_1$	当 $C_5 - C_6 < E_3 + S_2$、$C_1 - C_2 < E_1 - S_1 - S_2$且$C_3 - C_4 < E_2 + F + S_1$时为稳定点，否则为不稳定点或鞍点

在分析稳定点的过程中，本书更为关注政府、金融科技平台和平台用户如何进行协同治理从而使金融科技平台的算法税得以降低甚至消除。因此，在分析过程中，金融科技平台的行为策略演化稳定于“算法合谋”以及平台用户的行为策略演化稳定于“消极参与”不是协同治理的理想演化稳定策略，政府的“传统治理”在治理初期的治理成本较低，而“数智治理”从长期来看能够有效减少消费税的发生，因此本书重点关注（传统治理，算法向善，积极参与）和（数智治理，算法向善，消极参与）两种演化稳定状态，并将两种演化稳定状态进行比较。

情形1：要使$E_4(0, 1, 1)$为稳定点，需要同时满足$C_3 - C_4 < E_2$、$C_5 - C_6 < E_3$且$E_1 < (C_1 + S_1 + S_2) - C_2$。此时，政府获得的超额收益小于两种治理策略成本的差额，即政府选择“数智治理”获得的外部性收益和正面形象效应收益小于成本的差额，因此政府为了减少治理成本的支出，倾向于采取“传统治理”策略；金融科技平台获得的超额收益大于两种策略成本的差额，即金融科技平台选择“算法向善”获得的溢价收益和积极平台形象效应收益大于成本的差额，因此金融科技平台为了实现收益最大化，具有较大的动力实施“算法向善”策略；平台用户获得的总收益大于成本的差额，即平台用户选择“积极参与”获得的合规性额外收益大于成本的差额，为了实现收益最大化，平台用户更偏好于“积极参与”，配合政府进行算法税问题的治理。

情形2：要使$E_8(1, 1, 1)$为稳定点，需要同时满足$C_5 - C_6 < E_3 + S_2$、$(C_1 + S_1 + S_2) - C_2 < E_1$且$C_3 - (C_4 + F) < E_2 + S_1$。此时，对于政府而言，与情形1中的策略组合$E_4(0, 1, 1)$相反，由于政府获得的超额收益增加大于两种治理策略成本的差额，即政府选择“数智治理”获得的外部性收益和正面形象效应收益远远大于成本的差额，因此政府为了实现收益最大化，倾向于采取“数智治理”策略；对于金融科技平台而言，政府采取“数智治理”进行奖惩后，其实施“算法向善”能够获得政府补贴奖励，超额收益和补贴之和大于两种策略成本的差额，此时金融科技平台为了实现收益最大化，具有较大的动力实施“算法向善”策略；对于平台用户而言，政府采取“数智治理”进行奖惩后，其实施“积极参与”能够获得政府补贴奖励，由此获得的总收益之和大于成本的差额，为了实现收益最大化，平台用户更偏好于“积极参与”，配合政府进行算法税问题的治理。

5.5 模型仿真分析

本章的目的是通过分析多元主体协同治理的演化博弈过程，探讨如何形成政府、金融科技平台和平台用户三方良性互动，即采用数值仿真的方法分析三方初始策略概率取值对系统均衡策略$E_8(1, 1, 1)$的影响。为了使系统最终有可能演化到（数智治理，算法向善，积极参与）的稳定状态，需要满足以下条件：$C_5 - C_6 < E_3 + S_2$、$(C_1 + S_1 + S_2) - C_2 < E_1$且$C_3 - (C_4 + F) < E_2 + S_1$。在满足以上条件的前提下，设定模型中各参数初始值为：$R_1 = 50$，$R_2 = 100$，$R_3 = 30$，$E_1 = 15$，$E_2 = 18$，$E_3 = 12$，$C_1 = 20$，$C_2 = 15$，$C_3 = 30$，$C_4 = 15$，$C_5 = 15$，$C_6 = 10$，$L_1 = 13$，$L_2 = 14$，$L_3 = 13$，$L_4 = 10$，$S_1 = 3$，$S_2 = 3$，$F = 10$，各主体的初始意愿为$x = y = z = 0.5$。使用Matlab软件对三方博弈的具体演化路径进行数值模拟仿真，系统演化到均衡点$E_8(1, 1, 1)$，即政府选择数智治理，金融科技平台选择算法向善，平台用户选择积极参与，系统演化结果如图5-4所示。

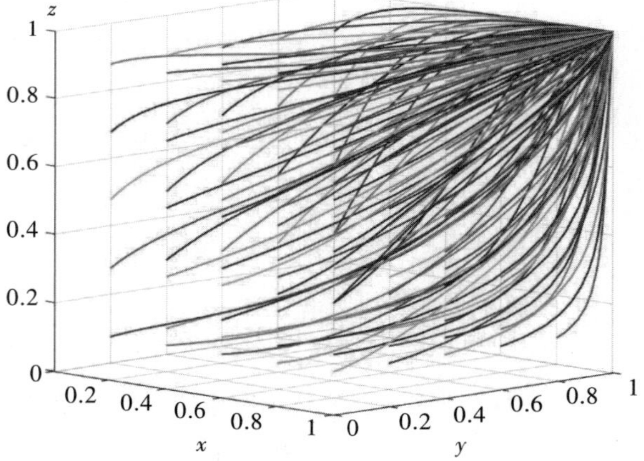

图5-4 均衡点$E_8(1, 1, 1)$演化仿真结果

5.5.1 不同初始意愿对参与主体演化路径的影响

在满足条件$C_5 - C_6 < E_3 + S_2$、$(C_1 + S_1 + S_2) - C_2 < E_1$且$C_3 - (C_4 + F) < E_2 + S_1$的前提下，设定模型中各参数初始值为：$R_1 = 50$，$R_2 = 100$，$R_3 = 30$，$E_1 = 15$，$E_2 = 18$，$E_3 = 12$，$C_1 = 20$，$C_2 = 15$，$C_3 = 30$，$C_4 = 15$，$C_5 = 15$，$C_6 = 10$，$L_1 = 13$，$L_2 = 14$，$L_3 = 13$，$L_4 = 10$，$S_1 = 3$，$S_2 = 3$，$F = 10$。在以上条件下，对政府、金融科技平台和平台用户

在不同初始意愿下的策略选择的动态演化过程进行仿真，初始意愿为(0.3，0.3，0.2)、(0.4，0.5，0.6)、(0.7，0.7，0.8)，仿真结果如图5-5所示。由图5-5可知，在满足以上条件的参数设置下，其最终演化策略均为（数智治理，算法向善，积极参与），这一仿真结果说明，系统的最终演化稳定策略与主体的初始意愿无关，但是主体的初始意愿会影响系统达到演化稳定策略的时间，较低初始意愿下系统达到演化稳定策略的时间较长，随着初始意愿的增加，系统达到演化稳定策略的时间随之缩短，即更快实现系统的演化稳定状态。

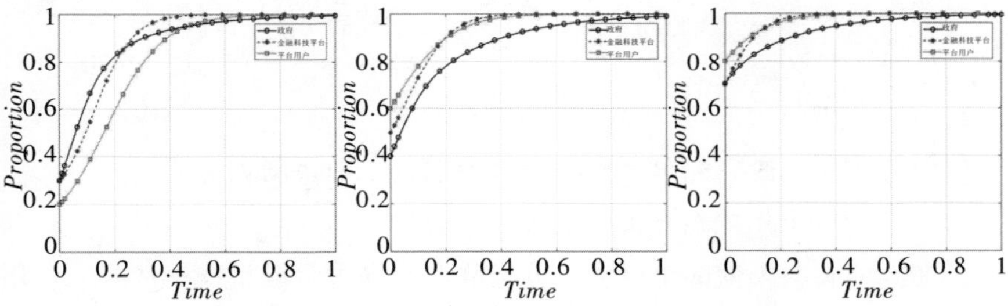

图5-5　不同初始意愿对系统演化路径的影响

5.5.2　主要参数值对参与主体的行为演化的影响

（1）成本变化对参与主体演化行为的影响

在其他参数不变的前提下，分别改变政府的治理成本、金融科技平台的算法向善成本和平台用户的积极参与成本，设置如下参数：政府的数智治理成本分别为 C_1 = 18，20，22，金融科技平台的算法向善成本分别为 C_3 = 28，30，32，平台用户的积极参与成本分别为 C_5 = 13，15，17，各主体的演化路径如图5-6所示。由图5-6可知，随着政府数智治理成本的增加，政府选择数智治理策略的演化速度放缓，金融科技平台选择算法向善的速度也有所放缓，平台用户的演化路径并未改变，演化稳定策略趋向于（数智治理，算法向善，积极参与）；随着金融科技平台算法向善成本的增加，政府和金融科技平台趋于数智治理和算法向善的速度有所放缓，平台用户的演化路径仍未改变，演化稳定策略还是趋向于（数智治理，算法向善，积极参与）；

随着平台用户积极参与成本的增加，平台用户趋于积极参与策略的速度放缓，政府和金融科技平台的演化路径未改变，最终三方的演化稳定策略仍旧趋向于（数智治理，算法向善，积极参与）。以上结果说明，在三方收益不变的前提下，随着成本的增加，主体演化到稳定策略的速度均放缓。

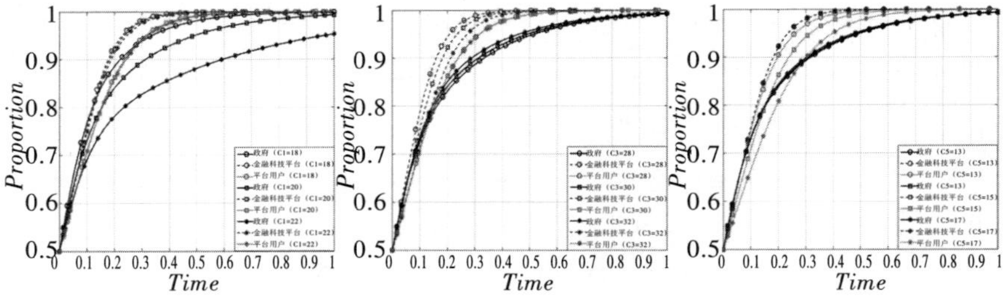

图 5-6　成本变化对主体演化稳定策略的影响

（2）奖惩变化对参与主体演化行为的影响

在其他参数不变的前提下，分别改变政府对金融科技平台和平台用户的奖励，设置如下参数：政府对金融科技平台选择算法向善的奖励分别为 S_1 = 1，3，5，政府对平台用户选择积极参与的奖励分别为 S_2 = 1，3，5，各主体的演化路径如图 5-7 所示。由图 5-7 可知，随着政府对金融科技平台和平台用户奖励的增加，金融科技平台选择算法向善策略的速度加快，平台用户选择积极参与策略的速度加快，政府奖励属于政府治理成本的重要部分，随着治理成本的增加，政府选择数智治理策略的速度放缓，但最终三者的演化稳定策略仍趋向于（数智治理，算法

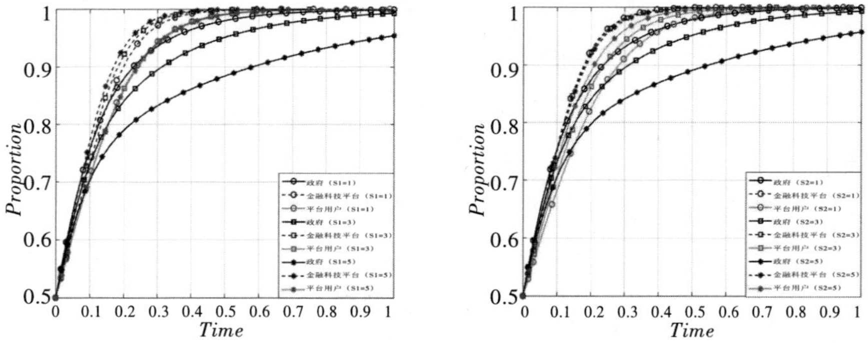

图 5-7　奖励变化对主体演化稳定策略的影响

向善，积极参与）。以上结果说明，在三方收益不变的前提下，政府奖励能够有效促进金融科技平台和平台用户实现演化稳定策略，但由于成本的增加，政府趋于演化稳定策略的速度会放缓。

在其他参数不变的前提下，改变政府对金融科技平台的惩罚，设置如下参数：政府对金融科技平台的惩罚分别为 F = 8，10，12，各主体的演化路径如图5-8所示。由图5-8可知，随着政府对金融科技平台惩罚的增加，金融科技平台选择算法向善策略的速度加快，对政府和平台用户演化路径的影响很小，最终三者的演化稳定策略仍趋向于（数智治理，算法向善，积极参与）。以上结果说明，在三方收益不变的前提下，政府罚款能够有效促进金融科技平台实现演化稳定策略。

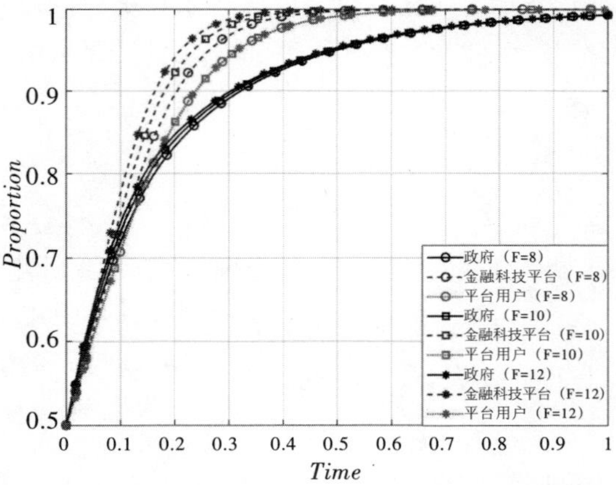

图5-8　惩罚变化对主体演化稳定策略的影响

5.6　本章小结

本章以规制金融科技平台算法合谋为出发点，构建了政府、金融科技平台和平台用户三方参与的算法协同治理演化博弈模型，分析了模型的均衡点，得出了系统演化稳定策略，讨论了不同因素变化对系统稳定演化策略的影响，并通过数值仿真模拟系统演化状态变化。结果显示：①政府的数智治理成本、金融科技平台的算法向善成本、平台用户的积极参与成本、政府的奖惩力度是影响系统演化稳定策略和演化路径的重要因素；②政府加大对金融科技平台和平台用户的补贴力度能够有效提升金融科技平台实施算法向善、平台用户积极参与算法协同治理的速度，但是过高的补贴力度会增加政府数智治理的成本，导致财政压力增加，使政府趋于数智治理演化稳定策略的速度有所放缓；③政府在一定程度上提升对金融科技平台和平台用户的惩罚力度，会提升金融科技平台实施算法向善、平台用户积极参与算法协同治理的积极性，因此为了加强算法协同治理的力度，督促金融科技平台和平台用户承担相应的社会责任，政府加大对金融科技平台和平台用户的惩罚力度，能够有效加快金融科技平台和平台用户向着系统稳定策略演化的速度。

为了有效提升算法协同治理的积极性，在算法协同治理过程中，应该充分发挥政府、平台用户的外部治理和金融科技平台的内部治理的协同效应。

第一，政府要积极参与算法协同治理，努力降低数智治理成本。一方面，建立数智治理体系，加强治理力度。政府各部门之间建立协作机制，共同参与数智治理，提高治理效率和协同性；另一方面，推进精准治理，降低治理成本。支持科技创新，投入资金和资源支持开发智能治理工具，及时发现问题，精准施策，降低治理成本，提升治理效果。

第二，政府要加大奖惩力度，促进金融科技平台的策略调整。其一，加强相关法律法规的建立与完善，为金融科技平台的合规运营提供指导和依据。其二，规范金融科技平台的信息披露标准，增加透明度和监管可控性，提升平台用户的信任度。其三，设立奖惩机制，对承担社会责任的金融科技平台给予奖励，对违反法规的金融科技平台实施惩罚，激励其积极实施算法向善策略。

第三，建立和完善平台用户的参与和奖励机制，引导平台用户积极参与协同治理。加强对平台用户的信息披露，建立平台用户反馈渠道，及时调整和优化奖励制度，促进平台用户参与和互动，增强平台用户参与算法协同治理的积极性。

第四，构建政府、金融科技平台和平台用户的算法协同治理模式。鼓励多方参与，搭建政府、金融科技平台和平台用户之间的协同治理平台，促进共识达成，实现信息共享和资源整合，形成共担责任的治理模式，提高治理效率，推动协同治理的发展。

6 数智治理视域下我国金融科技平台风险识别与评价

6.1 问题的导入

6.1.1 数智治理视域下金融科技平台的风险变局

近年来，随着科技与金融的深度融合，金融科技平台在全球范围内迅速崛起，成为现代金融体系中不可或缺的一部分。金融科技通过大数据、人工智能、云计算和区块链等前沿技术手段，极大地提升了金融服务的创新能力与效率。然而，金融科技平台的快速发展也带来了独特的风险管理挑战。这些平台与传统金融机构的风险特性不同，风险传递的速度更快且更加隐蔽。与此同时，金融科技平台的复杂性与技术依赖性增加了风险的难以预测性和管理难度。尽管金融科技平台利用新技术大幅度优化了业务流程和客户体验，但其背后的系统性风险更加不可忽视。

金融科技平台的出现，推动了金融行业的深刻变革。金融科技平台虽然依赖于高科技手段，但其核心仍然是提供金融服务，这一特性并没有改变传统金融业务的本质。以大数据、人工智能、云计算、区块链等技术为代表的科技创新，改变了传统金融机构的运作模式，为客户提供了更加便捷、高效的金融服务。在金融科技的推动下，金融服务逐渐实现了数字化和智能化转型，平台用户的接入方式、信息交互方式和风险管理方式发生了显著变化。然而，随着科技应用的深化，金融科技平台所面临的风险也更加复杂多样。与传统金融机构相比，金融科技平台具有去中心化的特点，交易过程高度依赖技术手段，导致风险传递的速度更快，同时也更加隐蔽。因此，金融科技平台的风险并非独立于传统金融体系的风险，而是两者紧密交织在一起。与此同时，大型科技公司利用其在大数据、人工智能、云计算等方面的技术优势，开始跨界进入金融业务领域，这进一步扩大了金融科技平台的业务规模与风险影响范围。在这种背景下，如何有效评估和管理金融科技平台的风险，已成为各国监管机构、金融从业者以及研究者关注的重点。

此外，金融科技平台所面临的风险不再局限于传统金融机构的信用风险、市场风险、操作风险等，还涉及数据安全、算法偏见、技术故障等技术风险。例如，在金融科技平台中，大数据的应用虽然能提高风险控制的精度，但也伴随着数据安全和隐私泄漏的风险；人工智能在金融决策中的广泛应用，虽然提升了业务的自动化水平，但也可能因为算法模型的不透明性和偏见问题，导致潜在的系统性风险。再加上金融科技平台往往跨越多个行业和地域，其风险管理涉及的领域更加广泛、更加复杂。

大型科技公司的参与进一步加剧了金融科技平台的风险管理难度。随着科技巨头们利用其在数据处理、技术研发方面的优势进入金融领域，它们不仅拥有庞大的用户基础和数据资源，还能利用先进的技术手段提高金融服务的效率。然而，这些科技巨头在进入金融业务领域的同时，也可能带来新的系统性风险。科技公司的业务模式不同于传统金融机构，其跨界融合导致风险评估和管理的复杂性增加。同时，科技巨头的市场影响力使得其风险事件可能引发更大范围的市场波动和连锁反应。因此，如何合理评估这些跨界企业的风险，并将其纳入现有的金融监管框架，成为各国监管机构亟须解决的问题。尽管金融科技平台在技术驱动下展现了强大的创新潜力，但其本质仍然是金融服务，仍然遵循金融业务的基本逻辑。因此，金融科技平台的风险评价不能脱离金融风险管理的基本原则，而应当结合其技术特点，针对其潜在的技术风险、业务风险以及系统性风险进行全面的评估和分析。通过系统的风险评价，可以帮助平台识别潜在的风险因素，采取适当的预防措施，确保平台的稳健运行。

金融科技平台的快速发展带来了巨大的机遇，同时也伴随着更多的不确定性。有效的风险管理和评价对于平台的可持续发展至关重要。金融科技平台的风险管理不仅仅是企业内部的需求，也是保障金融体系稳定、维护市场信心的重要组成部分。只有通过科学合理的风险评价与管理，金融科技平台才能在未来的发展中实现长期稳健的增长。因此，本章将从金融科技平台的技术应用与业务模式出发，分析其独特的风险特征，并提出相应的风险评价框架，以期为金融科技平台的风险管理提供理论支持和实践指导。

6.1.2 数智治理视域下金融科技平台的风险防范

随着金融科技行业的蓬勃发展，金融科技平台的风险日益引发学术界和监管机构的广泛关注。大量的文献对金融科技平台的风险进行了深入探讨，涵盖了风险分类、特征、成因以及防范措施等多个方面。这些研究不仅为金融科技平台的风险评价提供了理论依据，也为监管机构如何有效地管理和预警金融科技平台的风险提供了实践指导。然而，尽管研究领域不断扩展，但现有文献在风险评价指标构建与系统性风险预警方面仍有待完善。本章对相关文献进行综述，试图在此基础上进一步探讨如何构建更完善的金融科技平台风险评价框架。

金融科技平台的风险种类是研究的一个核心领域。胡滨（2021）在其研究中对金融科技平台的风险类型进行了详细分类，提出了包括金融科技合规风险、操作风险、信用风险、法律风险、市场风险、流动性风险和声誉风险等七大类风险。这些风险与传统金融机构所面临的风险类似，但在金融科技平台上，这些风险往往因技术依赖而变得更加复杂。例如，操作风险在传统金融机构中通常来源于人为操作失误，而在金融科技平台上，操作风险更多地与技术系统的故障、网络攻击和平台安全性相关。此外，金融科技平台的风险并不局限于传统的金融风险类别。随着大数据、云计算、人工智能和区块链等新兴技术的引入，金融科技平台面临的风险种类更加多样化。胡滨还指出，金融科技平台存在数据安全风险、网络安全风险、技术风险和监管风险等新型风险。例如，数据安全风险在金融科技平台中尤为突出，因其高度依赖客户数据的处理和分析，任何数据泄露或滥用都可能对平台的声誉和客户隐私产生重大影响。

除了分类，金融科技平台风险的特征也是学者们关注的重要议题。胡滨（2021）总结了金融科技平台风险的几个基本特征，包括复杂性、内生性、非平衡性和易变性。这些特征表明，金融科技平台的风险不仅来自外部市场环境的变化，还深嵌于其自身的运作机制中。例如，金融科技平台依赖复杂的技术系统，这使得它的风险传播路径更加多样化且难以预测。此外，平台的去中心化结构也使得风险难以通过传统的层级化管理方式来控制。刘志洋（2021）进一步指出，金融科技平台的风险还具有系统性金融风险的特点，它不仅能加剧市场波动，还会扩大风险集中程度。他提出，金融科技的高速发展可能会增加金融系统的整体脆弱性，尤其是在平台规模迅速扩张的情况下。由于金融科技平台的风险具有发生隐蔽性、扩散快捷性、破坏性和社会性等特征，风险一旦爆发，其影响可能比传统金融机构更加迅速和广泛。例如，金融科技平台的风险扩散速度更快，风险交叉传染更为严重，其影响范围不再局限于单一市场，还可能波及整个金融系统甚至社会经济层面。此外，丁晓蔚（2021）的研究则强调了数字金融对社会责任、安全性和隐私保护的要求，认为金融科技平台必须在提供高效服务的同时，确保其对社会的责任担当和对客户隐私的保护。这种多维度的风险特征表明，金融科技平台的风险管理不仅需要金融行业的监管经验，还需要跨行业的协同合作和技术创新。

金融科技平台的风险成因是另一个重要的研究领域。胡滨（2021）

提出了几项关键的风险成因，包括信息不对称、长尾效应和金融科技平台自身的脆弱性。信息不对称是指金融科技平台上存在着平台、用户、监管机构之间的信息差异，这种信息差异使得平台无法完全了解潜在的风险因素，进而加剧了风险的不可预测性。长尾效应则指金融科技平台容易忽视那些看似小概率的风险事件，而这些事件一旦发生，可能会对整个平台甚至更广泛的金融系统造成严重冲击。此外，金融科技平台的脆弱性也是风险成因的重要因素之一。这种脆弱性不仅来自技术层面，例如技术系统的脆弱性、数据处理的复杂性，还来自平台治理和管理机制的不足。例如，平台的高技术依赖性使得其在面对技术故障、网络攻击等突发事件时缺乏足够的弹性。而平台的规模效应也加剧了这一脆弱性，规模越大，平台风险的影响范围和传播速度就越广。李敏（2019）则从系统性风险的角度分析了金融科技平台的风险成因。他提出，单个机构的脆弱性、风险传染路径、信息不对称和市场规模的迅速膨胀是导致系统性风险的主要因素。例如，某个金融科技平台如果在其运营中发生了危机事件，风险可能通过复杂的网络结构传递给其他相关机构，进而引发连锁反应，最终导致更大范围的金融系统性风险。

在风险防范方面，已有研究提供了多种策略。胡滨（2021）建议从金融科技基础设施建设、合规科技应用和金融安全技术开发等方面入手，进一步推动金融科技平台的风险防控。例如，通过建立更加完备的合规科技系统，可以实时监测平台的运作，及时识别潜在风险。同时，推动监管科技的发展也能帮助监管机构更高效地识别和应对系统性风险，建立更加敏捷的风险监测和预警机制。龚强等（2022）则利用生命周期理论探讨了金融科技风险的演变过程。他们指出，在金融科技的起步期，由于行业规范尚未完善，鱼龙混杂的市场环境可能引发金融欺诈风险；随着行业进入成长期，混业经营模式的普及会引发监管套利的风险；而在洗牌调整期和成熟期，数据安全和大型企业的垄断风险逐渐成为行业的主要风险源。因此，不同发展阶段的风险类型需要有针对性地采取不同的防范措施，以确保平台的稳健运行。

尽管现有文献对金融科技风险的分类、特征和成因进行了较为全面的研究，但针对其风险评价与预警体系的构建仍然较为薄弱。金融科技平台的风险评价涉及复杂的技术因素和业务模式，其风险传导路径和影响机制难以用传统的金融风险管理框架来全面解释。现有的研究大多借鉴了传统金融的风险分类和评价模型，但对金融科技平台特有的技术风险、网络结构风险以及跨行业、跨平台的交叉风险尚未进行深入探讨。方意等（2020）则从系统性风险的角度，提出了基于内生风险的风险评价框架，但这一框架在具体应用过程中仍需结合金融科技的特性进一步优化。因此，未来的研究需要在传统金融风险管理经验的基础上，结合金融科技平台的技术特点，建立更加综合、动态的风险评价与预警体系，以应对金融科技平台快速变化的风险环境。

金融科技平台风险的研究已经在多个维度上取得了重要进展，现有文献从风险分类、特征分析、成因探讨到防范措施，提供了全面的理论支持。然而，在风险评价和预警体系的构建方面，现有研究仍有待进一步完善。未来的研究需要借鉴传统金融行业的经验，同时结合金融科技平台独特的技术特性，构建更加全面和动态的风险评价体系，以便更好地应对金融科技平台在复杂风险环境中的挑战。

6.2 金融科技平台风险识别

6.2.1 金融科技平台的风险来源及成因

金融科技平台的风险具有内部性和外部性特征。

内部风险主要指平台自身运行过程中可能面临的各类问题。首先，技术风险是其中的重要组成部分，金融科技平台通常依赖复杂的技术系统来支持其运营，一旦出现系统漏洞、技术故障或数据泄露等问题，就可能对平台的正常运行造成严重影响。其次，平台的治理结构和内部管理也可能引发运营风险。如果平台管理不善、缺乏有效的风险控制机制或内部监控薄弱，就可能导致信息不对称、道德风险、操作风险等一系列问题。此外，平台在进行新业务拓展时，可能会因为过度扩张导致财务压力，进而增加平台自身的经营风险。最后，内部的合规风险也是不可忽视的，如果平台未能严格遵守相关法律法规，可能会面临法律诉讼或监管处罚，从而影响其长期发展。

金融科技平台还面临外部风险，主要源自外部环境的变化和平台与外部利益相关者的互动。首先，政策和监管环境的变化是重要的外部风险之一，尤其是金融科技行业处于快速发展的阶段，各国政府和监管机构不断更新和调整相关政策法规，如果平台未能及时适应这些变化，可能会遭遇政策性风险。其次，市场风险也是不可忽视的因素，金融市场的波动、宏观经济环境的变化等都会对平台的运营产生直接或间接的影响。外部竞争压力也是外部风险的一部分，随着越来越多的金融科技公司进入市场，竞争加剧可能会导致平台的市场份额下降甚至经营困难。此外，平台与用户、投资者等外部利益相关者之间的信任关系一旦受到破坏，例如由于信息泄露或服务质量下降等问题，平台的声誉风险也会随之上升，进而影响其业务的持续发展。

金融科技平台在其运行过程中不仅面临内部和外部风险，还必须应对更广泛的系统性风险和非系统性风险。

系统性风险通常指的是影响整个金融市场或整个经济体系的风险，这类风险具有广泛性、传染性和难以预测的特点，金融科技平台作为金融系统中的重要组成部分，不可避免地会受到系统性风险的冲击。首先，全球或国内的经济危机、金融危机等宏观经济事件是典型的系统性风险来源。比如，当全球经济处于低迷状态时，可能会导致金融市场剧烈波动，资产价格急剧下跌，投资者信心受到打击，从而直接影响金融科技平台的业务运营和盈利能力。其次，系统性风险还可能来自金融市场的流动性风险，当金融市场出现流动性紧缩时，金融科技平台可能会面临资金流动不畅、融资困难等问题，进而影响平台的运营稳定性。此外，系统性风险还可能来源于监管政策的全面变动，例如政府突然出台新的金融监管政策，或者金融科技行业面临更加严格的合规要求，这些都会给整个行业带来巨大冲击，影响各类金融科技平台的业务模式和市场表现。

除了系统性风险，金融科技平台还需要应对非系统性风险。非系统性风险指的是特定平台、企业或项目所面临的风险，这类风险通常是局部性的，并不会波及整个金融系统或行业。对于金融科技平台而言，非系统性风险的来源多种多样，首先，平台自身的运营管理问题是非系统性风险的主要来源之一。例如，如果某一金融科技平台在管理过程中出现决策失误，或者由于创新产品的设计缺陷导致用户体验不佳，这些问题虽然不一定会波及整个行业，但可能会对该平台自身的声誉和经营业绩产生重大负面影响。其次，非系统性风险还可能来自平台的技术风险，金融科技平台高度依赖技术的创新和发展，因此如果某个平台在技术研发或系统维护上出现问题，比如平台遭遇网络攻击、数据泄露或者系统瘫痪，都会对其正常运营产生重大威胁。此外，平台的财务状况也是非系统性风险的重要方面，若某一平台由于过度扩张或投资失败，导致资金链断裂或财务状况恶化，可能会使该平台陷入困境。最后，非系统性风险还包括与平台特定用户或合作方的关系变化。例如，某一平台可能由于用户信任下降或与重要合作方的关系破裂，导致业务收入急剧下降，甚至丧失市场竞争力。

系统性风险和非系统性风险的差异在于，前者具有宏观性、全局性，会波及整个金融系统，而后者则具有局部性、个体性，通常仅影响特定的平台或企业。对于金融科技平台而言，应对系统性风险需要加强对宏观经济和金融市场的监测，并确保平台的运营具备足够的抗风险能力，例如保持足够的资本充足率、加强流动性管理、建立稳健的风控体系等。而应对非系统性风险，则需要平台在日常运营管理中注重提升内部治理水平、加强技术研发与安全保障，并保持财务稳健，避免因个体问题影响平台的长期发展。通过有效管理系统性和非系统性风险，金融科技平台才能在复杂多变的市场环境中保持稳健发展，提升自身的竞争力和抗风险能力。具体的风险识别如图6-1所示。

金融科技平台既承载了传统金融业的普遍性风险，又面临着因其技术、业务模式和市场定位带来的特有风险：

（1）脆弱性带来的风险

金融科技平台的脆弱性风险主要源自其高度依赖技术、数据和外部资源，这些因素使其在面对内外部冲击时更加敏感。首先，技术脆弱性是金融科技平台最大的风险来源之一。金融科技依赖于复杂的数字化技术，如大数据分析、人工智能算法、云计算和区块链等。这些技术虽然

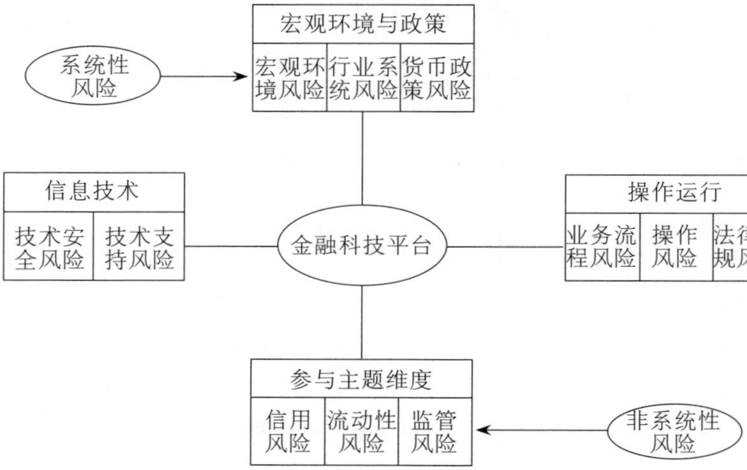

图6-1 金融科技平台风险识别系统框架

为平台提供了巨大的创新空间，但一旦其中任何一个环节出现问题，都会对平台的整体运营产生严重影响。例如，数据泄露、黑客攻击、系统崩溃等情况，都会使平台面临巨大的法律、合规和声誉风险。此外，由于这些平台高度依赖技术系统，技术升级的滞后性和技术系统的过度依赖性也可能导致平台在面对新的风险时无法迅速反应或抵御，从而增加其脆弱性。其次，金融科技平台通常需要与众多外部供应商合作，包括云服务提供商、支付网关、身份验证服务商等。第三方服务的中断或故障会直接影响平台的运行。例如，如果云服务提供商发生停机事件，可能导致平台的数据无法访问，交易无法进行，从而影响客户体验并可能导致市场份额的下降。此外，随着用户需求的增加和系统复杂性的提升，平台在处理大量用户数据时可能会遇到数据处理能力的瓶颈，进一步增加脆弱性风险。

（2）经济周期同步性带来的风险

金融科技平台通常与宏观经济周期密切相关，因此经济周期的波动对其影响巨大。金融科技行业在经济繁荣时期可能快速扩张，获得大量的用户和资本投资，但在经济衰退或金融危机中则容易受到较大冲击。这种经济周期同步性带来的风险表现在多个方面。首先，经济下行时期的市场需求疲软会直接影响金融科技平台的业务收入。例如，当经济衰退时，消费需求减少，信贷需求降低，金融产品的购买力下降，导致平台的交易量和利润减少。此外，用户的支付能力下降，可能导致逾期贷款增加，坏账率上升，进一步增加平台的财务风险。其次，金融科技平台在经济繁荣期往往扩张较快，过度扩张带来的隐性风险在经济下行时期尤为突出。这种扩张可能包括业务范围的过度扩大、投资力度的过度加大、人员和技术的过度投入等。当经济形势恶化时，这些扩张行为反而可能拖累平台，使其难以维持正常运营。最后，经济周期还会影响投资者对金融科技平台的信心。在经济繁荣时期，资本市场对金融科技行业的估值可能较高，平台容易获得投资支持，但当经济形势恶化时，资本市场波动可能导致投资资金流出，使平台的融资渠道受阻，进一步加剧运营压力。

（3）信息不对称带来的风险

信息不对称是金融科技平台面临的一个重要挑战，也是其风险来源之一。金融科技平台通过数字技术提供了更便捷的金融服务，但在服务过程中，信息的不对称性仍然广泛存在，并可能导致多种风险。首先，平台与用户之间的信息不对称可能导致用户在选择金融产品时无法充分了解其风险，做出不当的投资或消费决策。例如，某些金融科技平台提供的产品可能在推广时过度强调收益，忽视了风险提示，这会使得部分风险承受能力较低的用户购买了高风险产品，最终导致损失。在这种情况下，平台可能面临客户投诉、声誉损失甚至法律诉讼的风险。其次，金融科技平台在贷款业务中，平台与借款人之间的信息不对称尤为明显。借款人可能在申请贷款时提供虚假或不完整的信息，导致平台无法准确评估其信用风险。这种情况会导致坏账率上升，进一步影响平台的财务稳定性。此外，某些借款人在多个金融平台上重复借款，这种交叉借贷行为加剧了平台之间的信息不对称，难以全面了解借款人的整体负债水平，增加了系统性风险。最后，投资者与平台之间的信息不对称也可能带来问题。部分平台可能会故意隐瞒其财务状况、风险控制能力或经营困难等关键信息，误导投资者做出错误的投资决策。当信息不对称引发信任危机时，平台可能面临资本流失和声誉受损的双重风险。

（4）网络信息技术带来的风险

金融科技平台高度依赖网络和信息技术，这使得其面临独特的网络安全风险和技术风险。网络信息技术带来的风险主要体现在以下几个方面：首先，网络攻击和数据泄露是金融科技平台面临的主要风险之一。金融科技平台往往处理大量的用户数据、交易信息和金融资产，这些数据成为黑客和网络犯罪分子的重要攻击目标。一旦平台遭受网络攻击，用户的个人信息、账户信息等敏感数据泄露，可能导致严重的财务损失、信用欺诈甚至用户账户被盗等后果。此外，平台的核心系统可能因为黑客攻击而瘫痪，导致服务中断，用户无法正常进行交易，给平台带来巨大的运营损失和信誉打击。其次，技术系统的稳定性和安全性也是一大挑战。金融科技平台通常依赖复杂的技术架构，包括区块链、云计算、大数据等。这些技术虽然为平台提供了高效的服务能力，但其复杂性和互联性也使得平台在面对技术故障时更脆弱。例如，云服务器故障可能导致平台的关键业务中断，甚至无法恢复历史数据；大数据分析算法出现错误可能引发错误决策，影响风险控制和业务发展。最后，新技术的应用带来的不确定性也构成风险。金融科技领域的技术更新换代非常迅速，平台在采用新技术时往往面临不确定性。新技术可能带来创新和效率提升，但也可能带来系统不稳定、用户不适应等问题。例如，人工智能算法在信贷评估中的广泛应用虽然提高了效率，但如果算法出现偏差或数据样本不充分，可能导致错误的信贷决策和风险评估。

（5）监管带来的风险

金融科技平台在快速发展的同时，面临的监管环境也在不断变化。监管带来的风险主要体现在以下几个方面：首先，金融科技作为新兴行业，监管政策往往滞后于其发展速度。在这种情况下，政策不确定性使得平台在开展新业务或创新服务时面临更大的合规风险。例如，某些国家或地区的政府可能会突然出台新的金融科技监管政策，如对互联网贷款业务设立更高的资本要求，或对个人数据保护设立更严格的规定，这可能导致平台的业务模式面临调整压力，甚至可能被迫停止某些业务，影响其收入来源。其次，合规成本的增加也是监管带来的重要风险。随着金融科技行业的监管环境逐步完善，平台需要投入更多的资源进行合规管理。例如，平台需要建立完善的反洗钱系统、用户身份验证流程、数据安全保护措施等，这些都会增加运营成本，压缩利润空间。此外，跨境业务的监管复杂性也增加了金融科技平台的风险。金融科技平台通常具有全球化特征，可能在多个国家或地区开展业务。然而，各国的金融监管政策存在差异，某些国家对金融科技企业设立了更严格的合规要求，平台在跨境运营时需要面对多层次的监管挑战，这可能导致法律风险增加、运营复杂性提高。最后，平台与监管机构的关系也是平台能否持续稳定发展的关键因素。如果平台未能与监管机构建立良好的沟通渠道，可能在政策变化时处于被动状态。此外，监管合规不力还可能导致平台面临罚款、停业整顿甚至永久关闭的风险，严重影响其市场地位和长期发展。

金融科技平台的风险成因总结如图6-2所示。

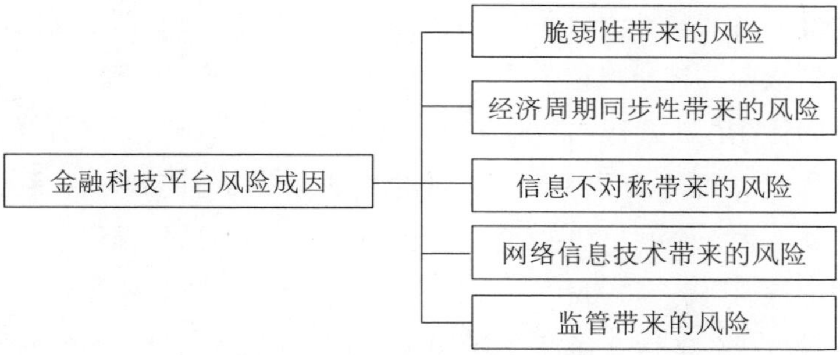

图6-2　金融科技平台的风险成因

6.2.2　金融科技平台的风险传导

(1) 金融科技平台的风险传导机理

①基于外部性的风险传导

外部性是指一个经济主体的行为会对其他主体产生影响，但这种影响未通过市场机制充分体现。金融科技平台由于其高度数字化和互联性，其行为所产生的外部性会导致风险在不同平台之间、平台与用户之间，甚至在整个金融系统中相互传导。

第一，信息外部性导致的风险传导。

金融科技平台的运作依赖大量的信息处理和数据分析，但这些信息在平台之间并非完全透明。一些平台可能因信息不对称、数据共享不足等原因，产生错误的风险评估，进而通过信息外部性将风险传递给其他相关主体。例如，当一个平台的贷款风控模型由于数据不准确或算法偏差导致错误评估风险，可能会引发大规模的坏账风险，并通过市场反馈机制影响投资者对整个金融科技行业的信心，甚至波及其他平台的业务。此外，由于金融科技平台高度依赖用户数据，任何一平台的信息泄露或数据滥用都可能通过用户信任危机传导至整个行业。例如，若某平台因数据泄露导致用户损失严重，可能导致消费者对整个金融科技行业的信任下降，使得其他平台也受到影响，从而导致行业性的风险爆发。

第二，市场外部性带来的风险扩散。

金融科技平台的业务模式通常跨越多个市场和领域，例如支付服务、贷款、财富管理等，这些市场之间的高度相关性会通过外部性效应传导风险。当某一个金融科技平台在某个特定业务领域发生问题时，如支付系统故障或信贷风控失灵，其他相关市场会迅速受到影响。例如，平台之间往往存在合作或互通交易，若一个平台出现资金链断裂或资金流动性不足，可能会导致相关平台的流动性紧张，甚至引发系统性危机。此外，由于金融科技平台通常具有较强的用户黏性，用户一旦在某个平台上遭遇服务中断或信任危机，可能会转而影响其他平台的用户行为。这种市场外部性会通过平台之间的竞争机制加剧风险的扩散，最终影响整个金融市场的稳定性。

第三，系统性外部性与金融系统的联动风险。

金融科技平台与传统金融机构在业务上逐渐形成了相互依赖关系，例如在支付系统、信贷业务等方面，金融科技平台与银行、证券公司等金融机构合作频繁。因此，当金融科技平台面临大规模的风险事件时，传统金融系统也会受到牵连。比如，如果某金融科技平台的贷款产品出现大规模逾期，这可能影响银行的信用评估，甚至导致银行坏账率上升。这种系统性外部性可能通过金融系统的联动机制放大，进而引发更广泛的金融危机。

②基于脆弱性的风险传导

金融科技平台的脆弱性主要体现在其技术依赖、管理模式以及外部合作等方面，这种脆弱性使得平台在应对突发风险时更加敏感，风险更容易扩散或放大。

第一，技术脆弱性引发的风险扩散。

金融科技平台高度依赖信息技术，尤其是大数据、云计算、区块链和人工智能等新兴技术。然而，这些技术系统的复杂性和高度互联性使得一旦某个环节出现问题，整个平台的运作都会受到影响，甚至引发连锁反应。例如，平台的支付系统如果遭遇网络攻击或技术故障，可能导致大量用户无法完成支付交易，影响其日常经济活动，进而引发公众信任危机。这种技术脆弱性不仅影响单一平台，还可能通过平台之间的技术合作或数据共享机制，导致风险在更大范围内扩散。例如，多个平台共用同一云服务提供商或支付网关，一旦服务中断，所有依赖该技术服务的金融科技平台都将受到影响。技术脆弱性通过高度依赖的技术链条迅速传播，可能导致大规模系统性风险。

第二，平台间依赖性导致的传导效应。

金融科技平台之间往往通过业务合作、数据共享和资金流动形成复杂的依赖网络。当某一平台的经营出现问题时，依赖于该平台的其他平台也可能面临同样的风险。例如，平台A在金融科技领域占据重要地位，其他平台B和C依赖其支付结算或贷款风控系统。如果平台A的运营出现问题，导致支付系统瘫痪或贷款风控失效，平台B和C也会遭遇相应的风险传导，可能引发资金流动性问题或用户流失。此外，金融科技平台的用户和合作伙伴也可能在多个平台之间进行交叉交易。若某个平台的服务出现问题，用户的行为会发生变化，从而影响其他平台的业务。例如，用户可能会因为某平台的服务故障而转移至竞争对手的平台，导致风险传导和市场格局的变动。

第三，管理和治理结构的脆弱性导致的传导效应。

金融科技平台的内部治理和风险控制能力也存在脆弱性，尤其是在平台快速扩展或业务多元化时，这种脆弱性会更加明显。如果平台的内部风控机制不完善，可能会导致经营风险失控。例如，平台在进行贷款审批时，若内部风险评估流程存在漏洞，可能导致大量高风险贷款积累。当这些高风险贷款开始违约时，平台的财务状况将迅速恶化，进而引发资不抵债或破产危机。这种内部管理的脆弱性不仅会影响平台自身，还会通过投资者、用户和合作伙伴传导到外部。例如，若平台发生严重财务危机，其投资者可能会迅速撤资，进一步加剧平台的资金短缺。此外，平台的管理危机可能通过投资链条传导给其关联的金融机构和投资者，导致更大范围的金融风险。

金融科技平台的风险传导机理既体现了外部性风险带来的广泛性影响，也反映了脆弱性使风险更容易扩散的特征。外部性使得平台之间、平台与用户之间以及平台与传统金融系统之间的风险相互传递，而脆弱性则通过技术依赖、管理漏洞和平台之间的高度关联性放大了风险的传播效应。为了应对这些风险传导机制，金融科技平台必须不断提升技术安全性、加强风控管理、优化内部治理，并保持与外部利益相关者的良好合作，以降低风险扩散的可能性。

（2）金融科技平台风险可能的传导路径

金融科技平台在运行过程中面临多种风险，这些风险不仅影响平台自身的稳定性，还可能通过不同的传导路径，逐渐扩散至其他金融机构、金融市场，甚至波及实体经济和整个社会。以下是金融科技平台五类主要风险的详细传导路径分析：

金融科技平台由于服务“长尾市场”，其用户群体通常是那些拥有较少财富、难以通过传统金融渠道获得服务的中小企业或个人。这类用户的信用评估通常更为复杂，单笔债务的金额虽然较小，但违约风险相对较高。尽职调查成本高，而如果平台选择简化尽职调查流程，将面临更高的信用风险。这是因为没有充分评估借款人的还款能力，可能导致大量违约事件的发生，平台无法及时回收贷款，从而损害其财务稳定性。当违约情况频发时，信用风险便会在平台与金融机构之间进行传导。金融科技平台与其他金融机构（如银行、保险公司、投资机构）之间存在资金合作或业务交叉，一旦平台的坏账增加，可能引发这些合作金融机构的风险传递。例如，银行可能为平台提供贷款，或与平台合作进行信贷评估服务，当金融科技平台的违约率上升时，银行的信贷资产也会受到影响，进而引发更广泛的金融市场波动。在更大的范围内，信用风险的积累还可能诱发系统性风险。系统性风险是指金融体系中任何一部分发生问题时，其影响会扩散到整个金融系统，导致整个市场的动荡。金融科技平台在金融系统中的作用越来越重要，信用风险若不能得到有效控制，可能通过与其他机构的关联性扩散，形成系统性金融风险。这种系统性金融风险的爆发，将直接传导至实体经济。金融机构的风险上升可能导致信贷紧缩，影响中小企业的融资能力和个人的消费能力，最终影响整个实体经济的正常运作。企业破产、失业率上升、投资减少等情况都会加剧经济衰退，进一步影响社会的稳定。因此，第一种传导路径为：信用风险→金融机构之间的风险传导→诱发系统性风险→风险传导至实体经济→影响经济社会。

金融科技平台的业务交易直接或间接受到传统金融市场波动的影响。平台的许多金融产品，如消费贷款、投资理财产品、支付结算服务等，均依赖于宏观经济环境及金融市场的变化。例如，利率、汇率、股价和期货市场上商品价格的波动，都可能对平台的运营和用户行为产生重大影响。若金融市场出现大幅波动，金融科技平台的用户投资收益可能骤降，导致投资者的信心动摇，并引发市场风险。这种市场风险会迅速传导至其他金融机构。金融科技平台与传统金融机构之间往往存在深度合作，例如通过银行提供资金支持、通过资本市场进行融资等。当市场出现剧烈波动时，金融科技平台可能遭遇大规模的资金流失、投资者赎回潮或融资困难，从而加剧其流动性压力。这一风险传导到银行、保险公司等其他金融机构后，可能导致整个金融系统的流动性紧张，进而诱发系统性风险。市场风险的积累和系统性风险的爆发，最终将对实体经济产生重大影响。比如，金融市场的不稳定性会降低企业的融资意愿，影响企业的生产经营，进而造成经济增长放缓。同时，金融市场动荡也会影响消费者的信心，减少消费支出，进一步加剧经济衰退，导致社会经济的不稳定。因此，第二种传导路径为：市场风险（利率、汇率、股价、商品价格的波动）→风险传导至其他金融机构→诱发系统性风险→风险传导至实体经济→影响经济社会。

流动性风险是金融科技平台面临的另一个重要风险，尤其是在平台没有足够的资金储备或融资渠道的情况下。当大量投资者或用户在短时间内赎回资金或提取存款时，金融科技平台可能无法及时筹集足够的资金来应对这些需求，导致流动性危机的出现。金融科技平台无法通过同业拆借等传统方式获得资金支持，这进一步加剧了其流动性风险。一旦平台出现大规模的流动性问题，可能迅速传导至其合作的其他金融机构。例如，银行为平台提供资金贷款或金融科技平台为银行提供贷款撮合服务，当平台无法履行资金支付义务时，银行的资金链也会受到影响，导致更多的金融机构面临流动性紧张。如果流动性风险继续加剧，可能引发系统性风险。流动性危机不仅会对单个机构造成冲击，还会通过金融体系的相互关联性，传递至整个金融市场，导致更广泛的资金紧张局面。系统性风险爆发后，实体经济将首当其冲。企业难以获得资金支持，无法进行正常的生产经营，消费者的储蓄和投资也将受到影响，导致经济活动全面放缓，最终影响整个社会的经济稳定和发展。因此，第三种传导路径为：流动性风险（资金赎回和提款潮）→风险传导至其他金融机构→诱发系统性风险→风险传导至实体经济→影响经济社会。

金融科技平台的运营风险主要来源于内部管理的缺陷和从业人员的经验不足。与传统金融机构相比，金融科技平台在快速扩展过程中，往往在专业人才储备、内部风险控制和管理流程优化等方面存在不足。由于平台依赖于大量自动化系统和技术支持，任何操作失误或系统故障都可能引发运营风险。例如，由于从业人员经验不足，平台在处理复杂的金融业务时，可能出现操作失误，导致资金错误划拨或数据处理不当。这些问题不仅会影响平台的正常运营，还可能通过合作金融机构间的业务合作传导开来，进一步加剧其他机构的风险。运营风险的传导，可能引发系统性风险。平台管理不善或内部风险控制失效时，往往会造成整个业务链条的混乱，这种内部运营风险通过外部关联机构的合作关系传导，影响整个金融市场的稳定性。当系统性风险扩散至整个金融市场时，最终会对实体经济产生深远的负面影响。企业可能因为资金无法按时到位而无法运转，个人投资者的资金也可能因平台运营失误而蒙受损失，这些都将对社会经济产生不利影响。因此，第四种传导路径为：运营风险（从业人员经验不足、管理不善）→金融机构之间的风险传导→诱发系统性风险→风险传导至实体经济→影响经济社会。

作为数字化金融服务的核心，金融科技平台高度依赖信息技术。然而，随着网络攻击手段的日益复杂化，金融科技平台面临的网络信息技术风险也在不断增加。常见的网络风险包括网络攻击、数据泄露、病毒入侵以及系统瘫痪等问题。当平台遭受网络攻击时，用户的个人信息、交易数据可能被窃取，严重情况下还可能导致平台的核心业务系统崩溃。这不仅会造成平台自身的运营中断，还可能影响其合作的金融机构。特别是当平台提供支付服务、金融信息交换服务或风控支持时，网络风险的发生会迅速传导至其他机构，导致整个金融网络的不稳定。网络信息技术风险的进一步传导可能诱发系统性金融风险。金融科技平台之间、平台与银行或其他金融机构之间的数据和业务高度互联，一旦某个平台的数据系统遭遇严重攻击或信息泄露，其他金融机构也会面临信息失真的风险，进一步加剧系统性风险的发生。最终，网络信息技术风险的积累和系统性风险的爆发，都会对实体经济产生不利影响。企业可能因为支付系统瘫痪而无法完成交易，消费者的个人数据泄露可能导致金融诈骗和信用损失。这些问题的累积会影响到经济活动的正常进行，进而对社会的经济稳定性产生深远的负面影响。因此，第五种传导路径为：网络信息技术风险（网络攻击、数据泄露、系统瘫痪）→金融科技平台风险→风险传导至其他金融机构→诱发系统性风险→风险传导至实体经济→影响经济社会。

6.2.3 金融科技平台的风险类型

在对金融科技平台的风险类型进行分析之前，首先需要研究传统金融领域的风险分类。根据银行专业资格考试中的风险分类标准，传统金融的风险主要包括六大类：信用风险、市场风险、流动性风险、国别风险、操作风险以及声誉风险。由于金融科技平台目前尚未涉足国际投融资业务，因此本书不考虑国别风险的影响。尽管金融科技平台依托于新兴技术进行业务创新，但其本质依然与传统金融相同，主要是为了实现资金融通并服务于实体经济。因此，金融科技平台面临的风险在某种程度上与传统金融机构相似，仍然存在信用风险、市场风险和流动性风险等传统风险。然而，随着互联网、人工智能、大数据、区块链以及云计算等技术的广泛应用，金融科技平台同时也面临一些独特的风险。这些技术的快速发展和应用，赋予了金融科技平台新兴的机遇，但也带来了与传统金融不同的风险挑战。

（1）信用风险

信用风险是指金融科技平台或其客户因无法按时履行偿还债务的义务而导致损失的风险。对于金融科技平台而言，信用风险主要集中在贷款业务、信用评估和资产管理等方面。由于平台的大多数服务对象是传统金融服务无法覆盖的长尾客户（如中小企业和个人），这些客户的信用记录相对不完善，且其经济实力和还款能力可能较弱，因此，如果金融科技平台无法有效评估客户的信用状况，或未能设置合理的风险控制机制，将可能面临大规模的违约和坏账，从而影响平台的财务稳定性。此外，随着贷款业务的扩展，金融科技平台面临的跨平台信用风险也在增加，即客户可能在多个平台上重复借款，导致信息不对称和更高的违约率。

（2）市场风险

市场风险是指由于利率、汇率、股价或商品价格等市场因素波动，导致金融科技平台资产或收入出现波动的风险。金融科技平台的交易活动和投资行为受到全球和本地金融市场的影响。例如，利率的波动可能影响贷款产品的利息收益，汇率波动会影响跨境支付业务的成本和盈利，股市波动则可能影响投资产品的表现。如果平台的收入来源过度依赖某一类市场表现，市场风险将显著影响其财务状况。此外，市场的不确定性也会影响投资者对平台的信任，从而可能引发资金流动性问题和业务停滞。

（3）流动性风险

流动性风险是指金融科技平台在面临大规模资金赎回、提款或其他资金需求时，无法迅速筹集足够的资金以应对的风险。金融科技平台的资金通常来自投资者、贷款人或用户存款，而其本身缺乏传统银行的同业拆借或中央银行支持，因此在面临大规模赎回或提款潮时，容易出现资金短缺的情况。例如，若投资者因为市场波动或信心下降而大量撤资，平台可能无法及时提供足够的资金，导致流动性紧张，甚至破产。同时，流动性风险还可能导致平台信贷业务的中断，影响其运营能力。

（4）网络信息技术风险

网络信息技术风险是金融科技平台面临的一种独特风险，主要由于其高度依赖信息技术和网络系统运营所带来的风险。这类风险包括网络攻击、数据泄露、系统瘫痪、技术故障等。金融科技平台处理大量的用户个人信息、交易数据和敏感金融信息，若遭到黑客攻击或网络入侵，可能导致数据泄露、财务损失和用户信任的丧失。此外，系统的可靠性也是网络信息技术风险的关键。如果平台的核心交易系统或支付系统因技术问题出现宕机或故障，可能导致大规模服务中断，进而影响平台的声誉和业务能力。随着平台业务规模的扩大和用户量的增加，信息安全和技术风险管理显得尤为重要。

（5）运营风险

运营风险是金融科技平台在日常运营过程中，由于管理不善、内部控制不足或人为操作错误而产生的风险。金融科技平台通常处于快速扩张的状态，业务和用户规模的扩大对其内部管理、人员素质和操作流程提出了更高要求。然而，由于从业人员经验不足，平台的操作风险增大，例如数据录入错误、系统配置不当或监管合规不达标等问题都可能引发业务混乱或财务损失。此外，平台在创新业务时，可能对某些新技术或新产品的风险评估不足，导致业务扩展过程中遇到意外问题。这类运营风险若不加以控制，可能会扩散至金融市场或合作机构，进而影响整个金融生态系统的稳定性。

金融科技平台的风险类型总结如图6-3所示。

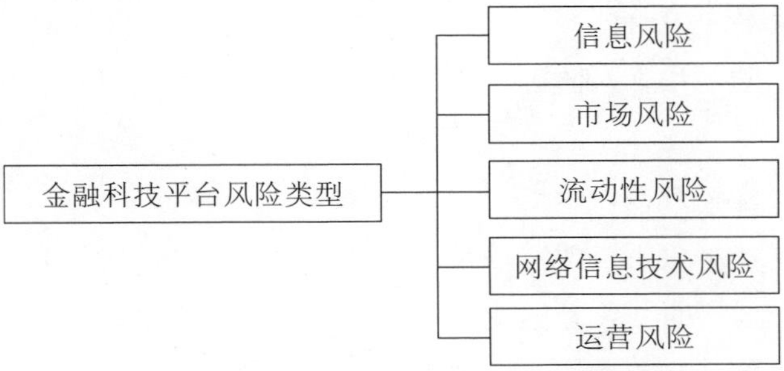

图6-3　金融科技平台的风险类型

6.3 金融科技平台风险指标体系构建

6.3.1 指标体系构建原则

在构建金融科技平台风险评价指标体系时，必须遵循一系列科学、合理的原则，以确保该体系在应对金融科技平台所面临的复杂、多样的风险时，能够有效地发挥其作用。这些原则不仅适用于平台内部的风险管理，同时也能够帮助监管机构对金融科技平台进行动态监测、预警以及风险防控。以下是金融科技平台风险评价指标体系构建时需要考虑的主要原则：

（1）全面性原则

金融科技平台所面临的风险种类繁多，涵盖了传统金融风险和由科技属性带来的特有风险。因此，风险评价指标体系应做到覆盖全面，确保每一类风险都得到充分的考虑和评估。例如，信用风险、市场风险、流动性风险是金融科技平台与传统金融机构共同面临的主要风险。此外，由于金融科技平台高度依赖技术，信息安全风险、网络攻击风险以及由平台规模带来的平台效应风险也必须纳入评价范围。全面性原则要求指标体系不仅要覆盖所有常规风险类别，还要涵盖潜在的、容易被忽视的风险。平台的运营不仅依赖于金融活动，还依赖于复杂的技术基础设施，这意味着任何系统故障、技术漏洞或网络攻击都可能对平台的整体运作产生深远影响。因此，全面的风险评价体系应同时关注技术风险、业务风险、操作风险等，以确保能够全面、系统地反映平台面临的风险状况。

（2）动态性原则

金融科技平台所在的环境是高度动态的，市场条件、用户行为、技术发展等方面不断变化，这使得风险状况也处于动态变化中。因此，风险评价指标体系必须具备一定的动态性，以适应市场环境的变化和平台内部业务的快速调整。动态性原则要求体系能够根据市场变化及时更新和调整风险指标。例如，交易次数、交易金额、用户活跃度等指标应随时间推移实时更新，以便准确反映平台的运营状况。金融科技平台的动态特性也意味着风险评估必须具备灵活调整的能力。通过不断引入最新的数据，监控平台的交易行为、用户增长、资金流动等，平台可以迅速识别新的风险类型或不良趋势，并及时采取应对措施。动态性原则还应当包括对于突发事件的反应能力，如突然的市场波动、政策变动或技术漏洞。这要求平台风险管理体系具有足够的弹性，能够灵活调整指标体系来应对不同的外部冲击。

（3）科学性与可操作性原则

风险评价指标的设计必须基于科学的理论和方法，确保其合理性和准确性。科学性原则要求每个风险指标都能够通过定量或定性的方式进行评估，背后有明确的理论支持。例如，信用风险的衡量可以依赖用户的信用评分系统、违约率、逾期率等定量指标，而市场风险则可以通过利率波动、汇率波动等市场数据进行评估。指标的选择和设计应当以数据为基础，并通过科学的方法进行验证，确保其在不同情况下具有适用性和有效性。同时，可操作性原则意味着这些风险指标应便于实际操作，能够通过平台日常运营数据进行有效监测和分析。金融科技平台在日常运营中会产生大量的数据，例如用户的交易数据、平台的资金流动、系统的运作状态等，这些数据可以为风险评价提供丰富的素材。风险指标体系应确保这些数据能够被有效采集、分析和应用，使平台管理者和监管者能够实时了解平台的风险状况，并根据需要做出决策。

（4）前瞻性原则

前瞻性原则要求风险评价指标体系不仅能够评估当前的风险状况，还应具有一定的预测和预警能力。金融科技平台的快速发展以及技术的迭代更新，使得一些风险在初期可能并不明显，但随着时间推移会逐渐暴露。因此，风险评价指标体系应具备提前识别潜在风险的能力，并通过建立预警机制，帮助平台在风险显现之前就采取防范措施。例如，在数据安全方面，前瞻性的风险评估应能够预测可能的安全漏洞，或者通过持续监测平台的网络攻击行为，提前预判未来可能发生的技术风险。此外，前瞻性原则还要求平台在技术风险、政策风险和市场波动等方面具有前瞻性的评估方法。随着金融科技平台的国际化和技术创新的不断推进，风险管理体系必须具备预见性，以应对可能发生的系统性危机或行业性调整。

（5）透明性与规范性原则

风险评价指标体系的设计应当遵循透明性和规范性原则，确保所有风险评估过程公开透明，易于理解和操作。这意味着风险管理体系中的每个指标和评估方法应有明确的定义和标准，所有的数据来源和计算方法都应公开，便于平台管理者、监管机构以及其他相关方理解和使用。这种透明性不仅有助于提升平台的信任度，还能够增强平台与外部利益相关者之间的沟通和合作。规范性原则则要求风险管理体系的建设必须符合行业标准和监管要求。例如，金融科技平台可以借鉴国际通行的风险管理框架，如巴塞尔协议中的风险评估标准，确保平台的风险评价体系与国际惯例接轨。透明性与规范性原则的结合能够使平台在遵守法规的前提下，构建一个透明、可信、可执行的风险管理体系，提升其合规性和行业竞争力。

（6）可比性原则

为了在行业内进行有效的风险比较和评估，金融科技平台的风险评价指标体系应具备一定的可比性。可比性原则要求平台在构建风险指标体系时，应参考行业标准和同类平台的风险管理框架，以确保不同平台之间的风险水平具有可比性。例如，信用风险、市场风险和流动性风险等常见风险类型应采用统一的计算标准和数据来源，使得监管机构和投资者能够横向比较不同平台的风险状况。可比性原则不仅有助于行业内部的横向比较，也有助于提升平台在国际市场上的竞争力。通过与国际标准接轨，金融科技平台可以增强其风险管理的透明度，提升国际投资者的信心。同时，监管机构也能够通过比较不同平台的风险状况，制定更加合理的行业标准和监管政策，从而推动整个行业的健康发展。

6.3.2 指标体系构建

首先，鉴于研究数据的限制，本书参照张永姣等的做法，使用金融科技上市企业的风险指数来衡量金融科技平台的风险。其次，借鉴我国国家金融监督管理总局对股份制商业银行的风险评级体系，构建金融科技企业的风险评价指标体系。在金融科技企业的风险分析和评价过程中，构建一个全面而深入的风险评价体系尤为重要。该体系能够帮助我们更全面、深入地了解金融科技企业的经营状况，并有效识别其潜在的管理问题和风险。这一评价体系的核心在于结合多种风险因素，并根据每个因素的重要性设置相应的权重，以确保评估过程的准确性和全面性。然而，在评估过程中，市场风险因素的特殊性使得其难以通过传统的量化方法来进行准确评估。市场风险受多种外部环境的影响，如宏观经济波动、行业竞争状况以及政策变化等，这些因素往往难以通过简单的量化模型进行精确预测。因此，对于市场风险，评价体系需要结合定性分析的方法，利用专家意见、历史数据和趋势分析等工具，进一步完善风险评估过程。通过构建这样的评价体系，不仅能够及时发现和识别金融科技企业在管理和运营中存在的风险，还能为企业高层管理者和投资者提供科学合理的决策依据，确保企业在复杂的市场环境中保持稳健发展。表6-1中的各项指标详细列出了金融科技企业在风险管理中需要重点关注的领域，包括运营风险、流动性风险、投资风险、技术风险和信用风险等。这些指标的权重设定则根据各个风险因素对企业整体运营和财务健康状况的影响程度进行调整，以确保体系能够全面反映企业的实际风险状况。

表6-1　**金融科技企业风险评价指标体系**

风险分层	风险指标	计算公式
运营风险	存货周转率	营业收入/存货平均余额
	应收账款周转率	销售收入/应收账款净额平均余额
流动性风险	资产负债比率	负债总额/资产总额
	现金流动负债比率	经营活动产生的现金净流量/期末流动负债
投资风险	净资产收益率	净利润/股东权益平均余额
	成本费用利润率	利润总额/成本费用总额

续表

风险分层	风险指标	计算公式
投资风险	投资收益率	本期投资收益/（长期股权投资本期期末值+持有至到期投资本期期末值+交易性金融资产本期期末值+可供出售金融资产本期期末值+衍生金融资产本期期末值）
技术风险	第一大客户销售额占总销售额比率	第一大客户销售额/总销售额
	第一大供应商采购额占总采购额比率	第一大供应商采购额/总采购额比率
	客户集中度	前五大客户销售额占年度总销售额比率
信用风险	净利润增长率	（报告期净利润-上期净利润）/上期净利润
	销售增长率	（本年销售额-上年销售额）/上年销售额

6.4 金融科技平台风险评价

6.4.1 数据来源

本章选择19家金融科技上市企业作为分析样本，数据来自Wind数据库金融科技上市企业2013—2023年财务指标。具体的19家金融科技企业见表6-2。

表6-2 **19家金融科技企业**

股票代码	股票简称
000555	神州信息
000948	南天信息

续表

股票代码	股票简称
000997	新大陆
002017	东信和平
002104	恒宝股份
002152	广电运通
002197	证通电子
300033	同花顺
300059	东方财富
300085	银之杰
300130	新国都
300205	天喻信息
300229	拓尔思
300231	银信科技
600446	金证股份
600570	恒生电子
600571	信雅达
600850	电科数字
601519	大智慧

6.4.2 权重确定

(1) 建立标准化矩阵

A金融科技上市企业的原始矩阵为：

$$X=\begin{pmatrix} x_{11} & x_{12} & \cdots & x_{1n} \\ x_{21} & x_{22} & \cdots & x_{2n} \\ \vdots & \vdots & \vdots & \vdots \\ x_{n1} & x_{n2} & \cdots & x_{n3} \end{pmatrix}$$

其中正向指标的计算公式为：

$$r_{ij} = \frac{x_{ij} - x_{\min(i)}}{x_{\max(i)} - x_{\min(i)}}$$

负向指标的计算公式为：

$$r_{ij} = \frac{x_{\min(i)} - x_{ij}}{x_{\max(i)} - x_{\min(i)}}$$

既不是正向指标也不是负向指标的计算公式为：

$$r_{ij} = \begin{cases} \dfrac{x_{ij} - x_{\min(i)}}{x_{0(i)} - x_{\min(i)}}, & x_{ij} \leqslant x_{0(i)} \\ \dfrac{x_{\max(i)} - x_{ij}}{x_{\max(i)} - x_{0(i)}}, & x_{ij} > x_{0(i)} \end{cases}$$

由此得到标准化矩阵为：

$$R = \begin{pmatrix} r_{11} & r_{12} & \cdots & r_{1n} \\ r_{21} & r_{22} & \cdots & r_{2n} \\ \vdots & \vdots & \vdots & \vdots \\ r_{n1} & r_{n2} & \cdots & r_{n3} \end{pmatrix}$$

m为评价指标总数，n代表评价年份数。为了保证矩阵中没有零，将所有数据加0.0001，最终得到标准化矩阵。

（2）确定权重

首先确定特征比重：

$$g_{ij} = \frac{r_{ij}}{\sum_{j=1}^{n} r_{ij}}$$

其次计算第i项指标的熵值：

$$F_i = \frac{-1}{\ln n} \sum_{j=1}^{n} g_{ij} \ln g_{ij}$$

由熵值确定差异系数：

$$H_i = 1 - F_i$$

再次确定熵权：

$$W_i = \frac{H_i}{\sum_{j=1}^{m} H_i}$$

最后A金融科技上市企业的风险指数为：

$$X_i = \sum_{i=1}^{m} w_i r_{ij}$$

6.4.3 风险评价

2013—2023年19家金融科技企业的风险指数如表6-3所示。得分越高，表明企业的风险越低；得分越低，则表明企业的风险越高。

表6-3　　19家金融科技企业风险评价综合得分

年份	2013	2014	2015	2016	2017	2018	2019	2020	2021	2022	2023
神州信息	0.1296	0.0786	0.0746	0.0726	0.0179	0.0238	0.0402	0.0254	0.0271	0.0395	0.0256
南天信息	0.1470	0.1069	0.1438	0.0941	0.0207	0.0359	0.0229	0.0247	0.0262	0.0411	0.0322
新大陆	0.1689	0.1005	0.1212	0.1210	0.0269	0.0370	0.0354	0.0302	0.0319	0.0408	0.0283
东信和平	0.1811	0.1224	0.1298	0.1088	0.0269	0.0431	0.0383	0.0338	0.0313	0.0425	0.0340
恒宝股份	0.2135	0.1638	0.1584	0.1442	0.0339	0.0495	0.0451	0.0327	0.0358	0.0532	0.0434
广电运通	0.1766	0.1722	0.1849	0.1286	0.0302	0.0403	0.0350	0.0322	0.0298	0.0473	0.0331
证通电子	0.1884	0.1636	0.1654	0.1803	0.0370	0.0231	0.0489	0.0548	0.0730	0.0702	0.0689
同花顺	0.1227	0.1513	0.3730	0.4359	0.2611	0.1330	0.1513	0.2212	0.1043	0.1278	0.1077
东方财富	0.1227	0.1513	0.3730	0.4359	0.2611	0.1330	0.1513	0.2212	0.1043	0.1278	0.1077
银之杰	0.1227	0.1513	0.3730	0.4359	0.2611	0.1330	0.1513	0.2212	0.1043	0.1278	0.1077
新国都	0.1362	0.1068	0.1949	0.2298	0.0433	0.0419	0.1704	0.0524	0.0388	0.0626	0.1074
天喻信息	0.0859	0.1169	0.1292	0.1252	0.0251	0.0397	0.0317	0.0099	0.0203	0.0308	0.0373
拓尔思	0.1003	0.1212	0.1191	0.1371	0.0301	0.0325	0.0390	0.0462	0.0859	0.1007	0.0334
银信科技	0.1702	0.2815	0.2642	0.1774	0.0333	0.0543	0.0270	0.0456	0.0537	0.0791	0.0640
金证股份	0.1702	0.2815	0.2642	0.1774	0.0333	0.0543	0.0270	0.0456	0.0537	0.0791	0.0640
恒生电子	0.1702	0.2815	0.2642	0.1774	0.0333	0.0543	0.0270	0.0456	0.0537	0.0791	0.0640
信雅达	0.0609	0.0550	0.0710	0.0644	0.0300	0.0373	0.0287	0.0375	0.0553	0.0484	0.0438
电科数字	0.1751	0.0488	0.1093	0.0604	0.0176	0.0251	0.0256	0.0234	0.0324	0.0485	0.0277
大智慧	0.6741	0.4147	0.4436	0.4912	0.2144	0.2376	0.2077	0.2277	0.2369	0.1275	0.2305

总体来看，大多数金融科技企业在2013—2017年间表现出较高的风险，得分普遍较低，尤其是在2015年和2016年，企业的得分普遍下

降。这可能与行业快速增长过程中，企业面临更高的不确定性和潜在的系统性风险有关。同时，监管政策的缺位、行业内竞争加剧，以及技术的迅速迭代，也对企业的风险控制能力提出了严峻挑战。自2018年之后，随着监管政策的逐渐完善，企业的得分整体上有所提升。金融科技企业逐渐意识到风险管理的重要性，开始加大投入，以应对快速变化的市场环境。特别是在2020年至2022年期间，许多企业的得分出现回升，表明这些企业可能通过改进内部管理和提升技术能力，成功应对了此前的挑战。

神州信息这家企业在2017年表现出非常高的风险，得分低至0.0179，但自此之后，其得分有所回升，2023年为0.0256。尽管其风险在2018年后有所缓解，但整体得分仍表明其风险控制能力需要进一步提升。南天信息的风险得分自2013年以来总体呈下降趋势，2017年达到最低值（0.0207），此后略有回升，但整体表现仍低于2013年的水平，说明其风险在2017年后并未显著改善。新大陆的风险得分在2013—2017年期间波动较大，2017年达到最低值（0.0269），随后略有回升。2023年得分为0.0283，尽管整体风险有所降低，但其波动较大，表明其风险管理能力仍需加强。同花顺和东方财富这两家企业在2015年和2016年表现出较低的风险（得分分别为0.3730和0.4359），表明它们在这一时期风险控制较为有效。然而，在2017年以后，风险逐渐上升，这可能与市场波动或监管环境变化有关。

从行业整体表现来看，2013年至2017年是大多数企业面临较高风险的时期。随着行业监管政策的逐步完善，以及企业在技术升级和管理提升方面的努力，许多企业自2018年之后风险得分有所提升。2020年至2022年期间的整体风险得分表明，金融科技企业通过加强内部管理、提升技术能力以及与监管机构的合作，逐渐增强了对市场波动和技术挑战的应对能力。然而，尽管行业总体风险得分在近几年有所回升，部分企业的风险管理仍面临挑战，尤其是一些中小型企业在技术风险和数据安全方面仍有较大改善空间。

6.5 本章小结

本章深入探讨了金融科技平台的风险识别与评价机制。首先，本章分析了金融科技平台的风险特性。金融科技平台通过大数据、人工智能、云计算等前沿技术手段，虽然极大地提升了金融服务的创新能力与效率，但同时也带来了独特的风险管理挑战。这些平台的风险传递速度更快且更加隐蔽，增加了风险的预测和管理难度。

其次，本章详细探讨了金融科技平台的风险来源及成因。内部风险主要包括技术风险、治理结构和内部管理问题，如系统漏洞、技术故障、管理不善等；外部风险则源自政策和监管环境的变化、市场波动、外部竞争压力等。此外，信息不对称、长尾效应和金融科技平台自身的脆弱性也是重要的风险成因。

在风险传导方面，本章研究了金融科技平台风险如何通过外部性和脆弱性进行传导。外部性风险传导包括信息外部性、市场外部性和系统性外部性，而脆弱性风险传导则主要体现在技术脆弱性、平台间依赖性和管理与治理结构的脆弱性上。本章还详细分析了信用风险、市场风险、流动性风险、运营风险和网络信息技术风险等主要风险类型的传导路径。

为了有效评价金融科技平台的风险，本章提出了风险评价指标体系的构建原则，包括全面性、动态性、科学性、可操作性、前瞻性和透明性与规范性等。基于这些原则，本章构建了一个包含多个风险分层的风险评价指标体系，涵盖了运营风险、流动性风险、投资风险、技术风险和信用风险等多个方面。

最后，本章通过实证分析对金融科技平台的风险进行了评价。选取了19家金融科技上市企业作为样本，利用财务指标数据对不同年份和企业之间的风险差异进行了分析。研究发现，随着监管环境的逐步完善和金融科技企业在风险管理方面的投入增加，行业整体风险水平有所降低，但仍需持续关注并加强风险管理。

7 数智治理视域下国外金融科技平台监管经验分析

金融科技市场的有序发展离不开国家的有效监管，美国、英国、澳大利亚、巴西等国家的监管机构已立足于国情进行了数智化金融科技监管制度的有益探索。美国的金融科技监管开展最早，内容也较丰富，可以视为金融科技发展雁阵的先行样本，英国则在一定程度上代表欧洲开创了跟随型金融科技监管的样板，澳大利亚在欧美金融科技发展体系中具有尾部示范效应，巴西在一定程度上反映了新兴市场的监管样态，从这四个国家的金融科技监管历程入手，梳理各国监管政策具体内容，分析监管模式背后的优劣利弊，总结各国金融监管经验，可以为我国建立适度有效的金融科技监管制度提供新思路。

7.1 美国金融科技监管经验分析

7.1.1 美国金融科技监管历程

美国的金融科技监管历程主要可以划分为七个阶段。21世纪初，美国金融科技监管处于早期阶段。互联网金融服务在这一阶段兴起，随着互联网的普及，金融科技的雏形开始显现。在线银行如ING Direct和网上支付平台如PayPal崛起，提供更便捷的金融服务。这一时期，传统银行面临着来自新兴在线服务的竞争，而相关监管却存在不足。在监管环境上，由于缺乏明确的金融科技定义，监管机构很难适应这些新兴业务。许多金融科技公司常常在现有法律框架下寻找生存空间，造成了合规性的不确定性。例如，在线贷款平台往往面临州与州之间不同的借贷法规。自2008年开始，美国金融科技监管进入金融危机后的反思阶段。2008年金融危机暴露了金融体系的脆弱性，促使美国政府采取相应措施，于是《多德-弗兰克华尔街改革和消费者保护法》得以推出。该法案旨在防范未来的金融危机，其中包含了多项针对大型金融机构的监管措施，包括更高的资本要求和更严格的压力测试。《多德-弗兰克华尔街改革和消费者保护法》的实施标志着消费者保护的加强，特别是针对信贷和按揭市场的改革。消费者金融保护局（CFPB）的成立是这一法案的重要成果，旨在保护消费者免受不当贷款和欺诈行为的影响。2010年之后，美国金融科技监管出现创新空间，监管沙箱的概念开始流行，允许金融科技公司在受控环境中测试其产品，降低合规障碍。例如，亚利桑那州和其他一些州开始设立沙箱，鼓励创新。在监管沙箱中，参与者可以在一定期限内试验产品，同时获得监管机构的指导。这为新兴企业提供了宝贵的反馈，帮助它们优化产品并满足合规要求。2015年前后，美国金融科技监管进入各州监管框架搭建阶段。随着金融科技的蓬勃发展与监管意识的逐级传递，各州开始制定自己的法规，以应对行业的特定需求，例如，纽约州推出的“BitLicense”要求数字货币企业获得许可并遵守严格的反洗钱和消费者保护法规。多样化监管法规的出现为监管行动提供了充足的依据，但也使跨州经营存在着挑战。不同州之间的法规差异导致了“监管碎片化”，这给金融科技公司在扩展时带来了合规障碍。为此，一些公司开始寻求联邦监管框架的支持，以减少合规负担。2015年后，美国金融科技监管进入关注消费者保护阶段。随着监管的深入，消费者金融保护局的角色也日益重要。消费者金融保护局在保护消费者权益方面发挥了关键作用，推出了一系列规定，例如要求贷款公司提供透明的贷款条款和费用信息。这些措施旨在降低消费者在金融交易中的风险。与此同时，消费者金融保护局还加强了对高利贷和小额贷款的监管，提升贷款透明度，要求相关企业遵循严格的披露规定，以保护弱势消费者。2017年后，美国金融科技监管进入面临数字资产与加密货币兴起的挑战阶段。随着加密货币的流行，美国证券交易委员会（SEC）与美国商品期货交易委员会（CFTC）开始分别负责数字资产的监管。SEC主要负责对证券类代币的监管，确保发行过程遵循证券法，而CFTC则对期货市场和某些数字资产的交易进行监管。在这一阶段，许多初创企业通过首次代币发行（ICO）融资，但由于缺乏透明度，许多首次代币发行融资遭到监管机构的调查。美国证券交易委员会发布警告，强调某些首次代币发行融资可能违反证券法，要求企业遵循适当的法律框架。21世纪20年代初，美国金融科技监管进入政策与监管的整合阶段。随着金融科技行业的成熟，联邦和州监管机构开始协同合作，以减少监管重叠和不一致性。这一过程的目标是创造一个更有利于创新的环境，同时保护消费者和维护市场稳定。金融科技行业内的呼声越来越高，希望建立统一的合规标准，简化企业在不同州间的运营。联邦监管机构逐步认识到这种需求，并逐步出台相关政策。

7.1.2 美国金融科技监管政策

美国金融科技监管的具体政策涵盖多个方面，旨在平衡创新与风险管理。

第一，在金融科技公司层面，货币监理署（OCC）颁布了特许金融科技公司计划，允许金融科技公司以国家银行的身份运营。这为其提供了更大的灵活性和更少的监管负担。

第二，在“监管沙盒”的尝试层面，一些州（如亚利桑那州和新泽西州）设立了“创新沙盒”，允许金融科技公司在监管框架内测试新产品，降低合规成本，促进创新。

第三，在数据隐私与保护层面，美国颁布了两项法案：《格拉姆-里奇-布莱利法案》要求金融机构保护客户隐私，限制个人信息的披露。而《加州消费者隐私法》赋予消费者更多控制个人数据的权利，要求公司透明地处理和分享数据。

第四，在反洗钱（AML）合规层面，金融科技公司，特别是涉及支付和转账的公司，必须遵守《银行保密法》（BSA）和AML法规，进行客户尽职调查（CDD）和可疑活动报告（SAR）。

第五，在证券与投资监管层面，1933年颁布的《证券法》是基本法规，这一法规要求所有证券在首次发行时向SEC注册，提供详尽的信息披露，以保护投资者。SEC针对ICO和加密资产的监管，确保投资者的保护，要求相关企业遵循《证券法》。

第六，在消费者保护层面，消费者金融保护局颁布了《消费者贷款保护法》《公平信贷法》等一系列法规，旨在加强对金融科技公司在消费者贷款、支付和其他服务中的合规监督，确保透明度和公平性。

第七，在加密货币监管层面，美国财政部旗下专属机构金融犯罪执法网络颁布的加密资产指导法案和反洗钱指导法案涉及虚拟货币的指导，要求加密货币服务提供商进行注册和合规运营。国家货币监理署颁布的有关《银行保密法》的指导原则和通告规定国家银行和联邦储蓄协会允许提供加密货币相关服务。各州对加密货币的监管有所不同，纽约州颁布了“虚拟货币业务许可证”政策。CFTC在此基础上对加密货币的衍生品交易进行监管，确保市场的稳定性与透明度。

第八，在信用评分和贷款透明性层面，监管机构关注金融科技在信用评分和贷款流程中的使用，确保消费者在获得贷款时了解所有相关条款与条件。具体依据如下：《公平信贷法》（Equal Credit Opportunity Act, ECOA）禁止基于种族、性别、婚姻状况等因素歧视借款人。《真实信贷法》（Truth in Lending Act, TILA）要求贷方在贷款合同中披露所有费用和利率，确保借款人了解贷款的真实成本。《消费者信贷保护法》(Consumer Credit Protection Act)提供关于信用评分的信息，确保消费者了解其信用评分如何影响借贷条件。《信用报告法》(Fair Credit Reporting Act, FCRA)规定信用报告的使用和消费者权利，包括获取和纠正信用报告的权利。《住房抵押贷款披露法》(Home Mortgage Disclosure Act, HMDA)要求金融机构报告其抵押贷款的详细数据，以监测贷款的公平性。

第九，在对金融科技发展的扶持层面，《促进创业企业融资法案》《金融服务现代化法案》《对数字化投顾使用的指导意见》《货币监理署：支持联邦银行系统负责任的创新》《多德-弗兰克华尔街改革和消费者保护法》等均注重对金融科技行业发展的保护。

7.1.3 美国金融科技监管模式

美国采取分业监管模式对本国金融科技进行监管。美国认为金融科技是金融业创新发展的衍生产物，金融科技监管与传统金融监管一致。目前美国对金融科技的监管较为严格，同时鼓励和支持创新，以维持美国在金融领域的全球领先地位。在实际监管过程中，美国没有组建独立的监管部门，而是依据金融业务本质属性，将其纳入原有监管框架进行监管。美国对金融科技企业实施牌照管理，只有满足一定的要求，才能取得相应的经营牌照许可。与此同时，美国也重视对金融机构和金融产品的准确识别，以确保监管行为的有效性。

分业监管是美国金融科技监管的最佳模式，这是在原有监管职责混乱、监管领域存在重叠或空白的情况下进行的改造和升级，由多个金融监管机构一同组建，对金融科技行业进行监督与规制，并就监管效果共同承担责任的监管模式。美国选择分业监管的主要原因有三点：第一，美国监管部门始终坚持金融科技本质上是金融，依照企业的功能属性实行分业管理可有效避免监管套利的问题；第二，金融科技是新兴领域，美国对其能够产生的宏微观影响尚不明晰，需要持续探索；第三，美国传统金融服务较为健全，而分业监管是指不创立一种新监管机构或模式，而是将金融业务按照一定标准分类，不同业务类型分别由不同的机构进行独立管理和监督，并入现有的金融监管框架中进行统一的监管的模式。采用这种模式可以明确金融产品和服务的本质属性，减少监管真空和监管重叠的情况，并按照实质重于形式的原则确定监管主体和监管规则。

在实际监管的过程中，分业监管突出的优势在于其专业性强和灵活度高，能够在原有行业的基础上对新增金融科技进行监管。美国在2010年《多德-弗兰克华尔街改革和消费者保护法》中对金融科技监管行为进行了调整，随着科技的迅猛发展，新兴金融科技理财手段层出不穷，各类证券产业势必会集中和汇集各类资金。除了对原监管机构进行改组，美国还设立了新的消费者金融保护局对消费者的权益进行全面保护。一方面，消费者金融保护局具有独立的监管权，可制定专有行业的监管条例并监督贯彻实施，对相应的金融产品进行随机抽取测试，以杜绝"信息黑盒"导致的隐形消费、掠夺性条款等；另一方面，消费者金融保护局也有权对美国各类银行、非银行金融机构及资产规模超过100亿美元的信贷机构进行监管，这进一步确保了风险的降低和对个人所得利益的保护。美国采取专事专办、对症下药的方式解决金融科技创新性过强的问题，对各项新兴金融科技业务采取分业监管的模式进行管理，如第三方支付由货币监理署监管，网贷、个人贷款业务由SEC进行约束，虽然采取分业监管的方式能够有针对性地对金融科技的特征进行划分，但金融科技的跨领域、斜杠性特征导致归类难度较大，在2019年还是走向了集中管理模式。

分业监管模式在不改变原有国家机构设置的基础上，将金融科技公司的内部要素进行拆分并划归管理。但是由于法律法规的制定和组织之间的差异，监管交叉重叠的情况常有发生，在缺乏协调机制的基础上，不同程度的执法力度对金融科技公司本身也会造成经营阻碍，金融高危性进一步增加，尤其是当今混业经营成为发展趋势，难以对金融集团的集体风险进行有效的把握和控制。

7.1.4 美国金融科技平台的数智化监管

目前，数字化应用于美国金融科技监管中，进而增强美国金融科技发展的合规和监管效率。以亚利桑那州和犹他州为代表的美国各州均设立了监管沙盒，使金融科技公司可以在受控环境中测试新产品。这些沙盒通常配备数字化平台，以便实时监测和评估创新带来的风险。在监管过程中，美国完善了电子报告系统。SEC推出了EDGAR（电子数据收集、分析和检索系统），允许金融科技公司以数字形式提交合规文件，简化了报告流程，提高了透明度。Experian和TransUnion等信用报告机构提供数字身份验证服务，金融科技公司可以通过这些平台快速验证客户身份，提高了解客户（KYC）流程的效率和安全性。在区块链应用领域，一些金融科技公司利用区块链技术进行交易记录和合规跟踪，监管机构也在研究如何监管这些基于区块链的系统，以确保透明度和安全性。在消费者保护方面，美国政府提供了多种数字化工具。例如，消费者金融保护局推出的多种在线资源和工具，帮助消费者了解金融产品的条款和风险，提升透明度和金融教育。尽管开放银行倡议在美国的实施还处于初期阶段，一些金融机构已经开始采用API（应用程序接口）技术，允许第三方开发者访问其数据，以促进创新和竞争。另外，美国关注数据共享与分析。美国监管机构通过数据分析工具和平台来共享信息，监测金融科技公司的合规情况，及时应对潜在风险。

7.2 英国金融科技监管经验分析

7.2.1 英国金融科技监管历程

英国金融科技监管的历程主要可以划分为五个阶段。21世纪初，英国金融科技监管处于早期阶段。早期的金融科技发展相对缓慢，主要集中在电子支付和在线银行等基础技术，英国金融科技监管处于粗放式监管阶段。2008—2012年，英国金融科技监管处于金融危机后的改革阶段。2008年金融危机促使监管机构重新审视金融体系的稳定性。英国金融服务管理局（FSA）在这一阶段对金融市场进行了重组，强调监管和消费者保护。2013—2015年，英国金融科技监管处于金融科技兴起阶段。金融科技企业在这一阶段开始快速增长，推动了相关产品的发展与创新。英国政府2013年设立的英国实业银行（British Business

Bank，BBB）为英国实业银行投资项目（BBB Investment Program）额外投资1亿英镑，旨在解决金融市场内小型公司存在的资金缺口问题，为金融科技企业的发展提供更多借款选择。2014年，英国政府相应发布了《金融服务增长计划》，鼓励金融科技发展，促进金融科技市场竞争。英国金融行为监管局（FCA）针对金融科技企业不熟悉监管规则的难题，2014年10月启动“项目革新”计划。该计划针对金融科技行业建立两项机制安排，以达到促进金融企业提升创造力，开发新的产品、技术及商业模式，增强行业竞争力的目的。“项目革新”建立的两项机制，承担不同阶段的任务。一项是针对支持创新型企业的审批而设立创新中心，中心致力于搭建企业与监管部门之间的沟通桥梁，辅导企业申请监管沙盒资格；另一项是由创新中心向持牌企业提出合规建议，帮助企业了解应承担的法律责任，理解金融监管政策和法律事项。自2016年开始，英国金融科技监管处于监管沙箱推出阶段。英国金融行为监管局在这一阶段推出了全球首个监管沙箱，允许金融科技公司在受控环境中测试产品和服务。这一措施受到广泛欢迎，促进了创新与合规的结合。英国央行英格兰银行于2016年6月17日发布了金融科技创新加速器，对开发网络安全解决方案、数据保护和区块链技术的金融科技新公司开放，展示解决方案，促进央行完善监管政策。2017年至今，英国金融科技监管处于持续监管与行业合规阶段。英国财政部于2017年提出“监管创新计划”，鼓励金融科技企业探索变革性的业务模式。随着金融科技的进一步发展，监管机构不断更新政策，以应对新兴技术的挑战，如加密货币、区块链和人工智能等。英国金融行为监管局加强了对消费者保护、数据安全和反洗钱的监管。2020年左右，英国开始在金融科技监管方面积极参与国际合作，与其他国家的监管机构分享最佳实践，推动全球金融科技的健康发展。

7.2.2 英国金融科技监管政策

英国的金融科技监管政策不断发展，主要围绕促进创新与确保消费者保护、市场稳定之间的平衡，旨在推动金融科技行业的健康发展，同时确保合规性和透明度。

第一，在监管方法层面，英国提出创新沙盒（Innovation Sandbox）政策，该政策是由FCA推出的一个重要政策工具，旨在为金融科技公司、初创企业以及其他创新型金融服务提供一个安全、低风险的环境，以测试新产品和商业模式，同时确保它们符合监管要求。该政策的核心目的是通过提供灵活的监管框架，鼓励金融创新，并在监管上提供一定的支持，确保创新不会导致消费者利益的损害。

第二，在支付服务和电子货币监管层面，FCA对支付服务提供商和电子货币机构实施注册制度，要求其遵循《支付服务指令》和《电子货币指令》，并同时遵守反洗钱和了解客户政策。英国通过上述政策来确保金融科技公司在支付和电子货币领域的合规性，并保障消费者权益。

第三，在数据共享层面，根据欧盟支付服务指令2（PSD2）的要求，英国实施了开放银行政策，要求银行向授权的第三方支付机构和金融科技公司开放客户账户数据（在客户授权下）。通过API接口共享支付账户信息和支付指令，帮助消费者获得更便捷、定制化的金融服务。要求银行和金融机构提供高度安全的数据传输和存储方式，确保客户数据的隐私和安全。通过银行和第三方金融科技公司的数据共享，提升竞争，推动金融创新。

第四，在数据隐私和安全性层面，英国颁布了《通用数据保护条例》（GDPR），根据这一条例要求，金融科技公司在处理客户个人数据时必须遵循严格的隐私保护规定。金融科技公司需要获取用户明确同意，向用户提供数据访问权和删除权。公司必须在发生数据泄露事件时及时报告并采取补救措施。

第五，在加密资产监管层面，自2020年1月起，FCA要求所有提供加密资产服务的企业必须注册并遵守反洗钱和反恐怖融资法规。这些法规要求加密资产公司必须执行客户尽职调查（CDD）和身份验证程序，持续对交易进行监控，以防止洗钱和恐怖主义融资活动，并提高加密资产交易的透明度，报告任何可疑活动。根据这一要求，所有在英国境内运营的加密资产交易所、钱包提供商和其他加密资产服务提供商必须遵守反洗钱法规，并将其活动报告给FCA。

第六，在稳定币监管层面，英国政府在《金融市场基础设施法案》

（FMIs）中规定了对稳定币的监管框架。稳定币被视为一种具有支付功能的数字货币，因此如果其用作支付手段，可能需要在支付系统或电子货币的框架下进行监管。《金融市场基础设施法案》对稳定币的监管进行了定义：任何涉及稳定币的金融活动，尤其是涉及大量交易或跨境交易的稳定币，可能会被要求遵循支付体系的规则。这包括透明度要求、资本充足性要求等。该法案对稳定币发行者的监管要求在于稳定币发行者可能需要获得FCA批准，遵守储备金管理要求，确保其稳定币能够稳定兑换，并满足消费者保护的基本要求。

7.2.3 英国金融科技监管模式

英国采取高度集中的金融监管模式。高度集中的金融监管模式的核心在于，通过国家设立专有机构的模式对金融机构进行监管，在原有的金融机构不变的情况下增加金融科技监管职能。2008年金融危机是重要的监管分界线，金融科技的监管逐步由传统金融监管模式下的微观个体监管与行业自治向宏观经济统一管理转变，除了要对具体新兴行业进行监管，监管方式也在向宏观方向转变，从宏观审慎的角度出发，进行对金融体系的监管。

在高度集中的金融监管模式下，英国采取较为激进的机构优化重组方式，直接废除由原有的英格兰银行、金融服务管理局、财政部三方涵盖地方、行业、国家多头经营的模式，2008年成立了FCA，由其统一对金融科技进行监管。金融危机后，英国对金融监管制度进行了改革，建立了明确、高效的监管协调机制，将混业监管的大监管机构英国金融服务管理局拆分，新设FCA监管各类金融机构业务行为。FCA作为一个独立的公共机构，依据《2000年金融服务与市场法案》，承担对金融科技的监管责任，通过前瞻性干预监管、基于事件的响应式监管及专题和产品线监管等多元化的金融行为监管活动，实现创新与风险的平衡，保障金融市场稳定。

高度集中的金融监管模式在英国的监管理念下实现。英国作为世界领先的金融科技中心，有着世界领先的金融监管制度，简化、透明的监管办法和顶尖的金融科技精英。英国的监管理念坚持积极采用前瞻性的监管思维，进行适度监管以确保其在全球金融领域的领先地位。英国政府及其金融监管机构FCA对行业竞争和创新予以强力支持。2011年英国便成立了世界上第一个P2P行业协会。随后，FCA于2014年提出了“项目革新”计划，强调支持金融科技企业进行创新，并保护金融消费者的利益。

高度集中的金融监管模式促进了英国金融科技监管。为有效规避金融科技的高创新性与政策制定滞后性的问题，在之后又增设了创新项目计划和创新中心的模式来负责金融科技创新与监管，积极引入“监管沙盒”等新兴监管科技与监管办法，将公司的金融发展在小范围内进行实验模拟，在实验中控制投资资本并对资金损失进行补偿。有赖于高度集中的金融监管模式，英国成为全球率先使用“监管沙盒”制度的国家，为金融科技企业试验其产品和服务提供了一个安全空间，从而有效降低金融风险的发生概率，并实现事前、事中的全面监管。测试结束后，FCA会向参与测试的企业提供反馈报告，企业可以根据报告结果决定是否继续测试或将产品推向市场。就英国金融监管实践经验来看，沙盒监管这一做法可以有效地避免金融风险的发生概率，实现事前、事中监管全覆盖，并且对风险蔓延也有一定的抑制作用，不会造成大范围的影响。此外，英国在金融科技监管方面也非常重视行业的自律作用，实行行业自律先行、政府跟进的模式。

7.2.4 英国金融科技平台的数智化监管

在英国，金融科技监管及数智化转型得到了政府和金融监管机构的积极支持。英国在金融科技监管中的数字化应用，通过创新沙盒、电子身份认证、区块链与智能合约、RegTech工具和央行数字货币的监管框架等案例，展示了数字化监管如何帮助金融科技行业提升合规性、透明度和效率。这些数智化监管工具不仅促进了金融科技创新，也保障了消费者的权益和市场的健康稳定发展。

第一，FCA推出的创新沙盒即是一个非常典型的数智化监管运用，该方法旨在支持金融科技公司测试创新产品或服务，同时确保其符合监管要求。其中的数字化支持主要通过数字平台，FCA能够有效地监控和评估沙盒参与者的合规性表现。监管技术（RegTech）在这一过程中起到了关键作用，FCA利用数据分析、人工智能和自动化工具来实时评估创新产品的潜在风险和合规性问题。英国的金融科技行业通过这一沙盒测试了众多创新产品和技术，许多公司成功从沙盒中走出，领先于市场上其他的竞争者。FCA能够利用数字化工具实时追踪公司在沙盒中的表现，确保这些创新不会引发系统性风险。

第二，电子身份认证（eID）是另一个数智化监管在金融科技领域中的应用。英国的Gov.uk Verify系统是一种基于数字化技术的电子身份认证平台，旨在简化公民和企业在与政府或金融机构互动时的身份验证过程。Gov.uk Verify是一个政府主导的数字身份验证系统，旨在提高在线服务的安全性和效率。该系统让英国公民可以通过认证的第三方服务商进行数字身份验证，从而简化了许多行政事务，包括税务、福利申请等。其与金融科技的结合在于金融科技公司利用这一电子身份认证系统来验证用户身份，尤其是在提供贷款、支付服务或投资产品时。这种数字化身份验证不仅提升了用户体验，还加强了金融服务的合规性，尤其是在反洗钱和客户尽职调查（CDD）方面。通过eID，金融机构能够快速且安全地验证客户身份，减少了传统身份验证流程中的纸质文件和人工审核，降低了成本，提高了效率。另外，通过与电子身份认证系统的集成，金融机构可以更好地遵守反洗钱和反欺诈法规，提高了合规性。

第三，区块链技术，尤其是在金融服务领域中的应用，正逐步成为英国监管的一部分，推动了交易透明度、合规性和效率的提升。智能合约作为区块链的一种应用，被许多金融机构引入，以简化和自动化合同执行过程。目前，英国金融市场基础设施的部分数字化转型已经开始采用区块链技术进行资产交易和结算。区块链提供了一种去中心化、透明且不可篡改的记录方式，帮助金融机构确保交易的安全性。另外，智能合约作为区块链的一部分，被用来自动执行合同条款，不需要第三方中介。这种技术的使用减少了人为错误和欺诈的可能性，并提高了合规性和效率。通过区块链和智能合约，所有交易都能够在公共账本中得到记录和验证，提升了市场透明度，增强了消费者对金融服务的信任。与此同时，金融机构通过自动化执行合同条款，减少了合规和管理的成本，并降低了人为操作的风险。

第四，监管科技是利用技术创新来帮助金融公司和监管机构遵守金融法规的一类技术。在英国，FCA积极推动监管科技的应用，帮助金融服务公司提高合规性效率，同时为监管机构提供更精准的监管手段。FCA利用监管科技引入了自动化的合规报告工具，允许金融公司通过API将其交易、风险和合规数据实时上传到监管机构。这样的数字化工具不仅提高了数据处理的速度，还减少了人工干预和错误。FCA还采用一些AI和大数据工具，来进行实时市场监控和风险评估。这些工具可以帮助FCA快速发现市场中的潜在风险，并采取针对性的监管措施。通过自动化工具，金融服务公司可以更容易地遵守法规要求，及时更新其合规报告，减少了违规风险。与此同时，FCA通过监管科技能够实时获取大量的数据并进行自动化分析，提高了监管效率和应对市场变化的能力。

第五，英国政府和金融机构正在探索央行数字货币（CBDC）的监管框架。英国央行（Bank of England）也正在积极研究如何设计和实施数字货币，同时确保其符合金融稳定性和监管要求。英国政府考虑如何将央行数字货币纳入现有的金融监管框架，以确保其在支付系统中的使用是安全、透明的。同时，政府需要确保央行数字货币能够符合反洗钱、反恐怖融资等监管要求。英国正在考虑利用区块链技术和智能合约，帮助管理央行数字货币的发行和交易，确保资金流动的安全性和合规性。央行数字货币的监管框架将有助于确保数字货币在支付系统中的顺畅流动，并避免系统性风险。随着央行数字货币的发展，英国的监管机构将进一步推动数字化监管手段的应用，如实时监控交易、智能合约自动执行等。

7.3 澳大利亚金融科技监管经验分析

7.3.1 澳大利亚金融科技监管历程

澳大利亚金融科技监管的历程主要可以划分为五个阶段。2010年前，澳大利亚金融科技监管处于初期阶段。在这一阶段，澳大利亚并没有专门针对金融科技的监管框架。金融科技行业尚处于起步阶段，主要集中在传统金融行业的创新，诸如支付、个人理财以及借贷等。此时，澳大利亚的金融监管机构，如澳大利亚证券投资委员会（ASIC）、澳大利亚审慎监管局（APRA）和澳大利亚竞争与消费者委员会（ACCC），主要依赖现有的法律体系来监管金融服务。2014—2016年，澳大利亚金融科技监管处于监管指导与规范阶段。随着金融科技行业的蓬勃发展，澳大利亚政府和监管机构开始关注这一领域的特殊性，并在2014年启动了金融服务的创新与竞争计划（Financial Services Innovation and Competition Plan）。2015年，ASIC发布了有关金融科技企业的监管指南，明确了如何依据现有法律对金融科技公司进行监管。2016年，澳大利亚政府推出了“FinTech行动计划”（FinTech Action Plan），其中的一项关键措施是监管沙盒（Regulatory Sandbox）。这个沙盒让初创的金融科技公司在不完全符合所有法律要求的情况下进行产品测试。具体来说，企业可以在沙盒内获得一定的豁免或宽松的监管要求，比如临时的许可，允许它们进行试点运营。沙盒的主要目标是，一方面降低创新公司面临的合规成本，帮助它们在市场上验证其技术创新和商业模式；另一方面让监管机构能够实时了解新兴技术的风险和潜力，为未来的全面监管政策制定提供依据。2017—2019年，澳大利亚金融科技监管处于监管框架的深化与行业支持阶段。2017年，ASIC通过金融科技创新实验室（Innovation Hub）进一步支持行业发展，帮助金融科技公司与监管机构之间建立更加顺畅的沟通渠道。这一举措使得金融科技初创公司能够获得更多的指导和支持，尤其是在申请金融服务牌照、合规问题、消费者保护等方面。金融科技创新实验室提供指导和咨询、注册与批准以及监管沙盒扩展等服务。此外，2018年，APRA也开始关注金融科技对银行业的影响，特别是如何处理数字银行和金融科技企业的竞争及合作。2019—2022年，澳大利亚金融科技监管处于加密资产与支付系统的规范阶段。2019年后，随着加密货币和区块链技术的崛起，澳大利亚政府和监管机构加大了对这些新兴技术的关注。2021—2022年，澳大利亚金融科技监管处于加密货币的监管阶段。2021年，澳大利亚财政部和ASIC开始审查加密货币的法律和监管框架。为了规范市场并保护投资者，财政部计划引入新的加密货币法律，包括：明确加密货币的法律地位和定义；监管加密货币交易平台，以减少欺诈和不当行为；推动加密资产管理和基金的合规性。此外，澳大利亚监管机构还开始探索如何在现有的金融市场基础上整合区块链技术，推动数字资产交易的合法化，并加强对跨境支付的监管。随着数字支付技术的普及和支付系统的不断创新，澳大利亚也开始重新审视支付系统的监管框架。2021年，澳大利亚储备银行（RBA）发布了关于支付系统改革的报告，提出了新的监管规则，旨在确保数字支付的安全性、透明度和效率。2023年及之后，澳大利亚金融科技监管处于全面强化监管与跨国合作阶段。2023年，澳大利亚进一步加强了金融科技监管框架，特别是在数字货币和跨境支付的管理方面。2023年，澳大利亚政府正式发布了《加密资产市场监管框架》，宣告了加密资产监管的正式出台。该框架包括：加密资产交易所的监管，即要求加密货币交易所向ASIC注册，并遵守严格的反洗钱（AML）和客户身份验证（KYC）规定。ICO与代币发行的合规性，即规定了ICO的透明度要求，确保投资者能够获取足够的信息，做出明智的决策。支付创新与金融技术发展的监管，即为了应对金融科技产品的快速发展，澳大利亚支付协会（AusPayNet）与其他监管机构紧密合作，推动了包括移动支付、数字钱包、即时支付（Real-Time Payments, RTP）等领域的创新与规范。数据保护与隐私要求，即澳大利亚的隐私法（Privacy Act）和数据保护法规也得到了进一步强化，尤其是关于金融科技公司如何收集和使用用户数据的问题。例如，金融科技公司在处理个人金融数据时，必须严格遵循数据隐私要求，避免滥用或泄露个人信息。

7.3.2 澳大利亚金融科技监管政策

澳大利亚在金融科技领域的监管体系由多项具体政策和法律框架构成，旨在平衡创新与监管合规。隐私法发布较早，1988年便已出台，该法旨在保护个人隐私和数据安全。目前，金融科技公司必须遵守该法，在收集、存储和使用个人数据时，必须获得用户同意，并保障用户的隐私权。该法也要求公司采取适当的安全措施，以防止数据泄露。支付系统改革法（Payment Systems Regulation ）发布也较早，1998年出台，该法目前仍被沿用。该法明确了相关问题由澳大利亚储备银行监管，旨在促进支付系统的稳定、效率和透明性。该法规定了支付系统的监管框架，包括对电子支付和数字货币等新兴支付方式的管理。金融服务改革法（Financial Services Reform Act ）发布于2001年，该项法律是澳大利亚金融服务和市场监管的核心法律之一。它规定了提供金融产品和服务的公司必须获得金融服务许可证（AFS License）。该法也涵盖了金融市场的合规要求，包括金融科技公司在内的所有金融服务提供者。反洗钱与反恐怖融资法（Anti-Money Laundering and Counter-Terrorism Financing ）发布于2006年，该法要求所有金融机构，包括金融科技公司，采取措施防止洗钱和恐怖融资活动。该法规定了客户身份识别要求，并要求金融公司实施相关的合规程序和报告机制。金融科技行动计划（FinTech Action Plan）发布于2016年，旨在推动金融科技行业的创新，同时确保监管框架能够适应新兴技术的发展。此计划包括设立监管沙盒、创新实验室等举措，支持金融科技公司与监管机构之间的沟通和合作。开放银行政策（Open Banking Framework）发布于2018年，这一政策使澳大利亚消费者能够将他们的银行账户信息授权第三方访问，并推动金融科技公司基于这些数据提供创新的金融服务。该政策是澳大利亚整体数字化金融服务改革的一部分，并加强了金融数据的保护和消费者隐私权。

7.3.3 澳大利亚金融科技监管模式

澳大利亚金融科技监管模式采取的是“双峰式”监管模式。“双峰式”监管模式作为以美国为代表的分业监管和以英国为代表的集中监管之间的过渡性模式，不仅找到了一个较为均衡的平衡利益点，对不同价值主体的需求进行了再平衡，而且对原有的法规监管进行了再创新，防止了监管滞后与科技超前背景下监管真空化的情形，更为重要的是迎合了国际统一监管的大趋势，使监管机构跳出主体进行再划分，适应了经济全球化趋势下企业发展国际化的需求。此外，荷兰也较为全面地贯彻和实行了“双峰”制度。澳大利亚对宏微观的审慎监管进行了进一步细化分离处理，将审慎监管彻底从澳大利亚央行中独立出来，采取专事专办的方式新成立澳大利亚审慎监管局，负责对金融体系中系统性重要机构的监管，例如对银行、保险等机构进行微观上的监管，澳大利亚储备银行则进行宏观上的审慎监管，对整体国家经济与金融发展情况进行统一约束和管理。澳大利亚还成立了证券投资委员会，构成了另一“峰”，负责对金融机构行为的监管并保护金融消费者权益。“双峰式”监管模式作为将高度集中监管和分业监管兼容并蓄的产物，创造性地将监管划分为审慎监管和行为监管两大模式，对金融的宏微观风险都进行了有效管控。但由于“双峰式”监管模式在一定程度上对金融科技进行了更严格的监管和干预，金融企业形式合规的成本也会水涨船高，经营压力也随之增大，导致外国的金融科技公司为寻求低成本低束缚而转移本国境内项目。但更高规格的监管也能有效提升该国金融风险管理能力，促使金融科技公司提升自身资本实力，依法依规地推广其新兴金融科技产品，从而在本国获得更强的竞争优势。

澳大利亚的“双峰式”监管模式主要以审慎监督管理局和证券投资委员会为监管主体。其采用的是限制性存款机构（ADI）政策，通过发放ADI牌照的方式对金融科技企业进行监管，并且在其发展过程中，澳大利亚的金融监管呈现出以监管机构、行业协会和监管科技企业为三角的发展模式，监管机构直接对监管科技企业采取监管措施，而监管科技企业则积极主动地向监管机构提供监管反馈信息，行业协会充当着润滑剂的作用，一方面积极主动配合参与监管科技企业的发展，另一方面按照实际情况向监管机构提供监管措施意见。此外，澳大利亚还结合本国国情和经济发展实际，采用“监管沙盒”方式，同时创造性地设立“创新中心”以加强对金融科技企业的金融产品进行服务支持和引导，帮助其适应澳大利亚的监管体系。

7.3.4 澳大利亚金融科技平台的数智化监管

澳大利亚在金融科技监管方面通过数智化手段推动创新与合规的平衡。无论是通过监管沙盒、开放银行政策、税务平台的数字化，还是加密货币和即时支付系统的监管创新，澳大利亚都致力于为金融科技公司提供更为灵活且受控的创新环境，同时确保消费者保护和市场稳定。

第一，澳大利亚证券投资委员会推出的监管沙盒即是一个非常典型的数字化监管运用。自2016年起，澳大利亚证券投资委员会推出了金融服务创新沙盒，允许金融科技公司在一定的监管宽松条件下测试其创新产品和服务。该沙盒为新兴的金融科技公司提供了一个受控的环境，以确保它们的产品可以合规运营，同时减轻法规遵循的负担。沙盒机制鼓励金融科技创新，在不完全遵守所有常规监管要求的情况下，允许公司进行必要的测试，缩短了创新产品和服务的推出时间。

第二，澳大利亚开放银行（Open Banking）是另一个非常典型的数字化监管运用。澳大利亚的开放银行政策始于2018年，旨在通过让消费者的银行数据更易获取，促进金融服务的竞争和创新。根据澳大利亚的《消费者数据权利法案》（CDR），银行和其他金融机构必须提供API接口，以便客户能够授权第三方金融科技公司访问其数据，前提是用户同意。开放银行促进了金融市场的透明度，提高了消费者的金融控制能力，并催生了更多创新服务，如个性化的理财和贷款产品。

第三，澳大利亚的数字货币和加密资产监管也是一个非常典型的数字化监管运用。澳大利亚对数字货币和加密资产的监管采取了一种适应性强、包容性较强的政策。澳大利亚政府并未全面禁止加密货币，而是通过相关法规对数字货币的交易和服务进行规范，确保金融稳定性并保护消费者。澳大利亚的监管框架为数字货币行业提供了合法合规的操作空间，同时鼓励创新并减少市场上的非法和不安全的加密资产交易。

第四，澳大利亚税务局（ATO）的数字化税务平台也是一个非常典型的数字化监管运用。澳大利亚税务局通过一系列数字化措施来简化和自动化税务申报过程，尤其是在金融科技公司和加密资产领域。这些数字化服务包括税务申报工具、数据集成以及与金融科技平台的整合，确保税务合规。数字化税务工具提高了合规效率，减少了企业和个人税务申报的烦琐过程，同时减少了人为错误，提高了税务透明度。

第五，澳大利亚数字支付和即时支付系统也是一个非常典型的数字化监管运用。澳大利亚推行了多个创新的数字支付平台，如Osko（由BPAY推出的即时支付平台）和New Payments Platform （NPP），以促进即时支付和数字交易的普及。此类系统不仅提高了支付效率，也促进了金融科技创新。

7.4 巴西金融科技监管经验分析

7.4.1 巴西金融科技监管历程

巴西的金融科技监管经历了逐步发展的过程，政府和金融监管机构在此过程中逐渐采取了更加开放和创新的态度，以促进金融科技的发展，同时确保金融体系的稳定和安全。巴西金融科技监管历程经历了六个重要阶段。2010—2014年，巴西金融科技监管处于初步阶段。金融科技的概念和实践在巴西起步较晚，但随着全球科技的迅猛发展，巴西的金融科技生态也开始逐渐萌芽。在这一阶段，巴西一些初创企业开始利用技术手段来提供支付、借贷、数字银行等金融服务，但此时巴西金融监管体系尚未形成专门的法律框架来监管这些新兴行业。2015—2016年，巴西金融科技监管处于中央银行的关注与初步回应阶段。2015年，巴西中央银行（Banco Central do Brasil， BCB）开始关注金融科技的发展，并认识到这一领域的重要性。尽管在初期阶段没有明确的监管框架，但巴西中央银行开始进行相关的咨询和讨论，以便在未来构建一个适应金融科技发展的监管环境。2017年，巴西金融科技监管处于金融科技创新实验室的尝试阶段。2017年，巴西中央银行推出了金融科技创新实验室（Lab do BC），旨在推动金融科技的创新与发展，同时确保新的技术产品和服务符合金融市场的监管要求。通过这个实验室，巴西监管机构与金融科技公司建立了更为紧密的对话机制，并开始测试和评估金融科技创新的潜力和风险。2018—2020年，巴西金融科技监管处于电子支付和开放银行的推进阶段。随着金融科技的发展，巴西在电子支付和开放银行领域有了显著进展。2018年，巴西中央银行发布了关于支付系统（Sistema de Pagamentos Brasileiro， SPB）的改革计划，推动了电子支付平台和数字钱包的合法化和合规化。该政策加强了对支付公司和电子钱包的监管，并为更大范围的金融包容性打下了基础。开放银行（Open Banking）在巴西的推动也取得了进展，巴西中央银行开始制定开放银行的实施路径，并将其分阶段实施。开放银行政策的核心是促使金融机构之间的数据共享，从而推动打造更高效、更创新和更具竞争力的金融产品和服务。2020 年，巴西金融科技监管处于 Pix 系统的推出阶段。2020 年，巴西中央银行推出了一个名为 Pix 的即时支付系统。Pix 的推出标志着巴西在支付领域的一个重要创新，它允许用户进行即时、低成本的资金转移和支付。Pix 系统的成功是巴西金融科技监管政策逐步成熟的一个体现，同时也促进了整个支付行业的竞争和创新。2020—2024 年，巴西金融科技监管处于监管科技和金融创新的深化阶段。巴西的金融科技监管在 2020 年以后逐步深化，尤其是在监管科技领域，巴西中央银行与金融机构合作，加强了监管技术的发展，确保监管框架的透明度和执行力。为了应对金融犯罪、反洗钱、消费者保护等方面的挑战，巴西金融科技企业也开始更加注重合规技术的应用。

7.4.2 巴西金融科技监管政策

巴西金融科技监管政策的总体目标是促进创新，增强金融系统的稳定性和安全性，并通过政策支持金融包容性和消费者保护。从 Pix 支付系统、开放银行到加密货币监管，再到金融科技创新实验室，巴西政府和金融监管机构在多个方面推动金融科技发展，并与国际最佳实践接轨。随着金融科技的快速发展，巴西的监管框架仍在不断完善，以应对新的挑战。

第一，巴西中央银行实施了逐步推行的开放银行政策，允许银行和金融机构共享客户数据，以促进更具竞争力的金融产品和服务的创新。开放银行政策在巴西分为四个阶段进行实施，从而逐步实现数据共享、支付交易共享、产品和服务共享以及数据和服务的开放。金融机构之间以及与第三方服务提供商的数据共享更加广泛，允许金融科技公司利用这些数据开发新产品和服务。开放银行政策旨在通过提高金融行业的竞争性，降低金融产品成本，提升金融服务的个性化，并最终增强金融包容性。

第二，巴西实施了金融包容性政策。巴西金融科技政策的一个核心目标是提高金融包容性，尤其是为未银行化人群提供金融服务，主要为数字银行与微贷。巴西已经看到数字银行和微型贷款业务的蓬勃发展，这些服务通过互联网和移动技术为未能获得传统银行服务的群体提供了金融产品。巴西中央银行通过放宽对金融科技初创公司的限制，推动了这一趋势的实现。通过金融科技创新，巴西希望能够提高金融服务的普及率，尤其是在贫困地区和偏远地区，促进经济发展和社会公平。

第三，巴西关注数据隐私与消费者保护政策的出台。随着金融科技的发展，数据隐私和消费者保护问题日益突出。巴西制定了一系列法规来加强这些方面的监管。《一般数据保护法》（Lei Geral de Proteção de Dados， LGPD）是巴西金融科技监管领域中重要的法律之一。巴西在2020年实施了《一般数据保护法》，类似于欧洲的GDPR，旨在保护个人隐私数据，确保金融科技公司在收集和使用客户数据时遵守严格的隐私保护规则。

7.4.3 巴西金融科技监管模式

与澳大利亚的金融科技监管模式相似，巴西金融科技监管模式既不是以美国为代表的分业监管，也不是以英国为代表的集中监管，而属于二者之间的过渡性模式，是平衡上述两种模式的“混合式”监管。混合模式汲取二者之长，并结合本国内部立法和行政机关结构特征建立了相关的监管模式。但巴西的金融科技监管模式又不同于澳大利亚的“双峰式”监管，巴西的金融科技监管模式属于“牵头式”监管，主要表现为对商业银行等“全能机构”进行明确的政策制定和限制，通过发挥国家的强制性与机构组织的专业性、灵活性进行有效监管。“牵头式”监管模式充分发挥国家与行业两头的优势，由国家作为兜底机构，对监管业务的真空或交叉环节进行管理，为防止出现无人管理的情况，特指定一个监管机构为牵头监管机构，负责不同主体之间的协调工作。巴西的国家货币理事会居于最高决策地位，对各项决策以及定分止争发挥着重要的作用，行业中的统管机构为中央银行，其负责监管行业中的各个金融机构，并在内部设置监督管理局，做好自身的净化和完善工作。监督管理局负责现场和非现场的检查处置工作，具有监督权与执法权合一的特征，这也保证了其能在监管活动中实现监督与处置即时衔接。这一监管模式虽然发挥了两种功能，但牵头监管仅仅是在问题的事后处置上发挥作用，并没有解决金融体系风险控制问题，更无法绕开准入模式和发展变化上的信息黑箱。

7.4.4 巴西金融科技平台的数智化监管

巴西的金融科技监管政策结合了创新技术和严谨监管，通过数智化手段推动了支付系统、银行业务、数据共享等领域的变革。Pix、开放银行、数字银行等数字化举措有效促进了金融服务的普及与创新，同时巴西监管机构通过金融科技创新实验室、数据保护法规等方式，确保了金融科技发展中的风险得到有效控制，保障了消费者权益和市场的稳定。

第一，Pix（即时支付系统）是一个非常典型的数智化监管运用。Pix是巴西中央银行推出的一个即时支付系统，它彻底改变了巴西的支付生态。自2020年11月推出以来，Pix已成为巴西最广泛使用的支付方式之一。Pix具有极强的数字化特点，Pix允许用户进行24小时实时转账，无须等待银行处理，且大多数情况下没有费用，体现了即时支付的特点。与传统银行转账相比，Pix的手续费极低，大部分银行和支付平台提供免费的Pix交易，体现了低成本的特点。无论是个人用户、商户，还是企业，Pix都能进行快速的资金转账、支付和收款，极大地推动了巴西社会的数字化支付进程，体现了广泛应用的特点。巴西中央银行通过Pix系统促进了支付市场的竞争，并通过严格的政策确保支付交易的安全性与透明度。例如，银行需确保用户的身份认证，防止欺诈行为。

第二，开放银行是另一个非常典型的数智化监管运用。巴西的开放银行政策允许金融机构与第三方金融服务提供商共享客户数据，推动金融服务的创新和竞争。2021年巴西正式启动开放银行政策的实施，分为四个阶段逐步推进。开放银行也具有较明显的数字化特点，金融机构之间共享用户的银行账户数据、支付交易、贷款产品等信息，使用户可以根据自己的需求选择最合适的金融产品，体现了数据共享的特点。开放银行通过标准化的API接口进行数据交换，简化了金融产品和服务的开发过程，推动了更多金融科技公司进入市场，体现了API接口的特点。通过共享的客户数据，金融科技公司能够为用户提供更加个性化的金融产品，例如定制化的贷款、信用卡等产品，体现了个性化服务的特点。巴西中央银行实施了严格的客户数据保护措施，以确保数据共享符合隐私保护法规（如LGPD）。在实施开放银行政策的过程中，中央银行设定了严格的安全标准，确保数据传输的安全性与透明度。

第三，金融科技创新实验室也是一个非常典型的数智化监管运用。巴西中央银行推出的金融科技创新实验室是一个专门的数字化平台，旨在帮助金融科技公司与监管机构进行沟通，并在创新领域进行合作。该实验室为金融科技公司提供一个测试平台，允许它们测试新技术和新产品，并评估其是否符合监管要求。例如，一些基于区块链的支付解决方案或新型的加密货币产品就在这个平台上进行了初步验证，提供了创新测试。实验室使用数据分析工具帮助公司评估其产品的可行性，并提供针对性的数据支持，帮助企业优化产品设计。在金融科技创新实验室的推动下，巴西中央银行可以实时了解最新的金融科技趋势，并根据实际情况调整监管框架。通过与金融科技公司合作，中央银行能够提高对新兴金融产品和技术的理解，更好地设计合适的监管政策。

第四，数字银行与微型贷款服务体现了巴西对数智化监管的运用。巴西的数字银行（如Nubank、Banco Inter等）和微型贷款服务通过数字化手段实现了大规模的金融包容性，尤其是在未银行化人口中的应用。数字化特点主要体现在无实体网点以及人工智能与大数据两个方面。一方面，数字银行完全通过线上平台运营，没有传统的实体银行网点，用户可以通过手机应用程序进行开户、转账、支付、贷款等操作；另一方面，数字银行通过人工智能和大数据分析为用户提供信用评估、个性化贷款产品以及风险控制。例如，Nubank使用机器学习算法，根据用户的消费行为和信用历史，提供个性化的信贷产品。虽然数字银行和微型贷款服务没有传统银行的庞大实体网络，但它们仍然受到巴西金融监管机构的严格监管。例如，巴西中央银行要求所有金融科技公司遵守反洗钱和客户身份识别的法规。

第五，加密货币与区块链的数字化监管也体现了巴西对数智化监管的运用。虽然巴西目前还没有完全出台针对加密货币的全面监管政策，但巴西政府和监管机构已采取数字化手段来监控和监管加密货币交易，以减少市场风险。数字化特点主要体现在加密货币交易所监管与区块链技术应用两个方面。一方面，巴西证券委员会通过电子平台监控加密货币交易所的运营，确保其遵循市场规则并防止非法活动（如市场操控、欺诈等）；另一方面，巴西金融科技公司利用区块链技术开发透明的、不可篡改的交易记录系统，以确保加密资产的安全性和透明度。巴西证券委员会与巴西中央银行合作，设立了监控系统，确保涉及加密资产的交易符合巴西法律的要求。2023年，巴西政府还提出了一项加密货币法案，进一步规范加密货币市场，明确其在巴西的法律地位。

第六，数字化身份与生物识别技术也具有代表性地体现了巴西对数智化监管的运用。巴西的金融科技公司广泛应用数字身份认证和生物识别技术来提高金融交易的安全性和便捷性。数字化特点主要体现在数字身份验证与生物识别支付两个方面。一方面，用户通过手机应用或线上平台使用身份证明（如身份证、驾驶证等）进行身份验证，同时结合面部识别技术或指纹识别技术确保身份真实性；另一方面，一些银行和支付平台允许用户通过生物识别（如指纹、面部识别）完成支付验证，提升交易的便捷性和安全性。巴西政府在推动数字身份认证和生物识别技术应用时，要求相关公司遵守数据保护法规，确保用户隐私不被侵犯。例如，《一般数据保护法》要求所有数字身份验证和生物识别数据必须加密存储，且使用时需要获得用户明确同意。

7.5 国外金融科技监管经验的比较分析

7.5.1 金融科技监管政策的共同点与不同点

(1) 共同点

在金融科技监管政策方面，美国、英国、澳大利亚和巴西均表现出对消费者权益保护的高度重视。美国设立了消费者金融保护局，英国通过金融行为监管局实施了一系列保护措施，澳大利亚则通过金融服务改革法和相关反洗钱法律保障消费者权益，巴西实施了《一般数据保护法》以关注数据隐私与消费者保护。这些政策体现了四国在金融科技监管中保护消费者权益的共同立场。

同时，四国均致力于推动创新与合规并重。美国通过“监管沙盒”机制鼓励金融科技创新，同时强调合规性；英国推出了全球首个“监管沙箱”，旨在平衡创新与合规；澳大利亚的“FinTech行动计划”同样强调了这一平衡；巴西则通过金融科技创新实验室推动创新，并确保新产品和服务符合监管要求。

此外，随着金融科技的发展，数据隐私和安全性成为各国监管的重点。美国、英国、澳大利亚和巴西均通过相关法律和条例，对金融科技公司的数据处理提出严格要求，以保护客户隐私和数据安全。

(2) 不同点

在监管框架的构建上，四国存在显著差异。美国采取分业监管模式，依据金融业务本质属性将其纳入原有监管框架，同时强调联邦和州监管机构的协同合作。英国则采用高度集中的金融监管模式，通过金融行为监管局统一对金融科技进行监管。澳大利亚采用“双峰式”监管模式，将审慎监管和行为监管分离。巴西则实行“牵头式”监管模式，由中央银行作为牵头监管机构。

在对加密货币的监管态度上，四国也表现出不同立场。美国证券交易委员会和美国商品期货交易委员会分别负责证券类代币和期货市场的监管，对首次代币发行持谨慎态度。英国则要求所有提供加密资产服务的企业注册并遵守反洗钱法规。澳大利亚逐步加强对加密货币的监管，计划引入新的法律明确其法律地位和定义。巴西则尚未完全出台针对加密货币的全面监管政策。

在对金融科技的扶持力度上，四国也各有侧重。美国通过多项政策支持金融科技行业发展，英国政府积极支持金融科技创新，澳大利亚通过金融科技创新实验室和监管沙盒等机制为金融科技初创公司提供支持，巴西则通过放宽限制推动数字银行和微型贷款业务的发展。

7.5.2 金融科技监管模式的共同点与不同点

(1) 共同点

四国均根据金融科技的发展特点，不断调整和完善监管模式。美国通过分业监管模式对金融科技进行针对性监管，英国则通过高度集中的金融监管模式确保对金融科技的全面覆盖。澳大利亚和巴西也根据本国国情采用了适合本国金融科技发展的监管模式。

同时，四国均强调监管协调与合作的重要性。美国联邦和州监管机构协同合作，减少监管重叠和不一致性；英国金融行为监管局与其他监管机构紧密合作；澳大利亚审慎监管局和证券投资委员会在“双峰式”监管模式下分工合作；巴西则通过中央银行作为牵头监管机构协调各方力量。

(2) 不同点

在监管机构的设置上，美国没有组建独立的金融科技监管部门，而是将其纳入原有监管框架。英国则设立了专门的金融行为监管局统一对金融科技进行监管。澳大利亚采用“双峰式”监管模式，分别设立审慎监管局和证券投资委员会负责审慎监管和行为监管。巴西则实行“牵头式”监管模式，由中央银行作为牵头监管机构。

在监管方式的灵活性上，美国分业监管模式具有较强的灵活性，能够根据不同金融业务的特点进行针对性监管。英国高度集中的金融监管模式注重宏观审慎监管，通过创新中心和监管沙盒等机制提高监管灵活性。澳大利亚“双峰式”监管模式在审慎监管和行为监管之间保持一定的灵活性。巴西“牵头式”监管模式在协调各方力量方面具有一定灵活性，但可能面临监管空白或交叉的问题。

7.5.3 金融科技平台的数智化监管的共同点与不同点

(1) 共同点

四国均积极利用数字化工具提高金融科技监管效率。美国证券交易委员会推出的EDGAR系统允许公司以数字形式提交合规文件；英国金融行为监管局利用数据分析、人工智能和自动化工具进行实时市场监控和风险评估；澳大利亚通过开放银行政策和数字货币监管创新推动金融科技的合规发展；巴西则通过Pix系统和金融科技创新实验室等数字化举措促进金融服务的普及与创新。

同时，四国均注重通过数据共享与分析提高金融科技监管的有效性。美国监管机构通过数据分析工具和平台共享信息；英国实施了开放银行政策；澳大利亚通过开放银行政策和税务平台的数字化促进数据共享；巴西则通过Pix系统和开放银行政策推动金融机构之间的数据共享。

(2) 不同点

在数字化监管的具体应用上，美国在监管沙盒、数据隐私保护、反洗钱合规等方面广泛应用数字化工具；英国在创新沙盒、电子身份认证、区块链与智能合约、监管科技等方面具有领先实践；澳大利亚通过监管沙盒、开放银行政策、数字货币和加密资产监管等数字化举措推动金融科技发展；巴西在Pix系统、开放银行、金融科技创新实验室、数字银行与微型贷款服务等方面具有独特的数字化监管应用。

在数字化监管的发展阶段上，美国数字化监管发展较为成熟；英国在数字化监管方面处于领先地位；澳大利亚数字化监管正在逐步推进；巴西数字化监管处于快速发展阶段。

7.5.4 对完善中国金融科技数智化监管的启示

(1) 建立适应金融科技发展的监管框架

中国应借鉴国外经验，建立适应金融科技发展的监管框架。可以考虑在现有监管体系的基础上，设立专门的金融科技监管部门或机构，负责统筹协调金融科技监管工作。同时，应加强对金融科技的分类监管，根据不同金融业务的特点制定针对性监管政策。此外，还应加强与国际金融科技监管机构的合作与交流，共同应对金融科技带来的挑战。

（2）推动监管科技的应用与发展

中国应积极推动监管科技的应用与发展，利用大数据、人工智能、区块链等数字化工具提高监管效率。可以建立监管科技实验室或创新中心，鼓励金融科技公司与监管机构合作研发监管科技产品。同时，应加强对监管科技人才的培养和引进，提高监管机构的技术能力。此外，还应推动监管科技在金融科技监管中的广泛应用，如利用数据分析工具进行风险评估和预警等。

（3）加强数据共享与分析

中国应加强数据共享与分析在金融科技监管中的应用。可以建立跨部门、跨行业的数据共享平台，实现监管数据的互联互通。同时，应加强对金融科技数据的挖掘和分析，提高监管的精准性和有效性。通过数据共享与分析，及时发现和防范金融风险，保障金融市场的稳定和安全。此外，还应加强数据隐私保护，确保数据共享与分析过程中的信息安全。

（4）强化消费者权益保护

在推动金融科技发展的同时，中国应高度重视消费者权益保护。可以借鉴国外经验，设立专门的消费者权益保护机构或部门，负责处理金融消费者投诉和纠纷。同时，应加强对金融科技公司的监管力度，确保其产品和服务符合相关法律法规的要求。通过加强消费者权益保护，增强消费者对金融科技的信任和支持。此外，还应加强金融消费者教育，提高消费者的金融素养和风险防范意识。

（5）促进金融科技创新与合规并重

中国应鼓励金融科技创新与合规并重的发展模式。可以设立金融科技创新实验区或示范区，为金融科技公司提供测试新产品和服务的平台。同时，应加强对金融科技公司的合规监管力度，确保其在创新过程中不违反相关法律法规的要求。通过促进金融科技创新与合规并重的发展模式，推动中国金融科技行业的持续健康发展。此外，还应加强对金融科技创新的引导和支持，推动金融科技在金融服务中的广泛应用和深度融合。

7.6 本章小结

本章深入探讨了美国、英国、澳大利亚和巴西等四个国家在金融科技监管方面的经验，具体内容涵盖了监管历程、监管政策、监管模式、数智化监管以及比较分析等多个维度。

首先，本章详细追溯了各国金融科技监管的发展历程。从美国早期互联网金融服务的兴起到巴西近年来对金融科技的逐步开放和创新监管，各国均经历了从初期探索到逐步完善的过程。这一部分的梳理有助于理解各国金融科技监管的背景和基础。

其次，本章分析了各国在金融科技领域的具体监管政策。这些政策涵盖了数据隐私保护、反洗钱合规、证券与投资监管等多个方面，体现了各国在平衡创新与风险、保护消费者权益方面的努力。例如，美国通过《多德-弗兰克华尔街改革和消费者保护法》加强了对金融体系的监管，英国则通过创新沙盒机制鼓励金融科技创新。

再次，本章探讨了各国采取的金融科技监管模式。美国采取分业监管模式，英国实行高度集中的监管模式，澳大利亚采用“双峰式”监管模式，而巴西则推行“牵头式”监管模式。这些不同的监管模式反映了各国在应对金融科技挑战时的不同策略和重点。

在数智化监管方面，本章指出各国均积极利用数字化工具提高监管效率。例如，美国证券交易委员会推出的EDGAR系统允许公司以数字形式提交合规文件，英国金融行为监管局则利用数据分析、人工智能和自动化工具进行实时市场监控和风险评估。这些数字化工具的应用不仅提高了监管效率，也增强了监管的精准性和有效性。

最后，本章对各国金融科技监管经验进行了比较分析。通过总结共同点和不同点，本章提出了完善中国金融科技数智化监管的启示。这些启示包括建立适应金融科技发展的监管框架、推动监管科技的应用与发展、加强数据共享与分析、强化消费者权益保护以及促进金融科技创新与合规并重等。

8 促进我国金融科技平台数智化监管的对策建议

8.1 健全全方位常态化金融科技监管体系

8.1.1 优化权责配置架构

要建立健全全方位、常态化的金融科技监管体系，优化权责配置架构至关重要。这一过程需要在制度建设、职责分工、监督机制和反馈闭环等多个方面进行联合互动，以确保监管的高效与全面。

一方面，明确监管机构的权责边界。应根据各监管机构的职能、资源和专业能力，进一步明确央行、国家金融监督管理总局等机构在金融科技领域的具体监管职责。避免职能重叠、盲区和监管套利，是确保监管有效性的基础。此外，建议成立跨部门的金融科技监管协调委员会，定期举行会议，以实现监管政策的前瞻性设计和紧急情况下的快速反应。通过这样的机制，能够确保各部门在职责分配上的一致性，形成合力，提升监管效率。同时，还应明确地方监管机构在风险监测、数据报送和合规检查方面的具体责任。这将有助于对新兴金融科技公司实施"属地化管理"，确保地方监管机构能够在其辖区内有效监控和管理金融科技活动，从而提升整体监管的针对性和灵活性。

另一方面，优化监管流程与审批机制。为了提高金融科技企业的合规审批效率，必须优化监管流程与审批机制。通过简化和数字化流程，加速金融科技企业的合规审批，不仅可以减轻其在监管审批上的负担，还能提高整体运营效率。例如，可以引入在线申请系统，允许企业实时追踪申请进度，减少纸质文件的使用，提高透明度。

定期对金融科技企业的合规性进行审核是必要的。这包括对其业务运营、风险状况和技术发展进行全面检查，以确保其符合最新的监管要求。监管机构应建立动态监测机制，及时掌握金融科技企业的经营变化，确保在出现新风险时能够迅速反应。

需要构建反馈闭环的监管效果评估与调整机制。建立反馈闭环的监管效果评估与调整机制是提升监管质量的关键。定期对监管政策的执行效果进行评估，检视实际实施中的不足和成效，能够为后续的政策调整提供依据。

此外，引入第三方机构进行独立审计与评估，有助于确保监管政策的客观性、公正性和有效性。例如，可以设立专门的评估小组，定期对监管政策的适用性和有效性进行深入分析，并根据评估结果及时调整政策方向和内容。这一机制不仅增强了监管的透明度，还能提升金融科技企业对监管政策的信任度，从而促进良性的金融生态系统发展。

通过明确监管机构的权责边界、优化监管流程与审批机制，以及构建反馈闭环的监管效果评估与调整机制，可以有效提升金融科技监管体系的全面性和常态化。这不仅有助于维护金融市场的稳定，也为金融科技的创新发展提供更为良好的环境和支持。

8.1.2 健全数据开发体系

建立有效的数据开发体系要求我们在数据开发过程中实现标准化设定、构建数据共享平台、加强数据分析能力，并增强公众参与和透明度。

首先，建立数据标准化框架。建立一套全面的数据标准化框架是基础。一方面，需要制定与金融科技相关的数据采集、存储、传输和分析的标准，以确保不同金融科技企业和监管机构之间的数据可比性和兼容性。这一标准化工作应涵盖数据格式、编码规范、传输协议等技术细节，确保信息在不同系统间流动顺畅。此外，建立涵盖金融科技各领域的数据字典，明确各类数据的定义、用途和处理方式，便于监管机构与企业进行统一管理。对于关键数据元素，如客户信息、交易记录和风险评估指标，必须制定清晰的标准。另一方面，随着金融科技的快速发展，数据标准需及时更新与调整，以适应新的技术和业务模式。这需要建立一个动态的标准更新机制，确保其始终反映行业的最新发展和需求。

其次，构建数据共享平台。构建一个安全、开放的跨机构数据共享平台是实现高效监管的重要步骤。建立这样的平台能够促进监管机构、金融科技企业及其他相关方之间的数据互通，增强数据透明度，确保信息共享，能够促进风险防范和合规管理。在这一数据共享平台中，采用加密技术和权限管理措施，确保敏感数据的安全，防止数据泄露或滥用。应明确数据使用的目的、范围和限制，确保数据使用合规合法，并设定相应的责任追究机制，以防止数据被不当使用。

再次，加强数据分析与决策支持。在数据分析能力方面，利用大数据分析、机器学习和人工智能技术，对金融科技行业的数据进行深入分析，识别行业趋势、模式和潜在风险是至关重要的。通过建立先进的数据分析模型，监管机构能够实时监测金融科技企业的运营状况，快速识别异常行为。同时，开发决策支持系统，为监管机构提供实时数据分析和报告，帮助制定科学合理的监管政策。这些系统应具备灵活的自定义功能，以便根据不断变化的市场环境调整分析模型和策略。

最后，增强公众参与与透明度。增强公众参与和透明度是提升监管有效性的重要手段。一方面，在保护隐私的前提下，应推动金融科技行业的部分数据向公众开放，增强透明度，促进社会监督。这不仅能够提升公众对金融科技的理解，也能激励企业增强合规性。另一方面，鼓励公众和行业内人士举报数据违规行为，设立奖惩机制以提高数据管理的自律性。通过设立举报热线或在线平台，公众可以方便地提交举报信息，并获得相应的奖励。此外，定期向社会发布金融科技行业的数据分析报告和监管成果，提升监管机构的透明度和公信力。

通过建立有效的数据标准化框架、构建安全的数据共享平台、加强数据分析能力以及增强公众参与与透明度，可以显著提升金融科技监管体系的全面性和常态化。这不仅有助于维护金融市场的稳定，也为金融科技的创新发展创造了良好的环境与支持。

8.1.3 优化风险控制体系

首先，建立全面的风险识别与评估机制。一方面，需要对金融科技企业的业务模式、技术架构、运营环境和市场动态进行深入的风险识别，关注包括信用风险、操作风险、市场风险、法律合规风险等在内的多种风险类型。为此，可以开发基于大数据分析和机器学习的动态风险评估工具，实时监测企业的风险水平，对潜在风险进行评分和分类，从而实现精准监管。另一方面，在风险识别过程中，建议采用定量和定性相结合的方法，对企业的财务状况、客户行为、技术应用和市场环境进行全方位分析。通过数据挖掘和行为分析，可以识别出潜在的信用风险和操作风险。此外，建立企业风险档案，收集并分析历史数据，以了解不同企业在特定市场条件下的表现，从而提高风险评估的准确性。

其次，优化风险监测与预警系统。优化风险监测与预警系统是提升监管响应能力的重要环节。利用现代信息技术，建立实时监测系统，能够对金融科技企业的关键财务指标、用户行为和市场变化进行持续监控，及时发现异常波动。在此基础上，设计多层次的预警机制，根据风险等级（如绿色、黄色、红色）设定不同的响应措施。这种分级预警能够实现快速反应和灵活调整，确保在风险显现初期就能采取适当的应对措施。

再次，建立健全风险控制政策和标准。根据不同类型的金融科技业务，制定相应的风险控制标准，明确企业在风险管理中的具体要求和责任。鼓励金融科技企业实施国际认可的风险管理框架（如COSO、

ISO 31 000等），以增强其风险控制能力。此外，应定期评估和更新风险控制政策，以适应市场环境变化和科技进步，确保政策的有效性和适应性。

最后，强化市场准入和退出机制也是维护市场稳定的重要措施。一方面，对金融科技企业实施严格的市场准入标准，确保其在技术、资金、风控能力等方面具备基本条件，以保证其合法合规运营。另一方面，建立清晰的市场退出机制，针对存在重大风险或违法行为的金融科技企业，确保其能够有序退出市场，保护投资者利益和维护市场稳定。此外，对于风险水平较高的企业，建议实行逐级退出制度，给予其整改机会，推动企业自我完善。在此过程中，监管机构应提供指导和支持，帮助企业提升风险管理能力，维护市场的健康发展。

通过建立全面的风险识别与评估机制、优化风险监测与预警系统、建立健全风险控制政策和标准，以及强化市场准入和退出机制，可以有效提升金融科技行业的监管能力。这将为金融市场的稳定与健康发展提供重要保障，促进金融科技的可持续创新。

8.2 构建数字化智能化金融科技监管机制

8.2.1 建立金融科技大数据监管平台

首先，明确建设目标。在建设目标方面，需设定平台的核心目标，包括实时监测、风险评估、数据共享和决策支持，以确保平台能够满足多元化的监管需求。具体而言，实时监测功能将支持监管机构对市场动态的快速反应；风险评估功能则提供对潜在风险的深入分析；数据共享确保信息在相关方之间的流通；决策支持功能则为政策制定提供科学依据。

其次，制定详细的建设时间表。制定详细的建设时间表至关重要。这一时间表应明确各阶段的任务、目标和预期成果，包括需求分析、系统设计、开发实施、测试与上线等环节，确保项目按时推进。同时，设定关键里程碑，以便于实时监控项目进展，及时调整计划，确保各项任务顺利完成。

再次，建立数据采集与整合框架。在数据采集与整合方面，需要从多个渠道整合数据源。一方面，整合来自金融科技企业、银行、支付机构、市场监测等多个渠道的数据，以确保数据的全面性和多样性。为此，可以开发标准化API接口，使各类金融科技企业能够按需接入，自动化收集数据，从而减少人工干预，提高数据采集的效率。另一方面，实施数据清洗与整合至关重要。建立数据清洗机制，消除数据冗余和错误，确保整合后的数据质量，形成统一的数据仓库。通过采用数据标准化、去重和格式转换等技术，确保数据在整合过程中保持高质量和一致性，便于后续的分析和使用。

最后，增强数据存储与管理能力。增强数据存储与管理能力是保障数据安全和可用性的基础。一方面，应根据数据量和访问需求选择适合的存储解决方案，采用云存储与本地存储相结合的方案，以确保数据存储的灵活性和安全性。在存储方案的选择上，可以考虑使用分布式存储技术，以提高数据访问的速度并增强可靠性。同时，根据数据的敏感性和使用价值，实施分级管理，设定不同的数据访问权限和安全措施。这不仅能保护敏感数据的安全性，还能确保合法合规地访问。同时，定期备份关键数据并制订数据恢复方案，确保在发生故障时能够迅速恢复数据，降低业务中断的风险。

由此，通过制定清晰的平台建设总体规划、建立全面的数据采集与整合框架，以及增强数据存储与管理能力，可以有效提升金融科技监管平台的建设质量。这不仅能促进数据的高效流动与使用，也为实现高效监管提供坚实的基础。

8.2.2 构建风险智能分析和化解网络

首先，建立风险智能分析模式。这一模式应基于历史数据和行业标准，设计涵盖信用风险、市场风险、操作风险等多种风险类型的风险识别模型。通过应用机器学习和数据挖掘技术，对历史数据进行深度分析，可以识别潜在的风险模式，从而提升风险预测的准确性。同时，构建实时数据监测系统，持续收集市场动态、交易行为等信息，确保能够及时识别风险变化，做到早发现、早预警。在风险识别模型的设计过程中，建议结合行业最佳实践和监管要求，利用多种数据来源进行模型训练，以提高模型的适应性和准确性。同时，应定期对模型进行回测与验证，确保其在不同市场环境下的有效性。

其次，强化数据整合与分析能力。强化数据整合与分析能力是全面风险管理的关键。一方面，需要整合来自金融机构、市场、用户行为等多个维度的数据，形成一个全面的风险数据库。这一数据库不仅可以支持深入的风险分析，还可以为风险决策提供坚实的基础。另一方面，建立大数据分析平台至关重要。运用数据可视化工具，将复杂的数据转化为直观易懂的风险报告，以支持决策者在动态环境中做出及时、有效的决策。此外，建议定期进行风险评估，更新风险模型和监测指标，以确保风险分析与时俱进，适应不断变化的市场条件。

再次，实施动态风险监测机制。实施动态风险监测机制是保障风险及时应对的必要条件。一方面，应设置风险预警指标。根据不同风险类型，设定具体的风险预警指标，形成动态监测体系，以确保能够实时对市场变化做出反应，及早识别潜在风险。另一方面，建立风险评分系统也非常重要。通过开发风险评分模型，对金融科技企业的运营状况进行量化评估，及时识别高风险企业。此外，建议定期开展情景分析和压力测试，模拟极端市场条件下的风险表现，评估系统的韧性，确保在面对市场波动时，能够有效应对各种风险挑战。

最后，建立风险应对与化解机制。制定风险应对策略，建立应急响应团队，强化跨部门协作，以应对复杂的风险挑战。这需要促进金融科技监管、市场监管、网络安全等部门之间的协作，形成合力，共同应对各种潜在风险。此外，定期开展跨部门的风险演练，以提升应急响应能力，确保在发生突发事件时，各部门能够高效联动，快速应对。

基于此，通过建立风险智能分析模式、强化数据整合与分析能力、实施动态风险监测机制，以及建立风险应对与化解机制，可以有效提升金融科技行业的风险管理水平。这不仅能增强对风险的识别和响应能力，也为维护金融市场的稳定与安全提供重要保障。

8.2.3 建立风险信息处理加工反馈消解机制

在构建数字化智能化金融科技监管机制时，建立有效的风险信息处理、加工、反馈和消解机制是至关重要的。

首先，需要建立风险信息处理流程，主要包括两个方面，即数据的收集整合和清洗与预处理。一方面，数据收集与整合。需要整合来自金融机构、市场、用户行为、社交媒体等的多种数据源，构建一个统一的数据平台。这一平台应能够高效处理海量数据，确保数据的全面性和多样性。为实现数据的无缝对接，建议开发标准化API，确保不同系统和平台之间的数据能够顺畅流通。这不仅有助于数据共享，还能增强跨部门的协作能力。另一方面，在数据清洗与预处理阶段，应用机器学习和规则引擎自动识别并消除数据中的冗余和错误，确保数据的高质量。此外，实现数据的实时更新与监控，确保在进行数据分析时使用的是最新信息。建议建立数据质量监测机制，定期评估和优化数据清洗流程，以适应不断变化的数据环境。

其次，要实施智能化数据分析，主要体现在机器学习与人工智能应用和数据可视化与报告。一方面，加强机器学习与人工智能应用。基于历史数据和行业标准，构建多种风险识别模型，涵盖信用风险、市场风险和操作风险等。利用机器学习算法，识别交易和行为中的异常模式，以便及时预警潜在风险。这些模型应具备自学习能力，能够随着新数据的输入不断优化。另一方面，使用先进的数据可视化工具，将复杂的数据转化为易于理解的图形和报告，帮助决策者快速获取关键信息。此外，建议建立实时动态监测仪表盘，展示关键风险指标和预警信息，以支持监管决策。这种可视化能力不仅提高了信息的可获取性，还增强了决策的准确性。

再次，构建反馈机制，既要包含风险反馈系统，也要包括沟通互动渠道。一方面，建立实时风险反馈系统，设立风险预警通知，设置风险预警指标，确保监管人员能够迅速获取重要风险信息。此外，应定期组织风险评估会议，收集各方反馈，及时更新和调整风险识别模型和监测指标。这种反馈机制可以确保监管策略的动态调整，保持应对能力的敏捷性。另一方面，建立沟通互动渠道。加强与金融科技公司、银行、监管机构等利益相关方的沟通，建立定期反馈机制，共享风险信息和处理经验。设立风险反馈渠道，鼓励用户和行业参与者提供反馈和建议，促进透明度和信任。

最后，需要形成有效的风险消解策略。一方面，形成风险应对方案。制定详细的风险应对策略和手册，涵盖各类潜在风险的应对措施和责任分工。建立灵活的应急响应机制，确保在风险发生时能够快速、有效地采取措施。应急响应团队的组建和定期演练将增强组织的应变能力。另一方面，进行情景分析与压力测试。可以通过模拟不同市场情景下的风险表现，评估现有风险管理措施的有效性。定期进行压力测试，评估金融科技系统在极端情况下的韧性，及时调整策略以应对潜在风险。

通过建立系统化的风险信息处理、加工、反馈和消解机制，能够显著提升数字化智能化金融科技监管的能力，确保对金融市场的实时监控与精准管理。这不仅有助于及时识别和应对风险，还能增强市场的稳定性和安全性，从而为金融生态系统的健康发展提供坚实保障。

8.2.4 构建数智治理监管模式

在构建数字化智能化金融科技监管机制的过程中，形成数智治理监管模式是提升监管效能和适应性的重要一步。这要求我们明确数智治理的目标与框架、强化数据基础与技术支持、优化风险识别与监测机制以及强化相关人员培训与能力建设。

首先，明确数智治理的目标与框架。一方面，制定清晰的目标。要明确数智治理的核心目标，如提高风险识别能力、优化资源配置、增强市场透明度等，并制订长期和短期的实施计划，确保目标可量化和可评估。另一方面，构建治理框架。建立涵盖政策制定、实施、监测和反馈的全周期治理框架，以及明确各部门和利益相关方的职责与合作机制，确保信息流通与协同工作。

其次，强化数据基础与技术支持。这需要建立统一的数据平台，即构建集中管理的数据平台，整合来自金融机构、市场、用户行为和社交媒体等的多种数据源，确保数据的全面性和实时性。与此同时，还要应用先进技术，例如利用人工智能和机器学习等技术，提升数据处理和分析能力，以实现智能化的风险评估与决策支持；引入区块链技术，增强数据的透明性和不可篡改性，确保监管数据的安全性等。

再次，优化风险识别与监测机制。一方面，进行智能化风险识别。基于历史数据和行业标准，构建多层次的风险识别模型，涵盖信用风险、市场风险和操作风险。开展实时监测，通过机器学习算法识别异常交易和行为，及时发出预警。另一方面，进行动态风险评估。通过定期进行压力测试和情景分析，评估金融科技系统在不同市场条件下的风险表现，并据此建立风险指标体系，动态调整监测指标以适应市场变化。

最后，强化相关人员培训与能力建设。一方面，进行专业培训，即定期对监管人员进行数智化治理和新技术的培训，提升其专业能力和技术水平。还可以引入外部专家和行业领袖进行分享，促进知识的更新和技能的提升。另一方面，建立知识共享机制。可以通过建立内部知识库，汇集监管经验和最佳实践，促进团队成员之间的学习和合作。还可以组织行业研讨会，邀请不同利益相关方共同探讨数智治理的挑战与机遇，以增强互动、交流和学习。

构建数智治理监管模式，能够有效提升金融科技监管的效率和适应性，确保对市场的实时监控和精准管理。这种模式不仅有助于增强风险管理能力，还能促进金融市场的稳定与发展，为构建安全、透明和可持续的金融生态系统提供有力支持。

8.3 创新金融科技平台风险监测及防范工具包

8.3.1 构建金融科技平台风险前瞻指数

构建金融科技平台的风险前瞻指数（FPI）是一项复杂而系统的工程，旨在通过科学的指标体系和数据分析，提前识别和评估潜在风险，以增强金融市场的稳定性和韧性。

首先，明确风险前瞻指数的框架。一方面，设定明确的目标，即需确立风险前瞻指数的主要目的，包括及时发现市场风险、操作风险和信用风险。这些目标不仅可以促进监管决策，还能增强市场参与者的信心，从而维护市场的整体稳定。另一方面，界定风险类别。识别并分类潜在风险是构建FPI的重要环节。风险类别应涵盖市场风险、信用风险、操作风险、流动性风险等，确保各类风险均得到充分考虑与分析。

其次，构建风险指标体系。需要构建风险指标体系，包括定量指标、定性指标以及权重等。定量指标包括：波动率指标，如价格波动率、交易量变化率；信用风险指标，如逾期贷款率、贷款违约率、用户信用评分；流动性指标，如流动比率、现金流量指标等。定性指标包括：市场情绪指数，如利用社交媒体、新闻报道等数据分析市场情绪；技术成熟度评估，如评估平台技术的安全性和可靠性。权重设定则是基于历史数据和专家意见，为各指标分配权重，以反映其对整体风险的影响程度。

再次，需要进行数据收集与整合。通过收集内部数据（交易记录、用户行为）与外部数据（市场数据、宏观经济指标、行业动态）等多元化数据，并利用API与金融机构、数据服务商等建立数据共享机制。要对数据进行清洗与标准化，以确保数据质量，统一数据格式和标准，以便进行后续分析。

最后，还需进行风险分析与模型构建。通过数据分析技术，如机器学习与人工智能等方式应用模型（如决策树、随机森林、神经网络）进行风险预测和异常检测；或者通过时间序列分析对历史数据进行时间序列建模，以预测未来趋势。通过综合利用各种模型，以构建风险评估模型，对各类风险进行动态监测和分析。

通过构建全面、动态的金融科技平台风险前瞻指数，可以有效识别和评估潜在风险，为监管决策提供科学依据。这一过程不仅需要多方的协作与数据支持，还需持续地优化与创新。最终，FPI将提升金融市场的稳定性和韧性，增强市场参与者的信任，从而推动金融科技的健康发展。

8.3.2 完善金融科技平台分类分层风险监管预案

完善金融科技平台的分类分层风险监管预案是提升金融系统安全性和韧性的重要举措。

首先，完善监管措施与工具。一方面，制定差异化监管政策。根据金融科技平台的业务特征和风险等级，制定相应的监管政策。例如，对于大型平台，应要求其满足更高的资本充足率和流动性要求，以确保其在面临市场波动时的稳定性。相对而言，小型平台可适度放宽某些监管要求，减轻其合规负担，鼓励创新和市场参与。引入"监管沙盒"机制，允许创新型金融科技平台在一个受控环境下测试新产品和服务。这一机制不仅能降低监管风险，还能促进金融科技的创新发展，从而为未来的监管政策提供实证依据。另一方面，实施风险预警机制。建立基于实时数据监测与历史数据分析的风险预警模型，设定明确的风险阈值，以及时识别和预警潜在风险。这一机制将有助于监管机构迅速采取措施，减少可能对金融市场造成的负面影响。

其次，加强技术支持与能力建设。一方面，引入科技手段。通过大数据、人工智能和区块链等前沿技术，显著提升风险监测和分析的能力。例如，利用机器学习模型自动识别异常交易和潜在风险，从而实现早期干预。同时，构建智能化监管系统，实时监测金融科技平台的运营状况，提高监管效率，确保及时应对风险事件。另一方面，加强人才培养。针对监管人员开展系统的培训，提升其在金融科技及数据分析领域的专业能力，以应对不断变化的市场环境和技术挑战。此外，注重培养跨学科的人才，确保监管团队具备金融、技术和法律等多方面的知识。积极吸引金融科技领域的专业人才，增强监管机构的技术力量和创新能力，确保监管措施的有效实施和持续优化。

最后，建立反馈与优化机制。一方面，通过定期与金融科技平台、行业协会及专家学者进行沟通，广泛收集对监管预案的意见和建议。这一过程将为监管机构提供市场动态的直观了解，有助于及时调整监管策略，以适应不断变化的市场环境。另一方面，通过案例分析与学习积累经验。针对监管过程中出现的问题，开展案例分析，总结成功经验与教训。通过这种方式，监管机构能够及时更新和优化政策措施，以增强其在面对新兴风险时的应变能力。

通过建立完善的分类分层风险监管预案，金融科技平台不仅能有效识别和应对潜在风险，还能在促进创新与维护市场稳定之间找到平衡。这一过程需要综合考虑监管措施的差异性、技术手段的运用以及人才的培养和引进，以确保监管的前瞻性和有效性。

8.3.3 强化政府和消费者协同监管机制

在强化创新金融科技平台的风险监测及防范工具包过程中，建立政府与消费者之间的协同监管机制是至关重要的。

首先，需要建立信息共享平台。一方面，构建数据共享机制。建议设立一个政府、金融科技平台与消费者之间的信息共享平台，定期更新和发布与风险相关的信息和市场动态。该平台可以通过专门的数据接口或API实现，使各方能够实时获取信息，从而增强透明度。这种信息的及时共享不仅能帮助消费者更好地理解市场状况，也能为政府监管提供重要的数据支持。另一方面，建立消费者反馈渠道。鼓励消费者在使用金融科技服务时提供意见和建议。通过在线调查、社交媒体、用户论坛等多种方式收集用户的体验和风险感知，可以为监管机构提供重要的参考依据。这种反馈机制能够促使监管措施的及时调整，从而更好地应对市场的变化和消费者的需求。

其次，完善监管政策与框架。需要形成联合监管机制，建议推动政府与消费者组织之间建立联合监管机制，设立跨部门协调小组，共同制定监管政策。这种多方合作的方式能够确保政策的制定与实施更贴近市场实际和消费者需求，从而提高监管的有效性。还需构建政策反馈机制，在监管政策出台之前，鼓励消费者参与讨论，提出意见和建议。这种参与感不仅能提升消费者对监管政策的理解和接受度，还能增强政策的科学性和合理性。有效的政策反馈机制有助于建立政府与消费者之间的信任关系。

再次，强化消费者教育与意识提升。开展针对消费者的金融科技教育活动，提升其风险识别能力和自我保护意识。可以通过在线课程、研讨会、微信公众号等多种渠道普及金融科技知识和风险防范技巧。还可以在金融科技平台上建立风险提示和警示机制，针对新产品或服务及时向消费者传达可能存在的风险。这种透明的信息传播能够帮助消费者做出更为明智的决策，从而增强其安全感。

最后，还需进行定期评估与持续改进。定期对政府与消费者协同监管机制的实施效果进行评估，分析其对风险监测和防范的实际影响。评估结果应向公众公开，以提升透明度和信任度，增强消费者的参与感。继而根据评估结果和消费者反馈，持续优化监管政策与流程，确保其能够适应市场变化和新兴风险。这种动态调整能力对于维护金融科技平台的安全性和消费者权益至关重要。

通过建立信息共享机制、完善监管政策、强化消费者教育以及定期评估与持续改进，可以有效强化政府与消费者之间的协同监管机制。这不仅有助于提升金融科技平台的风险管理能力，还能增强消费者的安全感和信任度，从而推动整个金融科技行业的健康发展。这种合作模式将为金融科技的创新和监管提供有力支撑，确保在创新与风险之间取得良好的平衡。

参考文献

[1] 白昌易，芦彦清，韩苗苗．金融科技平台监管的演化博弈研究［J］．科学决策，2024（2）：132-142．

[2] 蔡宁伟．中国特色金融监管与中国式愿景——兼评监管的历程、特征、内涵和方向［J］．当代经济管理，2024，46（9）：77-86．

[3] 曾文革，任婷玉．生成式人工智能背景下数字金融的包容性法律规制［J］．社会科学研究，2024（5）：61-71．

[4] 陈明生，王乾坤．金融强监管与企业数字化转型——来自“资管新规”的证据［J］．南昌大学学报（人文社会科学版），2024，55（3）：46-61．

[5] 陈宇峰，吴金旺，吴忠睿．金融科技发展会提升金融稳定性吗？——基于宏观审慎监管有效性的视角［J］．浙江学刊，2024（2）：117-128；240．

[6] 程雪军，尹振涛．全国统一大市场下的金融科技创新与监管体系重构［J］．经济问题，2023（9）：1-10；76．

[7] 程雪军．法律金融学视野中金融科技的监管困境与系统治理［J］．武汉大学学报（哲学社会科学版），2024，77（2）：171-184．

[8] 程雪军．金融科技公司算法风险的体系化治理：欧美比较治理视角［J］．经济社会体制比较，2023（6）：99-108．

[9] 程雪军．金融科技平台算法黑箱的国际规制与中国因应［J］．国际经济法学刊，2023（2）：26-44．

[10] 程雪军．金融强国目标下数字金融平台算法黑箱的系统治理机制［J］．河海大学学报（哲学社会科学版），2024，26（2）：107-120．

[11] 程雪军. 驯服算法利维坦：金融科技平台算法风险的系统治理机制 [J]. 经济学家，2023 (11)：110-119.

[12] 程雪军. 中国消费金融的风险特征、形成机理与防范对策 [J]. 兰州学刊，2021 (7)：72-90.

[13] 程增雯. 平台经济领域自治算法滥用与反垄断规制 [J]. 南方金融，2021 (10)：87-96.

[14] 戴长征，鲍静. 数字政府治理——基于社会形态演变进程的考察 [J]. 中国行政管理，2017 (9)：21-27.

[15] 党燕妮，贾阳. 数字治理视域下金融治理的困境、机遇与转型 [J]. 农村金融研究，2022 (7)：49-56.

[16] 丁国峰，寿晓明. 生成式人工智能算法的法律风险及其规范化防控 [J]. 云南大学学报（社会科学版），2024，23 (3)：107-119.

[17] 丁晓蔚. 从互联网金融到数字金融：发展态势、特征与理念 [J]. 南京大学学报（哲学人文科学社会科学），2021，58 (6)：28-44.

[18] 董艳玲. 习近平关于金融工作重要论述的基本要义及内在逻辑 [J]. 理论视野，2024 (3)：18-24.

[19] 杜泽蒙. 算法权力嵌入公共政策领域的内在逻辑、风险表现与治理策略 [J]. 北京理工大学学报（社会科学版），2024，26 (5)：129-138.

[20] 范德胜，赵玉茜，杨晶晶. 金融强监管的创新抑制效应——来自资管新规的经验证据 [J]. 重庆社会科学，2024 (7)：6-20.

[21] 方意，黄丽灵，荆中博. 系统性风险防范与化解——基于金融稳定政策的研究 [J]. 中国工业经济，2024 (7)：47-65.

[22] 方意，荆中博. 外部冲击下系统性金融风险的生成机制 [J]. 管理世界，2022，38 (5)：19-46；71.

[23] 方意，邵稚权. 重大冲击下我国输入性金融风险测度研究 [J]. 经济科学，2022 (2)：13-30.

[24] 方意，王琦，张蓦严. 大科技公司的金融风险隐患和监管 [J]. 学习与实践，2021 (8)：54-66.

[25] 方意，王晏如. 系统性金融风险：理论机制、预警体系与双支柱政策框架 [J]. 贵州大学学报（社会科学版），2023，41 (4)：92-99.

[26] 方意，杨凡佳. 中国金融安全：理论体系与监管改革 [J]. 国际金融，2024 (10)：28-35.

[27] 伏志强，孙伟平. 科技向"善"：人工智能发展的价值遵循 [J]. 甘肃社会科学，2021 (2)：97-103.

[28] 高健，张宸瑜. 公共性算法制度建构的技术联结逻辑及其调适——以新一

代生成式人工智能参与数字政府建设为例 [J]. 湖北社会科学，2024 (4): 56-69.

[29] 葛和平，毛毅翀. 数字普惠金融下网络借贷平台监管的博弈分析 [J]. 经济问题，2019 (4): 41-47.

[30] 龚强，王璐颖. 普惠金融、风险准备金与投资者保护——以平台承诺担保为例 [J]. 经济学 (季刊)，2018 (4): 1581-1598.

[31] 关晓铭. 从算法治理到治理算法: 国家治理现代化的技术审视——基于技术政治学的分析视角 [J]. 甘肃行政学院学报，2023 (6): 49-67; 125-126.

[32] 韩龙. 金融数字化、平台化: 风险治理的制度挑战与寻解 [J]. 暨南学报 (哲学社会科学版)，2024，46 (7): 33-46.

[33] 韩兆柱，单婷婷. 网络化治理、整体性治理和数字治理理论的比较研究 [J]. 学习论坛，2015，31 (7): 44-49.

[34] 韩兆柱，马文娟. 数字治理理论研究综述 [J]. 甘肃行政学院学报，2016 (1): 23-35.

[35] 韩兆柱，申帅杰. 敏捷治理: 人工智能治理新模式 [J]. 华东理工大学学报 (社会科学版)，2024，39 (1): 105-119; 132.

[36] 何青，胡通，梁柏林. 金融服务新质生产力发展: 历史经验与中国启示 [J]. 当代财经，2024 (7): 59-70.

[37] 何艳玲，蒋良竹. 人民算法: 如何理解治理过程中的"人民" [J]. 治理研究，2024，40 (3): 4-23; 157.

[38] 何涌，凌纪. 金融科技赋能企业数字化转型的多重效应与异质性特征 [J]. 重庆大学学报 (社会科学版)，2024 (5).

[39] 何涌，孙姣. 组态视角下金融科技的驱动路径研究 [J]. 云南财经大学学报，2024，40 (4): 69-83.

[40] 何涌，修宇雯. 清退转型与合规激励: P2P 网络借贷平台监管的演化博弈 [J]. 投资研究，2020，39 (10): 32-45.

[41] 何哲. 数智文明: 人类文明新形态——基于技术、制度、文化、道德与治理视角 [J]. 电子政务，2023 (8): 48-60.

[42] 洪金明，袁一辰，江红. 金融监管与商业信用供给——基于资管新规的准自然实验 [J]. 中南财经政法大学学报，2024 (4): 56-69.

[43] 胡滨，任喜萍. 金融科技发展: 特征、挑战与监管策略 [J]. 改革，2021 (9): 82-90.

[44] 黄建伟，刘军. 欧美数字治理的发展及其对中国的启示 [J]. 中国行政管理，2019 (6): 36-41.

[45] 解学芳，高嘉琪．数智时代文化科技伦理隐患形成机制及中国式治理图景［J］．南京社会科学，2023（6）：139-149.
[46] 康骁．行政法如何应对生成式人工智能——基于算法、训练数据和内容的考察［J］．云南社会科学，2024（4）：80-88.
[47] 李佳，吴静怡，曹睿涵．金融科技能否打通城市创新之路？——来自科技企业进入的经验证据［J］．金融评论，2024（2）：1-22.
[48] 李倩，李保芳．从技术中立到科技向善：算法推荐服务提供者的注意义务［J］．重庆理工大学学报（社会科学版），2024，38（8）：134-145.
[49] 李巧华，雷家骕，孟猛猛．企业科技向善：概念、逻辑起点与实践路径［J］．科学学研究，2023，41（4）：698-707.
[50] 李题印，宣成，郁建兴，等．数智赋能时代企业数据治理能力模型研究［J］．情报科学，2022，40（11）：20-25；39.
[51] 李韵，李皎．"算法革命"背景下数字帝国主义的政治经济学批判［J］．教学与研究，2023（12）：73-84.
[52] 李展．我国金融科技风险的度量与监管研究［D］．北京：北京交通大学，2022.
[53] 李智水，邓伯军．数字社会形态视阈下社会治理的逻辑进路研究［J］．云南社会科学，2020（3）：109-115；188.
[54] 梁洪．数字金融、金融监管与传统金融跨市场风险溢出［J］．当代经济管理，2024，46（8）：73-96.
[55] 梁彦红，王延川．数字市场背景下的算法合谋［J］．当代经济管理，2020，42（9）：93-97.
[56] 刘宾．数字中国背景下金融科技创新发展研究［J］．理论探讨，2024（2）：156-160.
[57] 刘博涵．智能投顾算法透明的价值辩证、规制导向与实现路径［J］．深圳大学学报（人文社会科学版），2024，41（1）：103-113.
[58] 刘皓琰，柯东丽，胡瑞琨．当代资本主义"数字-金融"复合体的政治经济学分析［J］．经济纵横，2023（5）：29-37.
[59] 刘乃梁，吕豪杰．金融科技数据垄断：源流、风险与治理［J］．财经科学，2022（3）：44-57.
[60] 刘乃梁，潘盛龙．金融科技伦理治理：实践困境、功能定位及优化进路［J］．科技与法律（中英文），2024（1）：22-31.
[61] 刘乃梁．大型科技平台涉足金融领域的反垄断规制研究［J］．中国特色社会主义研究，2023（2）：44-53；73.
[62] 刘祺．从数智赋能到跨界创新：数字政府的治理逻辑与路径［J］．新视野，

2022（3）：73-80.

[63] 刘世强，永林钇．习近平关于金融安全的重要论述：生成逻辑、核心要义与价值定位［J］．财经科学，2024（2）：61-72.

[64] 刘喜和，胡志飞，李欣宇．金融科技助力企业提升ESG表现：理论机制和经验证据［J］．统计与信息论坛，2024，39（7）：56-68.

[65] 刘艳红．人工智能司法安全风险的算法中心治理模式［J］．东方法学，2024（4）：83-94.

[66] 刘志雄．生成式人工智能赋能普惠金融：现实基础、关键风险挑战与应对策略［J］．人民论坛·学术前沿，2024（6）：86-93.

[67] 刘志洋．金融科技的主要功能、风险特征与规范监管［J］．南方金融，2021（10）：63-71.

[68] 吕荣杰，宋志烨，张义明，等．数智化使能企业跨界搜索提升创新绩效的模式匹配与选择——基于知识治理机制视角［J］．科技进步与对策，2023，40（24）：133-142.

[69] 马腾飞．基于数据主权视角的算法治理：进展、困境与路径［J］．信息资源管理学报，2023，13（6）：48-61.

[70] 马长山．数智治理的法治悖论［J］．东方法学，2022（4）：63-74.

[71] 孟昌，曲寒瑛．算法合谋及其规制研究进展［J］．经济学动态，2021（6）：128-143.

[72] 衲钦，张慧春．数智环境下匿名数据治理创新对策研究［J］．科学管理研究，2022，40（02）：124-130.

[73] 潘大鹏，郝亚杰，王雪妍，等．绿色偏好视角下的绿色发展：政府监管、企业转型与金融机构投资选择［J］．系统工程理论与实践，2024，44（8）：2411-2425.

[74] 彭可，吴震，唐积强，等．P2P网络借贷市场最优结构状态与监管模式研究——基于不同监管阶段的演化博弈分析［J］．系统工程理论与实践，2020，40（9）：2327-2338.

[75] 戚聿东，蔡呈伟，张兴刚．数字平台智能算法的反竞争效应研究［J］．山东大学学报（哲学社会科学版），2021（2）：76-86.

[76] 戚聿东，刘欢欢．数字经济背景下金融科技的创新发展与监管转型——基于监管沙盒视角［J］．经济与管理研究，2022，43（4）：67-81.

[77] 乔利利，邓峰，赵星．基于数智人的元宇宙敏捷治理路径构建及应用［J］．图书馆论坛，2022，42（7）：33-42.

[78] 邱德胜，罗译泓．算法融入公共决策的伦理审视［J］．理论探索，2024（2）：5-12.

[79] 邱泽奇．算法向善选择背后的权衡与博弈［J］．人民论坛，2021（Z1）：16-19.

[80] 任兵，陈志霞，胡小梅．时空再造与价值重构：面向未来数智治理的元宇宙［J］．电子政务，2022（7）：2-15.

[81] 阮荣彬，朱祖平，陈莞，等．政府科技伦理治理与人工智能企业科技向善［J］．科学学研究，2024，42（8）：1577-1586；1606.

[82] 邵腾伟，吕秀梅．提升监管科技协同创新产出水平的契约激励策略［J］．科技管理研究，2024，44（8）：164-170.

[83] 沈伟．数字经济时代的金融监管难题和技治主义方案［J］．上海经济研究，2024（5）：99-115.

[84] 石光乾．金融科技赋能地方金融数智化监管：机制、挑战与对策［J］．湖南社会科学，2023（6）：36-43.

[85] 石先梅．数字技术赋能金融强国建设的内在逻辑与实践路径［J］．当代经济管理，2024，46（11）：87-96.

[86] 宋辰婷，刘青．"韧性社会治理共同体"：元宇宙赋能下的中国社会治理转型［J］．北京工业大学学报（社会科学版），2024，24（4）：43-56.

[87] 苏敏，夏杰长．数字经济中竞争性垄断与算法合谋的治理困境［J］．财经问题研究，2021（11）：37-46.

[88] 孙晋，马姗姗．金融科技平台垄断的公私协同治理［J］．科技与法律（中英文），2024（4）：11-19.

[89] 孙雪芬．习近平关于国家金融安全重要论述的科学内涵与价值意蕴［J］．浙江大学学报（人文社会科学版），2024，54（4）：5-17.

[90] 田应奎，尹舒．全面深化金融改革的思想基础与战略引领——深入学习贯彻习近平总书记关于金融改革与发展的重要论述［J］．经济学家，2024（10）：22-33.

[91] 王定祥，李龙雨，胡小英．中国式金融现代化：内涵、架构与路径［J］．西南大学学报（社会科学版），2024，50（3）：118-134.

[92] 王芳，张超，黄梅银，等．数智赋能政府治理的理论与实践进展：一个跨学科学术会议综述［J］．图书与情报，2023（3）：126-135.

[93] 王红建，张科，李青原．金融科技的经济稳定器作用：金融加速器理论的视角［J］．经济研究，2023，58（12）：4-21.

[94] 王欢明，孙晓云．"数智之治"何以强化基层公共服务合作生产？——基于S市社区新基建案例分析［J］．中国行政管理，2023（6）：23-33；110.

[95] 王兰．大科技金融监管有限性及其新治理进路［J］．政法论丛，2023（6）：29-38.

[96] 王林生. 以“智能向善”推进算法推荐的乱象治理 [J]. 治理现代化研究, 2024, 40 (2): 71-77.
[97] 王生年, 侯丹阳, 张佩. 金融科技抑制了债券违约风险吗? [J]. 学习与实践, 2023 (12): 79-88.
[98] 王小华, 邓晓雯, 李宁. 金融科技、影子银行与中小企业融资成本 [J]. 农业技术经济, 2023 (11): 110-127.
[99] 王延川. 算法合谋的演生逻辑与治理路径 [J]. 华东政法大学学报, 2023, 26 (3): 47-58.
[100] 王义中, 林溪, 孙睿. 金融科技平台公司经济影响研究: 风险与收益不对称视角 [J]. 经济研究, 2022, 57 (6): 119-136.
[101] 韦洁, 武长海. 金融科技风险监管困境的二元应对路径: 理念转变与方式优化 [J]. 南方金融, 2024 (3): 63-74.
[102] 魏明珠, 郑荣, 雷亚欣, 等. 数智驱动背景下全域产业数据治理能力提升路径研究——基于非对称创新理论的组态分析 [J]. 现代情报, 2023, 43 (4): 17-27.
[103] 吴非, 冯静, 向海凌. “金融科技-金融监管”匹配对企业脱实向虚的治理研究 [J]. 金融论坛, 2024, 29 (8): 3-14.
[104] 吴小坤, 邓可晴. 算法偏见背后的数据选择、信息过滤与协同治理 [J]. 中国出版, 2024 (6): 10-15.
[105] 吴茵. 以虚实相融的数智化组织网络赋能基层治理 [J]. 中共中央党校 (国家行政学院) 学报, 2023, 27 (4): 94-104.
[106] 肖红军, 商慧辰. 平台算法监管的逻辑起点与思路创新 [J]. 改革, 2022 (8): 38-56.
[107] 肖宇, 李博文. 全球金融监管体系演进的主要特征及其启示 [J]. 价格理论与实践, 2024 (1): 174-180.
[108] 徐冬根, 杨潇. 三重变奏: 法律语境下监管科技与金融监管数字治理变革创新 [J]. 南通大学学报 (社会科学版), 2023, 39 (3): 70-80.
[109] 闫泽华. 算法逻辑下的数字劳动权益及治理转型 [J]. 学习与实践, 2023 (12): 23-32.
[110] 颜佳华, 王张华. 数字治理、数据治理、智能治理与智慧治理概念及其关系辨析 [J]. 湘潭大学学报 (哲学社会科学版), 2019, 43 (5): 25-30; 88.
[111] 杨松, 周楠. 数字金融的算法风险及其法律规制 [J]. 陕西师范大学学报 (哲学社会科学版), 2024, 53 (2): 40-54.
[112] 俞鼎. “算法向善”的技术治理研究 [J]. 大连理工大学学报 (社会科学

版），2024，45（4）：10-15.
[113] 袁康．系统重要性金融科技公司的法律规制［J］．现代法学，2024，46（1）：134-149.
[114] 张爱军，曲家谊．国家治理现代化风险规制：算法中立原则的祛魅与调适［J］．理论与改革，2024（4）：53-66.
[115] 张宸瑜．基于公共性算法制度建构的新质生产力治理——以新一代生成式人工智能参与数字政府建设为例［J］．南京审计大学学报，2024，21（4）：97-111.
[116] 张栋浩，罗荣华，刘锡良．中国特色普惠金融体系的理论逻辑、建设成就与高质量发展路径［J］．经济学家，2024（5）：46-55.
[117] 张海亮，付晓淞，韩先锋．制度变革如何影响数字金融发展——来自自由贸易试验区的证据［J］．软科学，2024，38（8）：60-69.
[118] 张贺，沈倩，宁薛平．基于GARCH-VaR模型的金融科技风险测度［J］．统计与决策，2023，39（24）：142-146.
[119] 张惠彬，何易平．平台算法监管的困境与出路——基于美国算法监管模式的研究［J］．科学学研究，2024，42（7）：1419-1428；1448.
[120] 张露露．数字化协商：协商系统理论视阈下的基层治理新形态——基于我国苏浙川三地实践经验的分析［J］．地方治理研究，2023（3）：16-27；78.
[121] 张楠，闫涛，张腾．如何实现“黑箱”下的算法治理？——平台推荐算法监管的测量实验与策略探索［J］．公共行政评论，2024，17（1）：25-44；196.
[122] 张兴旺．全球金融科技监管动态及其对我国的经验借鉴［J］．科学管理研究，2024，42（3）：144-150.
[123] 赵炳昊．金融领域中人工智能应用的监管与法律规制［J］．郑州大学学报（哲学社会科学版），2024，57（3）：51-57；142.
[124] 赵亮，刘彩薇．算法决策优化的伦理进路：道德阈限、责任界分与技术嵌入［J］．大连理工大学学报（社会科学版），2024，45（3）：115-122.
[125] 赵尧．金融科技平台的架构、定性与规制［J］．江西财经大学学报，2022（3）：116-125.
[126] 郑彧．“穿透式监管”的适用与限制：金融工具、系统性风险与监管边界［J］．商业经济与管理，2024（4）：94-104.
[127] 钟红，陆香怡．数字金融发展指标构建与国际比较研究［J］．国际金融研究，2024（9）：48-60.
[128] 钟鹏．金融监管与金融强国：印度金融监管改革的成败与启示［J］．南亚

研究季刊，2024（1）：60-75；157-158.

［129］ 周立，张永霞．金融强国重要论述的逻辑框架、时代内涵及价值意蕴［J］．金融经济学研究，2024，39（1）：14-32.

［130］ 周旅军，吕鹏．“向善”且“为善”：人工智能时代的算法治理与社会科学的源头参与［J］．求索，2022（1）：135-142.

［131］ 周全，韩贺洋．金融科技发展及风险演进分析［J］．科学管理研究，2020，38（6）：127-133.

［132］ 朱俊达．金融机构数据治理监管：问题探究、理论回应与模式创新［J］．南方金融，2024（5）：87-99.

［133］ 朱诗怡，晏景瑞．金融科技对银行风险承担的“双刃剑”影响——基于宏观审慎监管的调节作用［J］．当代经济管理，2024，46（5）：84-96.

［134］ 朱廷劭．算法技术人文应用中的向善思考［J］．人民论坛·学术前沿，2022（10）：77-81.

［135］ ABEDALRHMAN K，ALZAYDI A，SHIBAN Y．The convergence of artificial intelligence （AI） and financial technologies （FinTech） in shaping future urban landscape planning［J］．Advances in Research，2024，25（5）：337-352.

［136］ ALABBASI Y．Governance and legal framework of blockchain technology as a digital economic finance［J］．International Journal of Innovation in the Digital Economy （IJIDE），2020，11（4）：52-62.

［137］ CHEN Y，CHE Z，WAN D．How does the financial technology innovation regulatory pilot influence financial regulation?［J］．Finance Research Letters，2024，69（PB）：106255-106255.

［138］ CHEN Y．International experience and China′s approach to financial data governance［J］．Modern Economics & Management Forum，2023，4（6）．

［139］ CHING S Y，XIAO Q W，POH L H．Use of digital finance platforms for personal finance management in rural China：Antecedents and consequences［J］．Journal of Electronic Commerce in Organizations（JECO），2022，20（1）：1-22.

［140］ EKPO A E，JENNA D，ALBINSSON P A，et al. The platformed money ecosystem：Digital financial platforms，datafication，and reimagining financial well-being［J］．Journal of Consumer Affairs，2022，56（3）：1062-1078.

［141］ ELSAYED H A，GUEDIRA I，ALGHUSSEIN T，et al. The impact of

FinTech technology on financial stability of the UAE [J]. Heliyon, 2024, 10 (19): e38255.

[142] EMILIOS A, HEIKKI M. Digital finance in Europe: Law, regulation, and governance [M]. Berlin: De Gruyter, 2021

[143] FENG H, YUELEI L, TIECHENG X, et al. A Data-analytics approach for risk evaluation in peer-to-peer lending platforms [J]. IEEE Intelligent Systems, 2020, 35 (3): 1-1.

[144] HE J, LIU Y. Digital inclusion finance, social governance and household investment decisions [J]. Finance Research Letters, 2024, 62 (PB): 105250.

[145] HENRIQUES I, SADORSKY P. Connectedness and systemic risk between FinTech and traditional financial stocks: Implications for portfolio diversification [J]. Research in International Business and Finance, 2025, 73 (PA): 102629.

[146] LI Z, YUAN B, WANG Y, et al. The role of digital finance on the synergistic governance of pollution & carbon: Evidence from Chinese cities [J]. Sustainable Cities and Society, 2024 (115): 105812.

[147] LIU Y, LIU W. The impact of integrating technology and finance on firm entry: Evidence from China's FinTech pilot policy [J]. Finance Research Letters, 2024 (70): 106300.

[148] LUO J, LIN S, ZHANG J. Financial technology, wealth threshold, and wealth inequality in China [J]. Finance Research Letters, 2024, 69 (PB): 1061833.

[149] MARIE N, TROND K, STIAN A. Taming proteus: Challenges for risk regulation of powerful digital labor platforms [J]. International Journal of Environmental Research and Public Health, 2022, 19 (10): 6196.

[150] NAGPAL A, JAIN M, JAIN A. Determining the role of digital technology, governance and institutions in advancing financial inclusion in BRICS nations using probit regression analysis [J]. Journal of Social and Economic Development, 2020, 22 (2): 1-17.

[151] PEPRAH B P, NYARKO A S, FLÅTEN T B, et al. Trust in government, electronic taxation, and the adoption of FinTech [J]. Journal of Alternative Finance, 2024, 1 (3): 213-235.

[152] RUIZENG Z, JIASEN S, XINYUE W. How does FinTech empower China's rural revitalization? The role of entrepreneurial activeness,

innovation capability and industrial structure advancement [J]. Managerial Finance, 2024, 50 (11): 1934-1953.

[153] YOU G, GUO H, DAGESTANI A A, et al.Evaluating the reputation of internet financial platforms in China: A sustainable operations perspective [J]. Systems, 2024, 12 (8): 279.

[154] YUJUAN Z, XUAN L .Does the development of digital finance have environmental governance effect? —Empirical evidence from China [J]. Applied Economics Letters, 2023, 30 (16): 2276-2281.

[155] ZHANG S .Competitive behavior and risk transmission among internet financial platforms based on network diffusion models [J]. Journal of Physics: Conference Series, 2021, 1827 (1): 012204.

[156] ZHAO W, CUIQING J, HUIMIN Z .Know where to invest: Platform risk evaluation in online lending [J]. Information Systems Research, 2021, 33 (3): 765.

[157] ZHOU F, CHANG A, SHI J .How the economic policy uncertainty (EPU) impacts FinTech: The implication of P2P lending markets [J]. Finance Research Letters, 2024 (70): 106268.

[158] ZHUO H, LI Z .Innovative development and regulation of digital financial platforms in China [J]. China Economic Journal, 2022, 15 (2): 216-230.

索引